U0799559

中国工程院院士

是国家设立的工程科学技术方面的最高学术称号，为终身荣誉。

中国工程院院士传记

殷瑞钰传

崔美兰　任静波　著

冶金工业出版社
人民出版社

图书在版编目(CIP)数据

殷瑞钰传/崔美兰，任静波著. —北京：冶金工业出版社，2023. 7
(2023. 12 重印)

(中国工程院院士传记)

ISBN 978-7-5024-9500-8

Ⅰ. ①殷…　Ⅱ. ①崔…　②任…　Ⅲ. ①殷瑞钰—传记　Ⅳ. ①K826. 16

中国国家版本馆 CIP 数据核字（2023）第 082371 号

殷瑞钰传

出版发行　冶金工业出版社　　**电　　话**　(010)64027926

地　　址　北京市东城区嵩祝院北巷 39 号　　**邮　　编**　100009

网　　址　www. mip1953. com　　**电子信箱**　service@ mip1953. com

责任编辑　夏小雪　美术编辑　彭子赫　版式设计　郑小利

责任校对　郑　娟　责任印制　窦　唯

北京捷迅佳彩印刷有限公司印刷

2023 年 7 月第 1 版，2023 年 12 月第 2 次印刷

710mm×1000mm　1/16；23. 5 印张；4 彩页；306 千字；359 页

定价 189. 00 元

投稿电话　**(010)64027932**　**投稿信箱**　**tougao@cnmip. com. cn**

营销中心电话　**(010)64044283**

冶金工业出版社天猫旗舰店　**yjgycbs. tmall. com**

(本书如有印装质量问题，本社营销中心负责退换)

殷瑞钰　中国工程院院士

中国工程院化工、冶金与材料工程学部首批院士合影
（第一排左起：李恒德、侯祥麟、林华、师昌绪、严东升、黄培云，第二排左起：吴中伟、李大东、周廉、徐更光、殷瑞钰、闵恩泽、徐承恩、王淀佐、邹竞，1994 年）

殷瑞钰院士（左）与中国工程院院士、原冶金工业部部长戚元靖（右）合影（1994 年）

中国工程院首任院长朱光亚院士（左）与殷瑞钰院士（右）亲切握手（1994 年）

陪同徐匡迪院士会见美国工程院院士、冶金学家 R.J.Fruehan 教授
（左起：周国治、殷瑞钰、徐匡迪、R.J.Fruehan、杜祥琬、干勇，2006 年）

殷瑞钰（左）与师昌绪先生（右）合影留念（1994 年）

与邵象华院士一起接待日本著名钢铁冶金学家、中国工程院外籍院士不破祐教授（左起：殷瑞钰、不破祐、邵象华，1997 年）

两院部分冶金学科院士欢聚于北京香山饭店

（左起：李依依、殷瑞钰、张寿荣、邵象华、陆钟武、徐匡迪，2000 年）

殷瑞钰（右）与夫人田乃媛教授（左）访问印度（2003 年）

祖孙三代家庭合影

（第一排左起：殷惟德、田乃媛、殷瑞钰、殷惟明，第二排左起：沈婷婷、殷之雄，2017 年）

中国工程院院士传记丛书

编撰出版工作领导小组

顾　问： 宋　健　徐匡迪　周　济

组　长： 李晓红

副组长： 钟志华　蒋茂凝　邓秀新　辛广伟

成　员： 陈建峰　梁晓捷　徐　进　唐海英　丁养兵
李冬梅

编辑和审稿委员会

主　任： 钟志华　蒋茂凝　邓秀新

副主任： 陈鹏鸣　徐　进

成　员： 葛能全　唐海英　吴晓东　黎青山　赵　千
常军乾　侯　春

编辑出版办公室

主　任： 赵　千

成　员： 侯　春　张丽四　龙明灵　张　健　方鹤婷
姬　学　高　祥　何朝辉　宗玉生　张　松
王小文　张秉瑜　丁　宁　聂淑琴

总　　序

20 世纪是中华民族千载难逢的伟大时代。千百万先烈前贤用鲜血和生命争得了百年巨变、民族复兴，推翻了帝制，肇始了共和，击败了外侮，建立了新中国，独立于世界，赢得了尊严，不再受辱。改革开放，经济腾飞，科教兴国，生产力大发展，告别了饥寒，实现了小康。工业化雷鸣电掣，现代化指日可待。巨潮洪流，不容阻抑。

忆百年前之清末，从慈禧太后到满朝文武开始感到科学技术的重要，办“洋务”，派留学，改教育。但时机瞬逝，清廷被辛亥革命推翻。五四运动，民情激昂，吁求“德、赛”升堂，民主治国，科教兴邦。接踵而来的，是 18 年内战、14 年抗日和 4 年解放战争。恃科学救国的青年学子，负笈留学或寒窗苦读，多数未遇机会，辜负了碧血丹心。

1928 年 6 月 9 日，蔡元培主持建立了中国近代第一个国立综合性科研机构——中央研究院，设理化实业研究所、地质研究所、社会科学研究所和观象台四个研究机构，标志着国家建制科研机构的诞生。20 年后，1948 年 3 月 26 日遴选出 81 位院士（理工 53 位，人文 28 位），几乎都是 20 世纪初留学海外、卓有成就的科学家。

中国科技事业的大发展是在新中国成立以后。1949 年 11 月 1 日成立了中国科学院，郭沫若任院长。1950～1960 年有 2500 多名留学海外的科学家、工程师回到祖国，成为大规模发展中国科技事业的第一批领导骨干。国家按计划向苏联、东欧各国派遣1.8万各类科技人员留学，全都按期回国，成为建立科研和现代工业的骨干力量。高等学校从新中国成立初期的200所增加到600多所，年招生增至28万人。到21世纪初，高等学校2263所，年招生600多万人，科技人力总资源量超过5000万人，具有大学本科以上学历科技人才达1600万人，已接近最发达国家水平。

新中国成立60多年来，从一穷二白成长为科技大国。年产钢铁从1949年的15万吨增加到2011年的粗钢6.8亿吨、钢材8.8亿吨，几乎是8个最发达国家（G8）总年产量的2倍。20世纪50年代钢铁超英赶美的梦想终于成真。水泥年产20亿吨，超过全世界其他国家总产量。中国已是粮、棉、肉、蛋、水产、化肥等第一生产大国，保障了13亿多人口的食品和穿衣安全。制造业、土木、水利、电力、交通、运输、电子通信、超级计算机等领域正迅速逼近世界前沿。“两弹一星”、高峡平湖、南水北调、高公高铁、航空航天等伟大工程的成功实施，无可争议地表明了中国科技事业的进步。

党的十一届三中全会以后，实行改革开放，全国工作转向以经济建设为中心。加速实现工业化是当务之急。大规模社会性基础建设，大科学工程、国防工程等是工业化社会的命脉，是数十年、上百年才能完成的任务。中国科学院张光斗、王大珩、师昌绪、张维、侯祥麟、罗沛霖等学部委员（院士）认为，为了顺利完成中华民族这项历史性任务，必须提高工程科学的地位，加速培养更多的工程科技人才。中国科学院原设的技术科学部已不能满足工程科学发展的时代需要。他们于1992年致书党中央、国务院，建议建立“中国工程科学技术院”，选举那些在工程科学中做出重大的、创造性成就和贡献、热爱祖国、学风正派的科学家和工程师为院士，授予终身荣誉，赋予科研和建设任务，请他们指导学科发展，培养人才，对国家重大工程科学问题提出咨询建议。中央接受了他们的建议，于1993年决定建立中国工程院，聘请30名中国科学院院士和遴选66名院士共96名为中国工程院首批院士。于1994年6月3日，召开了中国工程院成立大会，选举朱光亚院士为首任院长。中国工程院成立后，全体院士紧密团结全国工程科技界共同奋斗，在各条战线上都发挥了重要作用，做出了新的贡献。

中国的现代科技事业比欧美落后了200年。虽然在20世纪有了巨大进步，但与发达国家相比，还有较大差距。祖国的工业化、现代化建设，任重道远，还需要有数代人的持续奋斗才能完成。况且，世界在进步，科学无止境，社会无终态。欲把中国建设成科技强国，屹立于世界，必须持续培养造就数代以千万计的优秀科学家和工程师，服膺接力，担当使命，开拓创新，更立新功。

中国工程院决定组织出版“中国工程院院士传记”丛书，以记录他们对祖国和社会的丰功伟绩，传承他们治学为人的高尚品德、开拓创新的科学精神。他们是科技战线的功臣，民族振兴的脊梁。我们相信，这套传记的出版，能为史书增添新章，成为史乘中宝贵的科学财富，俾后人传承前贤筚路蓝缕的创业勇气、魄力和为国家、人民舍身奋斗的奉献精神。这就是中国前进的路。

宋健

2012年6月

序

习近平总书记说：“时代是思想之母，实践是理论之源。”殷瑞钰院士就是这样一位在中国钢铁工业崛起的时代，从实践到理论，从产业界到学术界，由工业科技型专家转向理论开拓型学者和战略科学家的成功典型。

殷瑞钰院士是我的学长，虽然只高一届，但在校期间两人相知不深，真正在专业上有思想的交集，乃至成为挚友，则是始于20世纪末中国钢铁工业崛起，逐步成为世界产钢大国的进程中。可以说，在历次钢铁界的学术交流及产业布局技术路线的大会上，他的多次精彩发言使我深刻感受到他作为一名冶金科学家励志报国的强烈追求，从而引起我内心的强烈共鸣。

第一次深刻的印象是20世纪90年代中期，在上海讨论“地方中、小型钢厂的技术改造方向”问题，当时会上作为冶金工业部总工程师的殷瑞钰院士高屋建瓴地提出“年产百万吨级的中、小型钢厂技术改造要‘抓中间，带两头’，取消模铸、建立全连铸生产线，从而彻底改变延续了半个世纪的落后、污染、低效的铸锭工序”这一重大的战略抉择，得到了与会同行、上海市政府和上海上钢三厂、一厂广大技术人员的支持、拥护，上海市冶金局也在市政府支持下，制定了三年内建成全连铸车间的规划。其间他又多次来沪，亲临现场指导，他丰富的实践经验和深厚的学养，赢得工程技术人员和钢厂各级干部的爱戴。与此同时，他还指导、支持了各个钢铁企业推进高炉喷吹煤粉，棒线材轧机的连轧、半连轧改造，这些关键共性技术在上海，乃至全国的突破，不但使我国钢铁年产量上了亿吨，还大大促进了中国钢铁技术与世界总体水平差距的不断缩小。殷瑞钰院士曾在企业和省、中央部门从事技术领导工作，他的工作始终紧密结合我国钢铁工业的实际发展进程，可以毫不夸张地说，他也是对20世纪90年代中国钢铁工业技术进步的战略选择和有序推进做出了大量历史性贡献的专家之一。

殷瑞钰院士提出的“冶金流程工程学”和相关研究成果具有理论上的开创性和工程实践上的创新性。21世纪初，中央为解决首钢生产中排放粉尘对北京市大气污染的影响问题，提出异地搬迁并建立清洁生产与资源综合利用、最大限度减少废弃物排放的新型钢铁联合企业的计划。殷瑞钰院士和我同被邀为规划委员会的技术负责人。就在首钢新厂建设的论证会上，他前瞻性地提出21世纪的钢厂应具有三个功能的新理念：优质钢铁产品高效率低成本制造功能、能源高效转换和及时回收利用功能、社会大宗废弃物处理-消纳和再资源化功能。这一理念为大家所认同，并为新一代钢厂的建设提供了顶层设计方案和若干关键技术的支撑。与此同时，他创造性地提出了钢厂动态-精准设计的理论和方法；研究并阐述了高效率、低成本洁净钢生产“平台”的概念、内涵及其动态运行规则；研究并提出了钢铁制造流程中能量流行为与能量流网络构建的理论和设计原则；研究并指导了钢厂的清洁生产和循环经济的工程实践。除了首钢搬迁建新厂以外，他还承担了国家攀登计划项目和多项国家重大项目并取得重要成果，多次获得国家及省部级科技奖励。

殷瑞钰院士心系国家发展，积极为我国工程科技的发展建言献策。他十分关心中国工程院的工作，是中国工程院初创时领导核心团队的主要成员，积极参加中国工程院的各项活动。作为学部负责人，他对于化工、冶金与材料工程学部和工程管理学部的初创和建设作出重要贡献，同时为中国工程院的发展和“工程科技思想库”的建设积极建言献策，为历届工程院领导所重视。

2000年以来，殷瑞钰院士积极推动并参与了工程哲学的理论研究，以工程师和哲学家联盟的方式持续推进了中国工程哲学的研究，取得了创新性的进展。形成了科学-技术-工程“三元论”、工程演化论、工程本体论、工程方法论、工程知识论的“五论”理论体系框架，理论联系实际，初步形成了具有中国特色、中国风格的工程哲学体系。

殷瑞钰院士从业60多年以来，走过的路是辉煌的、有成效的，值得骄傲的！他从炉前值班技术员到冶金工业部总工程师；从一炉一炉炼出钢到汇同全国钢铁界千军万马夺取年产1亿吨钢；从钢铁冶金专家到冶金学家——产业与学术兼涉，实践与理论俱长；从工程师到工程哲学开拓者——实践与思辨共进。殷瑞钰院士的成长与业绩，充分体现了他的家国情怀。我们相信，钢铁业界的后进者将以他为榜样，永葆蓬勃的活力与昂扬的斗志，为祖国富强而努力奋斗。

徐匡迪

2021年4月20日

目　　录

第一章

立下读书志 选择钢铁业

殷瑞钰对父亲说：中国要变成强国，一定要工业化，工业化的基础是重工业，重工业的基础是钢铁。我要报考北京钢铁工业学院，学习钢铁冶金专业，报效祖国，让中国强起来。

钢铁报国是我的梦想。

——殷瑞钰

一 江南水乡 年少时光

出生

苏州齐门外下塘，在小桥、流水、人家的氛围中，显得格外平静，路旁有一条小河，小路与小河并行相依，河上的木船沿河道缓缓而行，整幅画面构成了灵动的江南。

清新的晨光透过小窗急迫地照射进来，落在年轻母亲的身上，早晨六七点钟，一声清脆的婴啼，打破了寂静的晨曦，传播到邻近的人家。

一个活泼可爱的小生命诞生啦！

这一天，1935 年 7 月 28 日，农历乙亥年六月二十八日，一个平凡的日子。但对于殷瑞钰的父母来说，却是一个不平凡的日子。一种抑制不住的喜悦溢在脸上。

随着婴儿的啼哭，迎来了一个温馨的早晨。爷爷、伯父、伯母等家人们一起拥到里屋，高兴得合不拢嘴。

清晨的齐门外大街充满了生活气息，各种早餐小店早早就飘出了浓郁的香味；菜市场早已人群熙攘，吆喝声、讲价声、脚步声、嬉笑声交织着，分外热闹，路上的人们是那么平和、稳重。这里简朴、宁静，一幅江南水乡的生活画卷。

在这样一个充满江南韵味的生活环境里，殷家沉浸在快乐和幸福之中。几天后，爷爷让大家坐下来，给小家伙起个名字。爷爷说：“我看这孩子出生的日子和时辰都好，叫‘瑞钰’吧。瑞为吉祥之意；钰为珍宝、宝物，亦有坚韧如石之意。瑞钰，吉祥宝物，就叫殷瑞钰吧。”

殷瑞钰的父亲殷季玉在一家批发粮食的米行当职员。父亲小时候受过良好的教育，上过中学，知事达理、工作认真、为人正派，与周围的同事们相处友善。殷瑞钰的母亲潘雪珍出身手工织布家庭，慈祥善良，操持家务，悉心呵护孩子们一天天长大。

逃难

平静、和谐的日子没过多久，1937 年 7 月 7 日，日军诡称一名士兵失踪，悍然向卢沟桥和宛平城发起猛烈进攻，日本全面侵华战争爆发。8 月 13 日，淞沪战事爆发。上海失守后不久，11 月 14 日到 25 日，太仓、昆山、吴江、苏州、常熟、沙洲相继沦陷。苏州惨遭日寇铁蹄蹂躏，人民陷入深重的苦难之中。刚刚三虚岁的殷瑞钰家乡沦陷，一家人乘着小船，逃难躲到苏州城外乡下的一个亲戚家，暂避日军的暴行。几个月后，举家搬到了苏州齐门内。齐门内有条老巷叫齐门星桥巷，该巷东临齐门下塘和星桥，西至公管弄，小巷因桥而得名，星桥巷的东端巷口与狭窄的齐门路下塘紧依。正对星桥巷东口，河道上架着一座古桥，此桥原名福星桥，俗称星桥。古桥于清代乾隆三十年（公元 1765 年）重修，为花岗岩石拱桥。殷家从 1937 年底就搬到了巷口的一所平房内。巷内有许多桂花树，每当中秋时节，丹桂飘香，香溢满巷，令人难忘。

童年

童年的殷瑞钰是听着爷爷的故事长大的。在他的记忆中，爷爷的故事就是他童年的乐园。《西游记》中孙悟空大闹天宫、三打白骨精等故事，他百听不厌，每听完一个故事，总有一连串的问题：“孙悟空神通广大，能降妖伏魔，而唐僧时时逢难，等待救援，他们到底谁本事大啊？”“孙悟空本事大当徒弟，唐僧没本事怎么当师父啊？”……爱提问的孩子总是在思考，一家人都喜欢聪明好问的小瑞钰。学龄前的日子因有爷爷的故事陪伴，充满了童真和快乐。

转眼该上学了，1941 年 9 月的一天，阳光正好，妈妈带着他去学校报到，小瑞钰到了星桥巷齐贤小学就读。

当时，苏州还是沦陷区。日寇对沦陷区实施的是不折不扣的帝国主义统治。人们每次出城、进城，经过齐门城门时都要被搜身检查，要对日军鞠躬，尤其可怕的是日本宪兵队，他们动辄骂人、打人，夜里更是不敢出门。那时，殷瑞钰小小的心灵深感屈辱，课本上的奴化教育更是深深地刺痛了他。

他记得小学校长曾说过，著名诗人张继写的《枫桥夜泊》里，最感人的一个字是“愁”啊！自从被日本鬼子占领之后，姑苏城外再也没有了寒山寺的钟声。

爷爷常教导他：“只有刻苦学习，学好本事，才能做一个有用的人，才能有能力去做大事。顾炎武说过：‘国家兴亡，匹夫有责’，你也得有这样的责任啊！”

小瑞钰反问道：“我这么小，怎么有责任啊？”

“好好读书，就是你现在的责任啊。随着年龄的增长，责任也就越来越大。有了责任以后，还要‘先天下之忧而忧，后天下之乐而乐’，这是乡贤范文正公范仲淹说的。”

“范仲淹是谁呀？什么是之忧而忧，之乐而乐呀？”

“范仲淹是北宋名臣，政治家，文学家。他就是在天下人的忧虑之前就先忧虑，在天下人的快乐之后才快乐。也就是把国家、民族的利益摆在第一位，为国家的前途命运担忧，为天底下老百姓过太平日子而出力。”

殷瑞钰从小爱听苏州评弹，尤其是《满江红》。岳飞精忠报国的故事感染着他幼小的心灵。他童年亲历了日本宪兵队对中国人的侵辱，他能在低沉的唱曲中感受着“怒发冲冠”的“奋”。岳飞那壮怀激烈的报国之情，点燃了他炽热的报国之志。英雄忠愤气概，让他幼小的心灵里萌发了为国奉献的梦想。

小小的瑞钰，在故乡文化的熏陶下，无形中在心里埋下了一颗立志报国的种子。

少年

激动人心的日子终于来了！1945 年 8 月，日本侵略者宣布投降！满大街都是奔走相告的人们。大家欢欣若狂，举着标语、小旗在街上游行。“东洋兵投降啦！”“八年黑暗，一旦光明”“还我河山”“打倒日本帝国主义”“日本帝国主义滚出去！”，刚念完小学四年级的殷瑞钰也沉浸其中。苦难的岁月让他耳闻目睹了日本侵略者的暴行，国耻之感、爱国之心深植于少年殷瑞钰的脑海之中。

殷瑞钰五年级的时候，因被狗咬伤腿不能走路，耽误了三个月的课程，没能参加期终考试，按常规是要留级的。妈妈说，跟六年级太难了，再上一个五年级吧。爸爸说，看能否努力跟得上，争取上六年级。他想了想，自己虽然贪玩，学习不算太用功，功课还是不费劲就能学好的，成绩也不错。留级需要再交一年的学费，他知道父母都很要强，靠辛苦劳作改善家里的生活。为了减轻父母的负担，他刻苦用功补课，最后顺利通过补考，继续上了六年级。

他学习更加努力了，每天放学就去写作业。妈妈很欣慰：孩子虽然小却非常懂事，总能体贴父母的难处。

功夫不负有心人。小学毕业时，殷瑞钰的成绩在班级排前五名。妈妈为他高兴的同时也为他担心，是继续上中学还是去店铺当学徒？在家人纠结不定之中，父亲决定：再难也要让他上中学。

初中

1947 年 8 月，殷瑞钰考取了苏州晏成中学。晏成中学是由美国南浸礼会于 1906 年（光绪三十二年）创办的私立教会学校，创办人为麦嘉祺先生。1909 年（宣统元年）迁址苏州临顿路谢衙前，增设中学部，1913 年改名为晏成中学。梁启超、蔡元培、章太炎等名人曾到学校讲学，孙中山先生于 1919 年为晏成中学题写“其道大光”的匾额。在中西文化融合中，学校一度形成自己的办学特色，尤以外语与体育见长。

初中时期的殷瑞钰(1950 年)

晏成中学从建校之初就有很好的师资力量，有完善的教学设施，有化学、物理实验室，有动植物标本实验室，有室内体育馆、足球场、网球场、礼堂、钢琴等设施设备，有操场及 400 米跑道，并高薪聘请老师进行教学。这样的学校学费当然不菲，在 1947 年，一学年的学杂费就要 20 多块银元。这对一个普通职员家庭来说是不小的负担。当时，一担米才 5 块银元，这一学年就是 4 担米！几乎是一家人半年的粮食。殷瑞钰的父母想尽一切办法，为他凑足了学费。他深深理解父母的良苦用心，学习特别认真。他最喜欢学习几何和化学，用多种方法证明的几何题是他最感兴趣的。化学实验室的实验过程中，各种化学反应呈现的不同现象，给了他无限的遐想。每到考试，他的成绩总在优良之列。

初中期间，正值国民党统治时期，内战爆发，通货膨胀，金圆券形同废纸，人民生活困难，这些旧中国的景象，给少年的殷瑞钰留下了深刻的印象。

解放

1949 年 4 月 27 日，苏州全市人民欢欣鼓舞，庆祝解放。殷瑞钰和同学们一起涌上街头，欢呼、歌唱……这一天，殷瑞钰终生难忘。

1949 年 10 月 1 日，开国大典这一天，毛主席站在北京天安门城楼上庄严地向全世界宣告“中华人民共和国中央人民政府今天成立了!”中国人民从此站起来了！在这激动人心的时刻，许多人流下了激动的泪水。

这一天，苏州下着小雨，全市人民冒雨大游行，庆祝新中国的开国大典。人们举着五星红旗，唱着《义勇军进行曲》，那刚劲有力的旋律鼓动着少年的激情，他们唱着，唱着，殷瑞钰的眼睛就湿润了……日后每当想起这首歌，他都会心潮澎湃，从心底流淌着对祖国的万般热爱与憧憬……

二　读书立志　选择钢铁

高中

1950 年，殷瑞钰考取了一所公立学校——苏州市立中学。一家人都为他高兴，父母不用担忧学费了。苏州市立中学后来改称苏州市立第一中学。这是个“个性飞扬，英才辈出”的百年名校。殷瑞钰在这里受到了良好的教育。三年高中课程结束，转眼就面临高考，学校进入了紧张的总复习阶段。平时学习的时候，大脑中接受的是相对零散的知识点，总复习将平时所学习的知识进行整理、归纳、总结，理清思路。殷瑞钰在重点、难点和疑点上下了很多功夫，有针对性地做了很多不同类型的习题，在练习中，提高了对知识的运用能力。

高中时期的殷瑞钰(1953 年)

妈妈说

这一年的七月，正当他准备高考的时候，妈妈对他说："儿子，你一定要考大学吗?"

"妈妈，我都准备好了。"

殷瑞钰看妈妈有些欲言又止，神情有些忧郁，就问道："妈妈，有什么事吗?"

"哦，没有，没有。就是你爸爸身体不好，你弟妹多，又都在上学，不如早点参加工作吧!"

"妈妈，现在全国都解放了，上大学是不要学费的，还管吃管住呢。"

他又接着说："妈妈，我考上大学，将来有个好工作，才会更好地接济家里！"

妈妈点点头："哦，妈妈就是说说，你好好考吧。"

他把妈妈的话压在心里，走进了考场。高考影响着许多青年人的奋斗目标和人生轨迹。那个火热的季节，不仅是一年四季中最富热情并孕育秋实的季节，更是全国学子奔赴高考考场的时节，这样的季节注定是激情澎湃的，更是忐忑不安的。殷瑞钰也带着这样的激情和忐忑，进行了一场难忘的高考。

如今，60 多年过去了，殷瑞钰依然记着当时的情景：当初那种紧张而又激动的心情久久不能平静，当初自己在考场奋笔疾书的模样恍若昨日，当初自己对未来清晰而又模糊的感觉记忆犹新……

报志愿

报志愿，去哪个院校，学什么专业，又是一道难以选择的题目。

一天，刚吃过晚饭，一家人坐在小天井里聊天。妈妈一边摇着蒲扇一边问他："你准备去哪个城市？学什么专业？我觉得选个上海的学校吧，到大城市见识广，又离家近，也好照应家。"

爸爸也说："就是的，报志愿的学校离家近一点，你是长子，将来父母老了，你也好照顾弟妹。"

父母担心他将来的就业，他也正想和父母交流一下自己的想法。其实，在殷瑞钰心里，他曾为自己的将来不时地思考着，他也曾为家里的生活状况有着不少思虑。同时，他心里一直有小时候日军欺侮中国人的阴影，一直有一股要为振兴祖国而读书的信念，一直有尽快实现自己的理想而为家分忧、为国出力的渴望……

他说："爸爸妈妈，我正好想和你们讲一下我的想法。上小学的时候是在日本人的统治下长大的，感受到国家不富强，就要受欺负。我一直抱着为国家强大起来而读书的信念。现在我们国家还很落后，百废待兴，中国要变成强国，就一定要靠工业化，工业化的基础是重工业，重工业的基础是钢铁，所以我想学钢铁冶金专业。我这个想法也不是一时冲动，我已经想了一段时间。”

“学钢铁是不是又热又累啊？每天打铁呀，吃得消吗？”妈妈耐不住了，担心儿子学这个专业太辛苦。

一家人都笑了。殷瑞钰接着妈妈的话题说：“妈妈，学钢铁不是去铁匠铺当学徒，去打铁，而是去学现代化的钢铁技术，研究钢铁，研究怎么去建设中国的钢铁厂，怎么制造中国的钢铁……”

妈妈似懂非懂，又觉得好像有道理，儿子将来能干这么大的事，让他自愿吧。

殷瑞钰看着妈妈似乎同意的表情，又接着说：上一届的校友周邦新就是学冶金专业的，考的是北京钢铁工业学院（现北京科技大学）。我也准备报这个学校，学钢铁冶金。

一直低头不语的父亲，看了看儿子，眼里充满了期待：“你是个有志向的孩子，你既然决定了，就不要辜负学校老师对你的培养，不要辜负了你的读书报国之志，不要担心家里的一切，我和你妈妈及全家一定会全力支持你。”说完，爸爸起身，笑着拍了拍殷瑞钰的肩膀，似乎想再说点什么，却欲言又止。这句话倾注了一个父亲对儿子多少希望啊！

殷瑞钰感受到爸爸拍自己肩膀的份量，像嘱托，像期待，又像是责任。望着爸爸的背影，他突然有一种想要流泪的感觉，父爱如山啊！父亲是理解他的，支持他的。

金鸿送喜报佳音。1953 年 7 月下旬，华东地区的《解放日报》上公布了高考的录取名单，殷瑞钰榜上有名。他如愿以偿地考取了北京钢铁工业学院冶金类专业。

一家人欢欣鼓舞。

告别苏州

1953年秋，离开学的日子越来越近了，殷瑞钰即将告别苏州。妈妈为他打点行装。家里经济条件有限，妈妈省吃俭用给他准备了一个马皮箱，收拾了简单的行囊……

即将离别的时候，殷瑞钰才意识到苏州老家在他心中的位置。那春日里嗡嗡的蜜蜂声，那夏夜天井里的繁星，那中秋满巷的桂花香，那冬日屋檐垂挂的长冰凌，都是他抹不去的记忆。对齐门外下塘、星桥巷齐贤小学、苏州晏成中学、苏州市立第一中学充满了留恋之情。

俗话说，上有天堂，下有苏杭。有着2500多年历史传承的苏州一直是崇文重教的古城，这里民风淳朴，人们正直、善良、纯朴、克己。家家户户被道德文化熏陶，被名人气质浸染，优良的乡风、家风在这里弥漫升腾，为一代又一代的苏州人提供了独特的读书成长氛围，潜心苦读、专心事业，使苏州人永远不会迷失自己的精神家园。

如今，多少年过去了，殷瑞钰笔下的《乡风》依然表达着他对故乡的敬仰之情：

姑苏风雅地，
崇文且重教，
灵秀涵敦厚，
意境和为高。

离开故土60多年的殷瑞钰，常常牵挂着那片魂牵梦绕的土地，那满巷的桂花香，满园的桂花雨，那星桥上的朗月，星桥下的流水，家乡和谐的生活情趣，恬静清逸的诗意环境，让他永远难忘。

殷瑞钰（左）与父亲殷季玉（右）合影于虎丘山（1961 年）

2015 年，他写的小诗《忆星桥故里》抒发了他心中难以言表的依恋：

一座古老的石拱桥
吹拂在小桥上的清风
一条流动着的小河
流淌在小河中的清流
一处静僻的小巷
洋溢着简朴的清气
一所普通的小房子
传承着勤奋的清脉
这是我牵挂的星桥故里

这里是故里熏陶的清源

春日里嗡嗡的蜂鸣声
夏夜天井里的繁星
中秋满巷的桂花香
冬日屋檐垂挂的长冰凌
这是我久远的童年记忆

小学里朗朗的读书声
鼓荡起奋飞的雄风
仰望银河时的遐想
激发出不断追问的火花
这是萌发梦想的田园

2018 年春节，正月初四那天。他遥想着家乡，思念着家乡的亲人，回忆着曾经和母亲团聚的时刻，无限怀念，又信笔写下一首小诗《忆星桥巷》：

清清小河石桥斜，
下坡百步连吾家。
每忆圆月中秋时，
巷里盛开木樨花。

殷瑞钰感念江南故乡，感念苏州乡贤，感念故乡文化熏陶，晚年感受颇深，可谓饮泉思源，得小诗一首，《思源》：

乡贤论忧乐，
兴亡匹夫责。
壮志思源处，
沧浪和草桥。

（**注**：沧浪：即沧浪亭。吴郡名胜处，内有五百名贤祠。草桥：位于苏州市中心区，苏州市一中校址所在。）

第二章

要学习第一
善独立思考

“学习第一，独立思考，到祖国最需要的地方去。”这句话成了殷瑞钰的座右铭，并时刻去践行。

我不会辜负国家的培养，一定用毕生所学回报祖国。

——殷瑞钰

一　挥别父母　赴京求学

挥别

秋日的苏州，气候温和，景色宜人。殷瑞钰要告别江南，离别父母。

1953 年 10 月 2 日，父亲、母亲、伯父、伯母等长辈送殷瑞钰到苏州火车站，随着一声长长的汽笛，火车缓缓地启动了。

殷瑞钰把窗户推到最上面，伸出手，和长辈们挥手作别。随着火车速度的加快，他看到了妈妈在默默地擦眼泪，他挥动的手更快了，直到看不清站台上的亲人们。

孩儿立志出乡关，报效家国永不悔。殷瑞钰带着梦想和追求辞别故乡，告别亲人。他心里百般留恋，但又豪情满怀，踌躇满志地踏上了求学奋斗之路。

第一次坐火车，他兴奋极了。车轮飞驰，窗外的景物不断变换，对他来说是流动的画卷。车窗外，蹁跹起浪的稻田，纵横交错的河流，他深深地被祖国大地多姿多彩的风景所吸引。一棵棵树木，一座座村庄，都风驰电掣般向后退去，沿途的景物让他掀起了他的遐思。一路奔驰，几十个小时几乎没有合眼。

我来了

这是一趟慢车，一路上，大站小站逢站必停，旅途中殷瑞钰停车必下，感受沿途的风情。到南京的时候，火车要进行解列，分段轮渡过江。然后经津浦铁路到天津倒车去北京，到天津站后，中间有6小时的换乘空余时间，他和同学一起走出天津车站，去乘公共汽车，一路上听不懂天津话，也不便于多问，见到北方的柿子又大又红，像个小南瓜，还真不知道是什么水果。

就这样，一路上经过了无数个大大小小的车站，整整经历了64个小时。夜里9点，火车到达北京前门火车站。殷瑞钰和同学们下了车，深深地吸了一口气：北京的空气好凉啊！秋夜的北京又迎来了一批新生。

“北京，我来了！北京钢铁工业学院，我来了！”殷瑞钰心里默念着。

站在前门火车站的广场上，他深感兴奋。抬头望着高高的前门城楼问自己：这不就是前门吗？以前他在“大前门”的烟盒上见过前门，现在就站在了前门脚下，这是真的吗？哦，是真的，真的前门！北京的前门！首都的前门！

雄伟的正阳门城楼，夜幕下的街景，川流的行人，让报到的新生们目不暇接。在前门火车站等了约1个小时，北京钢铁工业学院用一辆大卡车来接站，学生们依次而上，经西直门，过苏州桥，绕经北大、清华，到了海淀区清河镇满井村的北京钢铁工业学院新校址。门口还有很深的下水道地沟，同学们拿着行李，找到自己的宿舍时已是凌晨，新校舍还没有配齐屋内用品，没有睡床，同学们就在地板铺上行李睡了一宿。

进大学第一天，既新奇又兴奋。

在北京钢铁工业学院学习期间留影（1955 年）

二　怀揣梦想　选择炼钢

“钢老三”

1949 年，全国粗钢年产量不到 16 万吨。1952 年，我国钢产量增长到 135 万吨。为了迅速培养冶金人才，发展壮大钢铁工业，中央决定建立钢铁方面的专门学院。经过中央人民政府教育部与重工业部磋商，决定以北洋大学、唐山交通大学、山西大学、北京工业学院、西北工学院、清华大学等六所著名院校的有关采矿和冶金系科为基础，成立了新中国第一所钢铁工业高等学府——北京钢铁工业学院。

重工业部钢铁工业局抽调陈琅环、柏华、丘玉池、李瑞震等 19 位同志举行了筹建北京钢铁工业学院第一次筹备工作会议。胸怀钢铁强国梦想的魏景昌、杜若牧、魏寿昆、张文奇、胡庶华、章守华、赵锡霖等大批名师巨擘从天津、唐山、西安、太原乃至世界各地汇聚而来。

新中国第一所钢铁工业高等学府是以苏联莫斯科钢铁学院为蓝本，主楼、教室楼、理化楼都是按典型的苏式建筑风格设计的。根据教育部安排，1952 年学校成立之初暂在清华园办学一年。1953 年 9 月 23 日，学校迁入现北京市海淀区学院路校址。所以，殷瑞钰这一级（53 级）的学生报到时间比其他院校晚了一个月。

20 世纪 50~60 年代，北京地区高校中流传着一句“北大、清华、钢老三”。被誉为“钢老三”的北京钢铁工业学院自建校之初就得到中央的重视和大力支持，作为国家钢铁工业的最高学府，学校的发展与新中国钢铁工业的发展紧密相连。殷瑞钰有幸成为迁入新校址的第一批新生，面临着艰苦的学习条件和紧张的学习任务。

新校址的首批新生

1953 年是北京钢铁工业学院搬出清华园独立建校的第一年，基础建设正在火热地进行中。初创时期的校园，一切都是在建或待建状态，校园宛如一个大工地。宿舍楼内没有自来水，早晨洗漱需要到楼外的压水井压水，井水凉透肌肤。食堂尚未建成，学生们都在宿舍的走廊里吃饭。教室是临时用泥土搭建的房子，就是在这样的环境下，每个人都充满信心，没有因为学习条件艰苦而抱怨，师生们都期待着新中国钢铁强国的梦想从这里起飞。学校的辅导老师对同学们要求非常严格，在学习过程中，同学们有一个共识，那就是新中国的大学生应该做到：“学习第一，独立思考，到祖国最需要的地方去。”殷瑞钰把这句话牢牢地记在了心里，作为他心中的“座右铭”，并长期在学习、工作、生活的过程中去践行。

对殷瑞钰他们这届新生，学校采用苏联莫斯科钢铁学院的教材，且要求将 5 年的教材压缩到 4 年学完。1954 年以后入学的新生才改为五年制。由于入学晚了一个月，又要赶课程，学习非常紧张。寒假压缩到只放春节 3 天假，期末考试就在春节 3 天假期后的大年初四开始进行，同学们过了一个备考的“春节假日”。

学校在严格管理学生的同时，非常注重培养学生们的实践能力。大一的暑假，校方就安排学生们到太原钢铁厂实习，让学生们更早地熟悉工厂情况，理论联系实际，了解钢铁的生产流程和实际操作。

紧张忙碌的学习生活，让学生们在不知不觉中度过了一年的时光。大二的时候，学校将冶金类的专业分成炼铁、炼钢和电冶金三个专业，下学期重新分班时，殷瑞钰选择了炼钢专业。

课业负担越来越重，殷瑞钰刻苦学习着，几乎是过着宿舍、教室、食堂“三点一线”的生活。他除了掌握老师课堂上讲的内容，还利用课余时间阅读其他相关的书籍，查找资料，在提高自己专业知识水平的基础上，有目的地丰富各方面的知识。

有时，他也看一些文学类书籍，《钢铁是怎样炼成的》是他看过的小说之一，作者奥斯特洛夫斯基笔下的主人公保尔·柯察金成为他的偶像。他背诵过书中的许多经典名句。其中这句话，他一直铭记于心，“人最宝贵的是生命。生命对于每个人只有一次。人的一生应当这样度过：当回首往事的时候，他不会因为虚度年华而悔恨，也不会因为碌碌无为而羞愧；在临终的时候，他能够说：‘我把整个生命和全部精力都献给了世界上最壮丽的事业——为人类的解放而斗争。’”保尔·柯察金的执着、奉献、勇敢、宽容以及不畏艰险的性格，坚定不移的信念，勇于自我牺牲的精神一直感动并影响着他。

三　注重实践　动手试验

北京钢铁工业学院是一所既重视理论又注重实践的好学校，在实践教学中不仅注重培养学生的理论素养，还注重培养学生在实践过程中联系理论的能力，培养学生对新事物探索的兴趣。校方强调在授课过程中，不仅要提高学生的理论知识水平，更要培养学生们的动手能力。北京钢铁工业学院的这种教学模式为国家培养了一大批理论与实践兼长的人才，对中国钢铁工业的发展产生了深远影响。

20 世纪 50 年代初，氧气转炉发明，这是炼钢技术开始发生革命性转折的时期，当时，国内外都是平炉炼钢占主流。殷瑞钰从老师的授课中意识到：选择从事氧气转炉的试验研究是很前沿的。大三时，石心圃教授主持并挑选了几位好学上进的同学组织成立了氧气顶吹转炉科研小组，殷瑞钰为学生组组长，组员有杨树德、吴勉华、翁治邦、金山同、麦炽昌、顾然等。他们满怀兴趣地投入到业余科研小组的活动中。

在鞍钢实习（1956 年）

学校及老师给予了科研小组大力的支持，让他们在一个 60 公斤的小转炉上进行试验（这不是水力学模型，完全是一个高温火力模型），摸索相关的工艺过程、操作技术和设施装备等方面的问题。在操作过程中，他们遇到了许多实际问题，如造渣问题、喷溅问题、氧枪枪位控制问题等。通过实践操作和研究，就是这样一个小小的转炉试验，学生们的思考能力和动手能力得到了很好的锻炼。前后一年多的时间里，殷瑞钰对转炉冶炼产生了浓厚的兴趣，也成了他转炉炼钢事业的开端。

1957 年初春，曲英先生带领转炉炼钢的大四学生到唐山钢厂进行毕业实习，在唐钢实习过程中，殷瑞钰一边了解转炉生产的实际过程，一边准备毕业设计和毕业论文。这一次的唐钢实习，让殷瑞钰与曲英先生结下了不解之缘。他后来分配到唐钢工作，再到河北省冶金厅和冶金工业部（以下简称冶金部）工作，漫长的数十年间，他们一直保持着联系。殷瑞钰每每有新的理论构想时，总是会想到要听取曲英先生的意见，每次交流总能得到曲英先生的支持或启发。特别是他在研究冶金流程工程学的过程中不时地征求曲英先生的意见，得到了先生热情的支持和帮助。殷瑞钰心中始终怀着感念，总是不忘曲英先生对自己的栽培、支持和帮助。在许多场合下，他对曲英先生的尊重令大家非常感动。直到现在，每年逢年过节，特别是教师节，他总要去恩师家探望。殷瑞钰对待曲英先生的许多小故事成为周围同行及学生中广为传颂的佳话。

殷瑞钰毕业论文的题目是《氧气顶吹转炉冶炼重轨钢（中高碳钢）》，这在当时是很超前的研究方向，其中涉及造渣制度、吹炼工艺、脱磷-脱碳问题等。经过几个月废寝忘食的计算、绘图、设计、撰写，终于完成了毕业设计和关于脱磷问题的论文。毕业设计和论文不仅是对 4 年大学学业的总结，更是他对将来事业方向的铺垫。他深刻地感受到：不管时代怎样发展，世事如何变化，做学问、办事情总离不开认真学习和独立思考。

大学毕业（1957 年）

经过 4 年认真学习，殷瑞钰以优秀的成绩顺利毕业。

四　一个“4分”　终身受益

每当回望4年的大学生活，昔日的点点滴滴仿佛电影画面般从殷瑞钰的脑海闪过，一幕幕刻苦学习、紧张考试的场景和一次次获得5分的欣喜，像一张张绚烂的剪贴画，播放着大学生活的快乐与充实，记录着大学生活的活力与梦想。

然而，其中的一次口试他受到了追问，一直记忆犹新且终身受益。

那是1956年夏，北京钢铁工业学院冶金系炼钢专业“平炉热工”的考试现场。主考是著名的魏寿昆教授。每位考生随机抽取考题，准备20分钟后回答试卷的问题。当轮到殷瑞钰时，他流利地回答了试卷上所有的考题，条理清晰，准确无误。心想得5分没问题了！

正当他暗自高兴之时，魏教授说：“你答得不错，再给你出一道附加实践题吧。平炉修炉，炉底用不用镁砖？”

这突如其来的生产实践问题一下子难住了他，当初在鞍钢平炉实习时根本没有注意到这样细节的问题。他没有多思考就答：“不用。”魏教授若有所思，沉吟片刻，说道：“要用镁砖的！虽然你应该得5分，我还是给你一个4分吧。”

这个“4分”及魏教授的严格要求、认真治学的学风，让殷瑞钰终生难忘。此后，他对待工作、学习认真仔细，处处留心。也因为这件事，魏教授成为大学期间对他影响最大的一位老师。这件事也为他拓展跨领域的研究种下了一粒种子。现在，他常以此告诫自己的学生，要主动学习，处处留心，不断拓展自己的知识面，不要觉得一些目前与自己无关的知识就不去关注。

殷瑞钰（右）获得魏寿昆冶金奖，
魏寿昆院士（左）亲自为他颁奖（2012 年）

殷瑞钰大学毕业后，特别是 20 世纪 80 年代回到北京工作后，经常去魏寿昆教授家探望。在一次探望过程中，回忆起 47 年前的“4 分”，殷瑞钰说非常感谢魏寿昆教授对他的严格要求。

美好的大学生活结束了。到祖国最需要的地方去，期待中的钢铁报国之路徐徐展开，等待着他去践行、去探索、去奉献……

大学毕业合影（第三排右九为殷瑞钰，1957 年）

与北京科技大学学脉相连的部分两院院士合影于北京
（第一排左起：徐祖耀、张兴黔、钟香崇、肖纪美、魏寿昆、柯俊、师昌绪、高庆狮，第二排左起：范维唐、殷瑞钰、钟掘、王崇愚、李依依、徐匡迪、周国治、叶恒强、周邦新、涂铭旌、王淀佐、陈先霖，1998 年）

第三章

真情干转炉　青春献唐钢

“干转炉，到唐钢去，到一线去，到祖国最需要的地方去。”殷瑞钰坚定地走向了唐钢，成长为一名从最基层成长起来的实践经验丰富、理论功底扎实的钢铁冶金专家。

唐山是我的第二故乡，
唐钢是我的第二大学。

——殷瑞钰

一　干转炉，到唐钢去！

到唐钢

唐山，东临渤海，北依燕山，毗邻京津，地处华北与东北通道的咽喉要地，是中国华北地区工业基地之一。

唐山，诞生了中国第一座机械化采煤矿井，第一条标准轨距铁路，第一台蒸汽机车，第一桶机制水泥，是中国近代工业的摇篮，还有“北方瓷都”之称。

唐山的大城山下，有一条自北向南、独流入海的河，叫陡河，被称为唐山的母亲河。陡河东岸，一座生机勃勃的钢城掩映在绿树丛中，这就是唐钢。

唐钢始建于 1943 年 4 月，前身是日伪时期建立的唐山制钢所。抗日战争胜利后，作为敌产，由国民政府资源委员会接收管辖。新中国成立后，唐钢由人民政府接管，属于重工业部钢铁工业管理局，“文化大革命”前一直归冶金工业部管辖，是国家重点钢厂之一。[1]

1950 年 5 月，为解决酸性转炉冶炼的局限性，在余景生、肖来潮、魏亚等专家的努力下，唐钢率先在全国试验成功了“转炉—电炉双联炼钢法”。1952 年 1 月，一封喜报送进北京中南海，“侧吹碱性转炉炼钢法”在唐钢试验成功！我国炼钢技术取得了划时代意义的进步。这一重大技术成果，受到了国家重工业部的充分肯定并通

[1] 中华企业发展史丛书编委会．唐钢沧桑　唐山钢铁公司史志［M］．北京：书目文献出版社，1993.

报嘉奖，被国家科委列为“国家级发明”。“唐钢侧吹碱性转炉炼钢技术”在全国推广后，唐钢先后调出200余名技术骨干到全国钢铁企业传授该技术，因此被誉为共和国“转炉的故乡”。[1]

“干转炉，到唐钢去！”这是殷瑞钰上大学时就曾有过的想法。如今，他真的要到唐钢了！1957年9月27日早晨，殷瑞钰和同班同学吴勉华、杨树德一起，告别了校园，结束了4年的大学生活，从北京钢铁工业学院的学生宿舍出发，到前门火车站，乘上了驶往唐山方向的火车。

在殷瑞钰的记忆中，这是一个难以忘记的日子。他满怀理想和为事业奋斗的热情，走进唐钢，走上了钢铁报国、奉献青春的人生舞台，开始了他在唐山26年的钢铁人生。

报到后，一身蓝布学生装，意气风发的殷瑞钰领到了人生的第一笔工资。当时按半个月工资计算，拿到22.5元。终于挣到工资了！喜悦之情甘之如饴，他终于可以为家里尽一点长子之责了。第二天，他到邮局给父母寄去了10元。几天后，父母收到寄来的钱很欣慰，儿子终于能挣钱自食其力了！父母为儿子长大成人感到无限喜悦。从第一次领到工资开始，他月月给父母寄钱，直到2010年11月，96岁高龄的母亲逝世，就这样连续不断地寄了53年。

实习

殷瑞钰被分配到炼钢车间成为实习技术员。入厂安全教育是必修的第一课。新职工要接受厂级、车间级、工段级三级安全教育，要了解车间的生产特点及注意事项、安全生产规章制度及车间历年来发生的事故案例等。接下来，开始按工段实习，先后在化铁炉工段、转炉工段、浇钢工段、造块工段、修炉工段、机修工段、天车工段、鼓风机房、耐火材料车间实习。

[1] 中华企业发展史丛书编委会．唐钢沧桑　唐山钢铁公司史志［M］．北京：书目文献出版社，1993.

他在实习期间，不仅要学习工人师傅现场操作，还要在岗位上干活。在 20 世纪 50 年代的钢厂，不少岗位是繁重的体力劳动。要用人力独轮车搬运石灰，用铁锹往炉子里加石灰，还要扒渣，出钢挡渣，加铁合金，取样，化铁炉打铁口，修炉时搬砖、和泥、用泥桶运泥等，这些活儿殷瑞钰和伙伴们都干过。热火朝天的工作场面让他从心底感受了工人阶级艰苦劳动、积极奉献的热情。

殷瑞钰满怀着到祖国最需要的地方去干一番事业的理想，在车间、班组认真实习，虚心请教，听从师傅安排，哪里有任务就抢先到哪里，主动掌握生产线的工艺知识，逐步了解生产线的生产节奏和设备运行状况，积极思考生产线自身存在的问题，保证产品质量的措施等。他高高的个子，朴素的衣着，小平头，脸上常常带着微笑，工作起来精明干练，做什么事都认认真真。工人师傅们非常喜欢这位勤快、爱学技术又能干的小伙子。

二 转炉设计 初次考验

接受挑战

机会总是留给有准备的人。进厂实习半年后，殷瑞钰被调到一个新的岗位。

1958 年 5 月，中国共产党第八次全国代表大会第二次会议正式通过了“鼓足干劲，力争上游，多快好省地建设社会主义”的总路线。提出 1958 年全国年产钢量要比 1957 年翻一番，即由 1957 年年产钢535万吨增加到1958年年产钢1070万吨。

1958年夏，冶金部给唐钢下达了年产钢60万吨的任务。河北省委要求唐钢在原有生产能力的基础上，迅速扩大生产规模，新建和改建一批基建项目。唐山市委根据上级指示在唐钢成立了钢铁指挥部，决定建设第二炼钢车间及其配套工程，并动员、组织全市几万人的劳动大军支援唐钢。

在以钢产量翻番为中心的全民运动中，唐钢第一次扩大生产规模，在第二炼钢车间建设工程启动之际，急需一批技术骨干。殷瑞钰被抽调到第二炼钢车间筹建部，参与8吨涡鼓型碱性侧吹转炉的设计工作，主要任务是炉型设计、重心计算与倾动力矩计算等。这在当时是建设炼钢厂的核心技术，应该由钢铁设计院完成的设计项目。但由于任务紧迫，厂里把这项工作交给了殷瑞钰来完成。

这样的任务对于一个刚毕业不久的大学生来说，是一个巨大的挑战。殷瑞钰的心情既忐忑又兴奋：自己参加工作才半年多，单位领导就把这么重要的任务交给我，任务虽然光荣，但责任重大。完成不好，会影响钢厂当年的任务完成，也会辜负领导的信任。他暗暗给自己鼓劲：这是对我的考验，一定要认真细致，敢于创造，不能有半点差错！

设计建造

殷瑞钰心无旁骛用百倍的努力去工作，一定要在较短的时间内拿出一个设计方案。他利用在大学里学到的理论知识和半年来的实践经验，认真细致地绘图、计算，一遍又一遍地验算、核对，仔细推敲，用了半个月的时间，就设计出了当时国内第一张8吨涡鼓型侧吹碱性转炉的设计方案图。与传统的直筒型侧吹转炉相比，涡鼓型侧吹转炉是一项新技术。

厂领导及时召开会议讨论，与会人员对方案的可行性、完整性、可靠性及操作方式都表示赞成，没有太大的修改。为了慎重起见，厂领导派殷瑞钰和鄢英璋到北京钢铁设计院，征求总设计师张权、炼钢科科长周曙及王泽林等专家的意见，专家们也进行了认真的讨论、分析，基本同意设计方案，只是提出了一些小的建议和意见。他们迅速回到厂里向领导汇报，厂领导指示他们再去趟上海，到上钢一厂、上钢三厂、上钢六厂、上海钢铁研究所，听听同行们的意见和建议。当时薛宜达工程师、王乐基副厂长、丁根生、陈蔚都等同行专家参与了方案讨论，都觉得设计方案可行，也提出了一些好的建议。殷瑞钰等回到厂里向领导汇报后，又进行了细致的修订审核，第二炼钢车间的建设工程即刻动工了。

建设工地上，热火朝天，筹备组人员以厂为家，殷瑞钰和工人师傅们一起，从土建到结构，从设计到安装，一直在现场盯着干。转炉预埋地脚螺丝，安装倾动设备，吊装转炉托圈等工作，他的身影穿梭于建设工地的各个工作点，工人师傅们也随时亲切地喊他："小殷，来一下。""殷技术员，这个问题怎么解决？"他随时和施工人员一起研究工程方案、探讨工作方法，解决遇到的具体问题。

1958 年 9 月，中央领导到唐钢视察，极大地鼓舞了唐钢广大职工和全市参加二炼钢工程会战的干部群众。工程进度不断加快，工地的建设纪录一创再创，经过数月的奋战，终于在国庆前夕基本建成第二炼钢车间，车间内建有高架式侧吹涡鼓型 8 吨转炉 9 座，每小时 25 吨化铁炉 9 座，设计能力为年产钢 70 万吨。

顺利出钢

激动人心的时刻到了！1958 年 9 月 30 日下午正式开炉，第二炼钢车间锣鼓喧天、鞭炮齐鸣，开始吹炼第一炉钢。

要出钢的那一瞬间，殷瑞钰的心跳到了嗓子眼，既期待又忐忑。之所以产生忐忑紧张的心情，是由于当时曾经发生过新设计的转炉在投产时转不动的状况。他在想：自己设计的转炉转不动怎么办？那会影响国庆献礼，这个责任非常重大。同时，他也相信自己的计算没有问题，应该是有把握的。殷瑞钰一直守在炉前，注视着设备的运行情况，能否顺利出钢成为关注的焦点。

当第一炉钢水奔泻而出的时候，全厂欢声雷动，庆祝这一战役的胜利。欢呼声淹没了机器的轰鸣，殷瑞钰悬着的心才随着奔涌的钢水放了下来……

设计成功了！经他设计的转炉倾动力矩、驱动马达等相互匹配，运转平稳。设计转速每分钟 0.6 圈，倾动力矩符合要求。殷瑞钰顺利地完成了这一艰巨的任务，初露锋芒。

奋战一线

唐钢第二炼钢车间于 1958 年国庆节正式投入生产。殷瑞钰留在了第二炼钢车间，成为一名在第一线工作的值班技术员，跟着操作工人“三班倒”。

正是“大跃进”时期，他和工人师傅们一起工作，“守炉餐”“伴炉眠”，工作环境非常艰苦，连续 60 个小时未离开过炼钢炉台，累了就在旁边的栏杆上靠一靠，下炉台时双腿都僵得动不了。无论在哪一个班，他都时时处处留心生产过程中的一些变化：吹炼过程中，炉口火焰的颜色代表什么？火焰形貌和明暗表示炉内什么状态？炉渣变化的状态如何？炉渣的状态和钢水中硫、磷的变化关系如何？取出钢水时的火花和凝固样态的关系怎样？如此等等，这些书本上学不到的东西，在他的脑海里逐步积累起来，成为无形的财富。这段艰苦的岁月，让他的实践经验日渐丰富起来。火红的炼钢炉、复杂的生产现场给了他最接地气的锻炼和难得的实践机会。

1959 年 3 月，技术干部调为“两班倒”。殷瑞钰经常被分配到上凌晨零点到中午 12 点的班。在寒风刺骨的冬夜去上班，在酷暑难耐的夏日炉前值班。一个炉座每个班要出 12 炉钢，当时是用高硫生铁炼钢，要求不出成分废品，还要保证钢锭质量。他经常是拖着疲惫的身体在零点上班到中午下班，累得饭都不想吃，就想去睡觉，可是在其他人“三班倒”的集体宿舍里又休息不好，往往每天只能睡 4 个小时左右……这样的班他上了一年多。

炼钢炉前的经历让他永生难忘，使他积累了丰富的实践经验，也磨练了在艰苦条件下工作的意志。殷瑞钰逐步认识到实践的第一性、重要性，为他后期跨专业、跨领域的研究打下了坚实的基础。

1959 年到 1961 年，正是三年自然灾害困难时期，主食吃的是涩涩的高粱米饭、玉米面发糕、红薯面窝头，副食是粉条煮白菜。长时间的营养不良，高强度的劳动量，他突然间消瘦了许多，小腿时常浮肿，每摁一下一个深窝，到医院检查，才发现自己患上了肝炎，他把诊断报告收起来，没有告诉任何人，默默地坚持工作……

奋战在炼钢第一线（1959 年）

艰苦的岁月给了他最珍贵的记忆。尽管一线工作非常辛苦，但他毫无怨言，认真工作，努力学习。几十年以后，他用诙谐而幽默的打油诗《在炉前（忆唐钢）》记录着当时的情景：

脚蹬大头鞋，
身穿帆布袄，

头顶柳条帽，
手带布手套。
端起取样勺，
抡起铁板锹，
奉献一身汗，
心中很自豪。

三　现场攻关　持续探索

“两合面”脱硫

殷瑞钰在生产实践中有时遇到一些书本中没有的小问题、小困惑，必须现场攻关，想法解决。

“大跃进”时期，经常遇到高硫生铁炼钢的困扰，转炉炼钢法虽然能脱硫，但脱硫能力有限。当时，外购生铁的含硫量往往在0.10%～0.15%之间，高的甚至在0.2%以上，而钢的合格含硫量是0.055%以下。为了脱硫，转炉就要多次造渣反复吹炼，不但冶炼时间长，而且吹损高、炉龄短，钢水的含氧量高、质量差。

有人提出改用化铁炉脱硫，将化铁炉酸性炉衬改为碱性炉衬，脱硫效果有所改进，但在炉役后期铁水中含硫量还是很高。殷瑞钰和伙伴们商讨，提出了往铁水包里加碱性粉剂“两合面”脱硫，这种“两合面”是石灰粉和萤石粉的混合粉剂，加到铁水包中作为脱硫的造渣剂，脱硫效果达到60%左右，解决了高硫生铁的铁水脱硫问题，减轻了转炉炼钢脱硫的负担，改善了钢的质量。这就是现代铁水预处理技术的雏形。

解决钢锭“拐模”等问题

在冶炼高硫生铁时，生产中总会出现一些奇怪的现象，例如在钢锭脱模时，锭模和钢锭脱不开，这叫“拐模现象”。这种现象严重影响了炼钢车间的正常生产。按理说锭模和凝固后收缩的钢锭在脱模的时候是能顺利脱开的。

车间领导找到殷瑞钰说：“一炉钢 80 几根钢锭，‘拐’了 40 多个，50%左右拐模。你分析分析，解决一下拐模的问题。”

殷瑞钰认真地盯在造块池旁边，按炉记录，经过分析统计，并对照炼钢炉的钢水情况，他找出了统计规律，认为主要是钢水含硫高和温度高造成的。因此，提出要改进脱硫效率，严格控制出钢温度，解决了困扰生产的拐模现象。殷瑞钰根据拐模现象的出现、分析、解决等环节，撰写了一篇题目为《钢锭的拐模现象原因及处理》的文章，发表在《钢铁》杂志上，为当时出现同类现象的各厂起到了参考和指导作用。

有一段时间后，为了改善环境，碱性化铁炉加上炉顶除尘装置以后，没过多长时间，新装的冷却水下降管就严重漏水。公司领导找殷瑞钰，如何解决？殷瑞钰排查了许多因素后，发现管道被严重腐蚀的原因是除尘冷却水中含氟量高，而氟来自加入的萤石。殷瑞钰建议将原来的普通钢管换为奥氏体不锈钢管，解决了影响生产的漏水问题。

殷瑞钰善于在实践过程中观察、分析、思考问题产生的原因，解决了生产过程中的很多具体问题。

持续探索[1]

工作岗位变动后，殷瑞钰接触到的事物更为广阔、多样化，他

[1] 中华企业发展史丛书编委会．唐钢沧桑　唐山钢铁公司史志［M］．北京：书目文献出版社，1993.

更加钻研技术。在20世纪60年代，他多次参与了冶金部下达的有关转炉炼钢技术进步的试验、科研和攻关工作，还参与或组织了一系列研究工作并持续探索与积累。

参与了用侧吹碱性转炉冶炼6英寸沸腾钢、10英寸低合金半镇静钢和10英寸半镇静高硫易切削钢的研发和批量生产。

参与了唐钢第一炼钢车间氧气顶吹转炉技术改造。这是国内第一个在空气侧吹转炉厂房内改成氧气顶吹转炉。为了有利于造渣和防喷溅，适应使用中磷炼钢，殷瑞钰和同仁试验成功了三孔喷枪的设计、制造和吹炼，这属于国内首次。

参与研究了用氧气顶吹转炉喷吹石灰粉（OLP）的工艺试验，以此处理高磷生铁，在6吨小型的氧气转炉上取得成功。当时是用来冶炼湖南涟源的含磷1.8%的生铁（有的含磷量高达2.5%）。不仅要炼出合格的钢，含磷炉渣还要适合做磷肥，做磷肥就不能加萤石化渣，经过多次试验研究，成功地完成了冶金部下达的任务。

参与了用转炉从包钢的生铁里提取铌（Nb）的技术攻关。包头白云鄂博矿是含铌多金属共生矿，铌的分散度大，使得包头矿铌资源的应用一直受到限制。根据冶金部的安排，要利用转炉的熔池反应过程，将铁水中的铌通过氧化分离，以Nb_2O_5的形态浓缩提取到转炉炉渣中，再经矿热炉将渣中Nb_2O_5还原成锰-铌铁合金。殷瑞钰和相关技术人员经过有效的组织和试验，完成了此项技术攻关。

参与了以承德含钒生铁，通过侧吹转炉提取钒渣的试验。这是利用熔池反应热力学原理，有效控制化学反应的温度与炉渣成分，控制不同元素与氧的反应热力学过程，将钒元素有效地从铁水中分离出来，进入炉渣中。

研究用侧吹碱性转炉冶炼高碳钢。特别是在中磷生铁的条件下，用直接拉碳的方法冶炼碳素工具钢，难度非常大。需要通过造渣制度、吹炼制度、过程温度控制等一系列有序、有效的安排，使熔池中钢水含碳量在0.7%以上的时候，就解决了熔池前期脱磷，冶炼出温度和含碳量都符合要求的钢水。

研究试制用增碳法冶炼硅锰合金弹簧钢60Si2Mn。开始阶段用增碳法冶炼出的钢材断面收缩率有时不合格，殷瑞钰提议，将出钢过程中的脱氧-合金化的顺序改变一下，先加入碳粉增碳脱氧，后加锰铁、硅铁，先利用碳粉脱氧，然后再合金化。经过试验，解决了断面收缩率不合格问题，冶炼出合格的合金弹簧钢，并进行了批量生产。

在技术攻关的道路上，殷瑞钰忘我地工作着，也收获了一个又一个荣誉。1964年，殷瑞钰被评为唐钢“五好”青年。全厂只有两人获此殊荣，一个是工人苏兰英，一个是技术干部殷瑞钰。1965年，殷瑞钰被评为全厂先进工作者，全厂仅有5名职工获此殊荣。同年被提升为技术科副科长，分管新产品的试制和科研，成为全厂最年轻的中层干部，时年30岁。

四　下放劳动　一线“整锭”

整锭工

好事连连，却又福祸相依。正当他满怀信心，刻苦钻研新技术的时候，1966年夏，“文化大革命”开始了，作为一名年轻的、成长中的科技人员，莫名地被指认走的是“白专”道路，是“修正主义”的苗子，还是年轻的中层“当权派”！

仿佛一夜之间，是非都颠倒了。殷瑞钰怎能想得通?！来唐钢是为了干转炉来的，就是想让祖国尽快实现工业化的，就是想钢铁报国的，怎么会成了“白专”？会是“修正主义”的苗子？殷瑞钰百思不得其解，经过几次批判、检查之后，“革命造反派”头头认为他态度“不老实”，是对抗“文化大革命”运动。在“交待问题”的时候，他莫名地被打，斯文扫地，人格倍受侮辱，百味杂陈。

随后，殷瑞钰被停职反省，下放到第二炼钢厂整锭工段“监督劳动”，接受再教育，成为一名整锭工。

整锭工是全厂体力劳动强度最大的岗位，当红红的钢锭从模子里脱出来后，工人们利用天车吊挂的夹钳把500~600公斤的钢锭平铺排队，再在炙热无比的钢锭上清扫灰渣，写上炉号，按照4根一层、3根一层的规定，整齐地码放成堆，然后挂链过磅，再协助吊车司机吊上火车运出去。

每堆放一炉钢锭，浑身大汗淋漓，双臂酸痛，全身疲惫……他日复一日地埋头干活，用乐观的精神和坚强的毅力熬过了一年半的时间。

“挺好的”

当时，全厂最重的体力活粮食定量是每月56斤，整锭工的粮票是全厂最高的。因为粮食定量高，有人又要闹出点事儿：“这小子，虽然工作累点，粮食定量倒挺高的。”

去问整锭班组的工友：“殷瑞钰干得怎么样？”

工友说：“挺好的。只干活，不说话。”

只能亲自去问殷瑞钰了：“你挺好的？”

殷瑞钰说：“挺好的。”

最后，造反派头头说：“他挺好的！那不行，得把他调回来，让他挺不好！不能让他拿高定粮。”

殷瑞钰被调回技术科“三班倒”，要顶岗位，到物理试验室进行钢材物理性能测试并被监督劳动。尽管还是“三班倒”，但毕竟是与技术相关的工作，他同样默默地听从“指挥”。做力学实验，操作万能拉力机，测定钢材的力学性能，找屈服点，计算断面收缩率，测试抗冲击性能，看显微镜下的金相组织，依照图谱评定轴承钢的非金属夹杂物、网状碳化物、液析，拍金相照片，写实验报告等。殷瑞钰边学边干，样样做得认真细致，从不敷衍，这些最基础的实验操作为他扎实的理论知识增加了更多的实践体验。

困境期间，他没有荒废时间，只要有时间就躲在单身宿舍里学习相关业务，尤其是看了许多有关金相、金属材料方面的书，对金属材料方面的知识有了更深入的了解。

就在这段艰难的岁月里，殷瑞钰一边默默工作，一边静静坚守，一边悄悄成长，一边渐渐成熟。困境磨练了他宁静致远的情怀和淡泊明志的品格。

五　恢复原职　钻研技术

1971 年唐钢落实了干部政策，曾被批斗的干部重新复出。殷瑞钰“官复原职”，任技术科副科长。

唐山钢厂于 1972 年改制为唐山钢铁公司，殷瑞钰担任钢铁研究所副所长，成为唐钢技术领域的青年带头人，分管公司内生产科研任务。

当时，冶金部经常把转炉炼钢技术和新产品开发方面的科研项目下达到唐钢，因而殷瑞钰有机会走在钢铁战线科技攻关的前沿，组织并直接参与了众多钢种的攻关和试制，渐渐成长为理论联系实际、知识面较宽的科技人员。

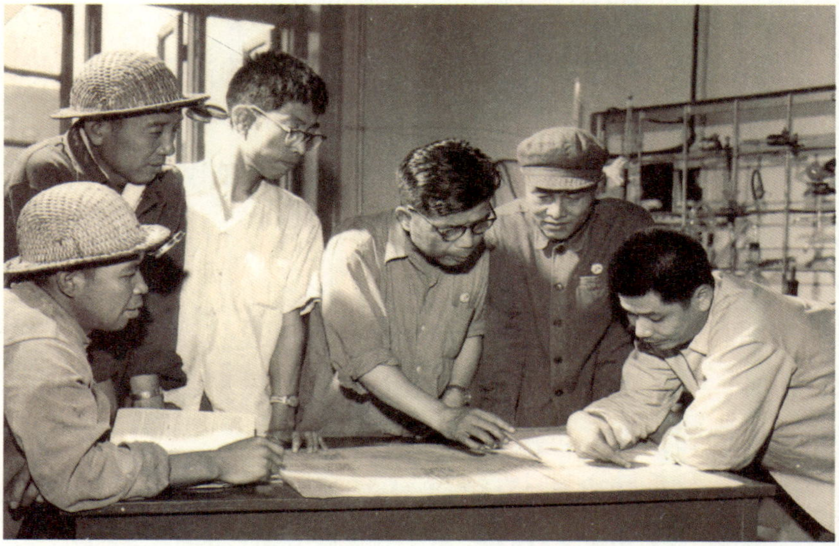

在唐钢钢铁研究所讨论科研方案（右一为殷瑞钰，右三为肖来潮，1974 年）

中空钢也叫钎子钢，是采矿用的重要工具。当时这种产品主要依靠进口，国产的使用寿命太短。冶金部将这一重点科研项目下达给唐钢，殷瑞钰全程参与了钢种的选择、冶炼、轧制等。这种中空钢还要经过冶炼、轧制、热处理、拉拔、机加工等多道工序才能交货。从研发到研制成功仅用了一年时间，产品性能稳定优良。这项技术填补了当时国内空白，其寿命堪比从西德（指联邦德国）进口的中空钢。为了批量生产，唐钢建立了中空钢车间，并由钢铁研究所直接管理。❶

❶ 中华企业发展史丛书编委会．唐钢沧桑　唐山钢铁公司史志［M］. 北京：书目文献出版社，1993.

在 1975 年到 1978 年间，殷瑞钰参与了微合金半镇静钢 20MnNb（b）的研发。半镇静钢的冶炼技术关键是要控制好钢中的含氧量，炼钢难度较高。为此，他进行了相关的热力学计算，合理控制钢液的脱氧过程和凝固过程中的钢锭结构。使钢锭结构兼具沸腾钢和镇静钢的某些优点，由于是用 10 英寸小钢锭试验，技术上较难掌控。经过多次的试验取得了很好的成果。解剖钢锭后，组织结构符合半镇静钢的特征，钢锭成材率提高，成本降低，实现了 10 英寸小钢锭半镇静钢的研制和批量生产、销售。❶

殷瑞钰指导参与了 45Si2Cr 调质钢筋的研发和试制。这是一种铁道轨枕专用钢材。以往铁路用水泥轨枕一直沿用苏联配筋方案，即：铁路轨枕配筋是用几十根直径 4 毫米的钢丝编网，不仅配筋复杂，且钢丝密度大、空隙小，往往容易导致混凝土中的石子骨料难以进入，进而引起沙子细骨料、水泥的“粒度比”难以控制在合适的比例中，会影响轨枕的强度和疲劳寿命。殷瑞钰及其团队用一年的时间试验成功 45Si2Cr 调质钢筋，其疲劳性能、强度、韧性等技术指标与西德（指联邦德国）的同类产品一样。经冶金部和铁道部鉴定后，不仅填补了国内空白，也为我国铁路建设提供了材料保障，铁道部方面非常满意。❷

海军用锚链钢 M15 的研制在当时的条件下难度也不小，这种钢对冷弯、焊接的性能要求比较高。殷瑞钰在研制过程中，通过改进转炉造渣制度、吹炼制度和炉内脱氧工艺等技术攻关和多次试验，终于用小转炉生产出了这种锚链钢，满足了海军方面的需要，为我国海防事业发展助力。❸

殷瑞钰还指导参与了 25U、29U 型钢的研究。这是一种煤矿巷道支护用的钢材，孔型的设计比较复杂，变形过程中难于充填。殷瑞钰安排型钢孔型设计专家厉永第进行孔型设计，并亲自到中型厂现场指挥，终于轧制成功，也填补了国内空白，使得矿井巷道支撑钢可以自给。❹

---

❶❷❸❹ 中华企业发展史丛书编委会. 唐钢沧桑 唐山钢铁公司史志［M］. 北京：书目文献出版社，1993.

在攻关新钢种的同时，20 世纪 60~70 年代唐钢还相继开展了侧吹碱性转炉（直筒型、涡鼓型）试验、开展了氧气顶吹转炉、氧气底吹转炉、氧气顶底复吹转炉和氧气侧吹转炉等各类有关转炉的工艺研究。殷瑞钰全程参与装备设计、工艺试验、产品开发、炉龄攻关等各个技术环节，积累了丰富经验，逐步成长为我国转炉炼钢研究的技术骨干。❶

唐钢工作期间，对殷瑞钰而言是一个积累和磨练的过程。他参与了新钢种的冶炼、轧制和热处理研究，进行了工艺理论研究，到现场指挥、组织生产，解决实际问题……使得他在理论知识和实践技能方面有机地结合起来，为他后期研究冶金流程工程学、冶金流程集成理论与方法打下了坚实的基础。那段青春飞扬的日子，还练就了他勇于吃苦、坚韧不拔的工作作风；那些夜以继日的岁月，磨砺了他刻苦钻研、研读文献、持续思考的学风，以及不计较个人得失和宽容大度的胸怀……

六 唐山地震 抢险救灾

地震

繁忙的工作中，家是温馨的港湾。殷瑞钰、田乃媛小两口各自忙碌着，日子虽平淡而简朴，但田乃媛还是想方设法把平凡的生活过得富有情趣。1976 年 7 月 27 日，殷瑞钰生日前夕，田乃媛托工友

❶ 中华企业发展史丛书编委会．唐钢沧桑 唐山钢铁公司史志［M］．北京：书目文献出版社，1993.

从丰南的胥各庄买来一只鸡，下班后匆匆忙忙用砂锅炖好，准备转日给殷瑞钰做长寿鸡丝面。

五岁的孩子闻到香味跑到厨房，看到炖鸡，便吵闹着要吃鸡腿。田乃媛耐心地跟孩子说：“明天是爸爸的生日，一定给你吃鸡大腿，今天就喝碗汤吧。”儿子很听话，端坐在桌旁，等着鸡汤慢慢凉下来……

三伏的天，酷暑难耐，连续的高温闷得让人喘不过气来。这天夜里，屋里像桑拿房一样，让人无所适从。殷瑞钰展开行军床，紧挨着柜子放稳。每年夏天，他们都这样加床度夏。柜子上放着两个热水瓶，装满了晚上新烧开的水。

睡梦中，突然一阵轰隆隆的巨响，刹那间狂风呼啸，电光闪闪，地声隆隆。屋里的窗帘瞬间被风吹起，几乎和天花板平行，仿佛天翻地覆一般。一家三口被惊醒后，马上起床，却怎么也无法站稳，腿脚都不听使唤了。

“地震啦！”田乃媛在意识到地震的同时，迅速地抱起孩子，交到殷瑞钰手中，说：“快！抱孩子下楼！快！抱孩子下楼！”

殷瑞钰抱着儿子冲下楼去。

大地强烈的震颤持续了一分多钟，稍平静下来，就听到尖利的呼喊声和众多的哭泣声，划破夜空，凄惨惊悚。

田乃媛摸黑从衣柜里拿出衣服，边跑边穿，慌忙从三楼奔下去。这时，她听到殷瑞钰已经变了调地大声呼喊：“田乃媛，田乃媛，你不要命了，干什么呢？快下来！快下来……”田乃媛跌跌撞撞地跑到楼门口，循着夜色一看，她惊呆啦！前排楼已经坍塌啦！呼救声此起彼伏，有人还埋在坍塌的楼里，一片悲凉与惊慌……

天色朦胧，男人们很快组织起来去救人，从前排楼抬出一个又一个伤员，女人们看着孩子和老人。哭叫声渐渐地弱了，殷瑞钰才发现自己在慌乱中穿了田乃媛的鞋，匆忙中又在废墟里扒砖救人，手指都扣出了血……

大地仍不时地颤抖，时不时还有强烈的余震，楼房随时还有倒塌的可能，已到户外的人们开始向堤坝上转移。雨依旧不停，整个唐山市在震颤中哭泣……

抢险

这是 1976 年 7 月 28 日，凌晨 3 点 42 分，唐山发生了 7. 8 级强烈地震。这一天，是殷瑞钰 41 岁生日。

有人从厂里跑回来，说厂房基本没倒，只是上夜班的工人有个别伤亡，但东工房、税王庄等家属区伤亡惨重，人们的心情都沉重起来。有人从市里回来，带来许多不祥的消息，这座拥有百万人口的重工业城市，顷刻间被夷为平地。地震波及整个华北大地。死伤人数众多，余震还在继续……

凌晨 5 点多钟，殷瑞钰就来到厂里，参加救灾和准备恢复生产的战斗，昼夜不停地奋战在第一线。职工搭地震棚缺材料，他就帮着找材料；职工家里有病人，他就用自行车去接人……唐钢广大职工忍着悲痛，一边抗震救灾，一边积极修复设备，恢复生产。在冶金部的组织下，上钢三厂、首钢、天钢等兄弟单位都派人带材料前来支援唐钢。

不到一个月的时间，唐钢第一炼钢车间就恢复了生产。钢铁研究所所在的理化楼办公室已经无法工作了，作为副所长的殷瑞钰和科研人员及工人师傅在极其艰苦的条件下，背着背包现场办公，碰到什么问题就解决什么问题。他们的工作态度感动了许多人……

震后的天气依然酷热无比，空气中弥漫着腐烂的臭气，令人作呕。先前逃出楼房时什么也没带，田乃媛看到住的楼没倒就想回去取点用品和粮食。一天，趁着殷瑞钰不在，她冒着生命危险悄悄地回了一趟“家”，爬上三楼时，只见房顶已露了天，幸好是木结构，没有倒下来。震动是天翻地覆的，毛巾被竟然在粮食缸下面压着，两个热水瓶全倒在了殷瑞钰睡的小床上，若不是跑得快，殷瑞钰就会被烫伤。厨房里一片狼藉，27 日炖鸡的砂锅竟然没有碎，只是没来得及吃，鸡上已经长出了一层绿毛。

苍天失色，举国悲痛。唐山大地震，仅仅一分多钟的时间里，24 万多同胞罹难，16 万余人重伤。全唐山只有 11 栋房子没有倒，就包括殷瑞钰家的这一栋；全唐山有 5%的家庭没有伤亡，包括殷瑞钰这一家。

他们幸运地躲过了一劫。

骨折

进入九月，天渐渐冷了，震后的家园破败无比，秋风已经送来萧瑟的凉意。各单位竭力为职工搭建简易棚。所谓简易棚，就是下半部分是砖墙，上半部分是窗户和顶棚，屋里可以盘炕、生炉子取暖并做饭。在简易棚里过冬总比在地震棚好多了。

九月下旬的一天下午，田乃媛正在和解放军一起盖自家的棚子，忽然有人传话来："殷所长帮工友盖房子，掉进地基坑里，摔伤了脚。"

田乃媛急忙跑过去，看见殷瑞钰正坐在厂医院的帐篷前，右腿从脚踝一直肿到了大腿，看着他疼痛难忍的表情，心里一阵酸楚……田乃媛和同事们当即送他到上海医疗队拍 X 光片，医生确定是踝骨骨折，进行了 4 次复位，打上石膏后就送回了钢厂医院的帐篷中。天色已黑，又没处吃饭，随便吃了点压缩饼干，借来一件棉大衣，权当过夜的被子。

殷瑞钰被疼痛折磨得无法入睡，翻来覆去地变换姿势，度过了一个不眠之夜。他忍受着疼痛，心急如焚。单位里一堆事等着呢，大家都在忙着，就自己动不了，还得有人照顾……

为了便于养伤，田乃媛思前想后，决定送他到天津。得到公司领导的批准后，到了天津骨科医院，拆下石膏后又重新复位，打上小夹板，留院治疗。一日三餐，田乃媛照顾得非常周到，每天早上5点钟起来排队给殷瑞钰打牛奶。在田乃媛的精心照顾下，殷瑞钰的脚踝逐渐恢复……

1976年11月，天津宁河又发生了强烈地震。殷瑞钰等病号再次从病房搬到医院院子里。天津也不宜久留了，好在殷瑞钰已经能拄着拐杖走几步了，他们又“打道回府”，入住震后唐钢的简易棚。

殷瑞钰家的简易棚在二炼钢车间的高压塔下，按常理讲，这是个很危险的地方，但因为上班近，也就只好在此了。小小的棚内，一桌一橱一对箱子，虽然简陋，但有恩有爱，有亲人的温暖抵御着寒冬。每晚下班后，田乃媛回家就去烧火炕，做完一顿饭，虽然炕不凉了，但棚内依然寒气逼人，早上起来毛巾都冻得硬邦邦的。

他们在极度困难的情况下乐观地活着，认真地工作，为重建家园尽自己的一份力。住在地震简易棚的4年里，不少外地同学、朋友给了他们很多支援和关爱，温暖着他们的心。

当旧唐山从地平线上消失的时候，一座崭新的工业城市迅速耸立起来，成片的楼房接连竣工，人们相继住上了新楼房，殷瑞钰一家在1980年迁入新居，搬到唐山70号小区35号楼的一套三室单元，开始了震后新生活。

七　大胆直言　独立见解

付出就有收获。殷瑞钰用自己的行动诠释着钢铁之梦，同时也赢得了众多的荣誉。1977年，殷瑞钰被评为唐山市的先进青年。

1978 年，殷瑞钰作为唐钢科技人员代表出席全国的冶金群英会。这一年，殷瑞钰被评为工程师。在唐钢 4 名晋级的技术员中，他的资历相对浅，但由于他业绩突出，被破格晋升。

1979 年 11 月 19 日，殷瑞钰光荣地成为中国共产党预备党员，一年后转正。

之后，殷瑞钰被提拔为唐钢公司的副总工程师、钢铁研究所所长，主要职责是协助生产副经理管理生产经营，协助总工程师管理技术创新。根据上级党组织指示，他可以列席唐钢党委会，这也是一种特殊安排。

唐山大地震后，恢复生产的唐钢究竟朝哪个方向发展，是摆在唐钢人面前重要的战略选择。殷瑞钰平日里也在思考、分析这个问题。

当时曾经有这样一种议论：首钢原来只是一家炼铁厂，通过 20 世纪 60 年代新建 30 吨氧气转炉和大钢锭模铸工艺，又在 70 年代投产了 850 初轧机，迅速发展起来。鉴于此，当时许多专家都认为这是一条稳妥的工艺路线。1981 年，唐钢规划中比较集中的意见也是建设 850 初轧机，走氧气转炉—模铸大钢锭—850 开坯—二火成材的工艺流程，这样既稳妥又可靠。当时唐钢已经为建设 850 初轧机开始平整土地、挖掘基坑等基本建设的前期工作。

1981 年的一次党委扩大会议，主要议题是讨论唐钢的发展规划等事宜，这是关系到企业未来发展方向、决定企业命运的决策性会议。其中是否上 850 大轧机是一项重要内容。公司党委委员全部到会，党委书记李大朴同志主持会议，殷瑞钰列席会议。会上，大家讨论热烈，都同意速建 850 轧机。李书记正要作总结发言时，看到殷瑞钰一直默默地听会，似乎有话要说，便说：请殷瑞钰同志谈谈看法。

殷瑞钰感到有些紧张，以列席身份参加会议，发表不同意见合适吗？转念一想，他又觉得这样一个会议，既然参加，就应该负责地将自己真实的想法说出来。尽管会议室中全是他尊敬的领导和前辈专家，但也不能只听不说吧。他迟疑了片刻。李书记看出了他的疑虑，特意补充说：有不同意见也可以谈谈嘛，毕竟是关系到唐钢今后的发展方向，搞技术的更有发言权。

李书记的鼓励，让殷瑞钰鼓足了勇气。他看了看在座的各位领导，沉稳地说：既然李书记让我说说，我就站在唐钢发展的角度谈谈自己的看法和观点，请各位领导批评指正。首先，国内钢铁企业已揭开了大发展的序幕，唐钢要发展，不能等靠国家拨款，要自谋出路，又快又好地搞建设。如果在70年代，建850轧机，我完全赞成。但时代在发展，技术在进步，现在已经是80年代了，连铸-连轧技术在世界范围内，特别是在西德（指联邦德国）、日本发展迅速，这应该是未来钢厂发展的方向。现在上850轧机再走大钢锭开坯、二次成材的技术路线，显然跟不上时代的步伐了。当前唐钢的首要问题是要解决化铁炼钢问题，应尽早取消化铁炉，建设大高炉，直供铁水给转炉；建连铸机，逐步取消模铸，再上连轧机，只有这样才可以取消开坯、二火成材，从而降低能耗和成本，提高产品的质量、成材率和企业效益，得到更大的发展。

无私者无畏。他越说越亢奋，恨不能讲得更透彻。他又建议要建连轧生产线，特别强调上高速线材轧机，正好可以利用已平整好的土地尽快建设，实现唐钢的快速发展。

殷瑞钰发言后，会场鸦雀无声，静默了好一阵。殷瑞钰才发觉是不是说得有点多了，没有掂量后果。

果然，第二天，全公司一片哗然，人们议论纷纷。党委扩大会议上，只有殷瑞钰一人不同意建850大轧机。

消息迅速传开，他有些茫然，但他不后悔说出了自己真实的想法。他认为，这是一个工程师应有的责任，更何况是在自己工作的唐钢，是自己热爱的钢厂。

随后，经过多次论证，殷瑞钰的建议得到了河北省冶金厅、冶金部的肯定，他们给予了大力支持。尽管唐钢已投入大量资金，但还是决定停建 850 轧机，在此基坑上，兴建了高速线材轧机。

20 世纪 80 年代后期，唐钢建成了 1263 立方米的大高炉，逐步淘汰化铁炼钢。90 年代实现了全连铸，率先成为全国少数几个全连铸钢厂之一，提高了生产效率和产品质量，取得了很好的经济效益。

殷瑞钰以列席身份在会议上的大胆陈词为唐钢的技术进步和发展战略提出了正确的方向，促进了唐钢从只有炼钢—轧钢的中型钢厂转型升级为流程完整的大型钢铁联合企业。

八　深入实际　有所发现

论粘渣

在长期的学习和实践中，殷瑞钰在不同的岗位，得到了不同的锻炼。他的综合判断能力，对技术的分析能力，在实际工作和学术研究中慢慢体现出来，使他能及时发现钢铁企业发展中的软肋，找出解决问题的路径。

20 世纪 70 年代，转炉炉衬寿命短一直是炼钢的瓶颈。殷瑞钰在提高氧气侧吹转炉炉龄攻关过程中，不仅注意观察转炉冶炼过程的情况，同时也注意修炉、拆炉的情况。他在观察拆下的炉衬时，发现一种特殊的现象，有些炉衬材料有增厚上涨的趋势。他感到很奇怪，便逐个炉子反复观察，测量炉底、炉墙厚度，深入研究分析。通过对这种现象的研究，他认识到在氧气碱性转炉冶炼过程中，炉渣与炉衬的相互作用不仅是侵蚀与被侵蚀的关系，在某种特定条件下，某些液-晶共存的转炉终渣有可能融接依附在炉衬上。这一现象启发了他。他认为，如果控制处理得当，特殊的液-晶共存的炉渣可以起到保护炉衬的作用。为此，殷瑞钰撰写了论文《氧气侧吹转炉炼钢的粘渣操作》，对比并分析了氧气侧吹转炉不同类型的终点炉渣，发现一些粘稠的炉渣基本上不侵蚀普通焦油白云石炉衬，在某种情况下还可以在炉衬砖上融接上长，控制处理得当，就有保护炉衬的作用，并通过实例证明了采用粘渣操作有利于转炉炉龄的大幅度提高。同时，讨论了氧气侧吹转炉冶炼间隙时期中炉内气氛的性质及其与炉渣的作用情况，从热力学角度上可以证明一些炉气对渣中 FeO 具有还原能力。当炉役平均终渣的 $\sum(FeO) \leqslant 12\%$ 时，往往形成炉渣在炉衬表面融接上长，其原因主要是该种炉渣中 FeO 组元被炉内气氛还原，使炉渣熔化温度升高，由液态转变为固态所致。[1] 这篇文章的思路为开发溅渣护炉技术提供了理论基础。

文章发表在 1978 年的《金属学报》上，引起了国际反响，其英文摘要被美国同行关注。美国金属学会、法国钢铁研究院专门找中国金属学会索取全文，进行研究参考。美国专家借鉴了这篇文章的思路，开发出转炉溅渣护炉技术，获得了明显效果。20 世纪 90 年代中期，中国引进美国的溅渣护炉技术，殷瑞钰认为这是钢铁企业的关键共性技术之一，力主在全国钢厂推广，使全国转炉炉龄大幅度提高，钢厂的生产效率和产能有了很大的提升。

论文交流

中国钢铁工业第二届学术讨论会于 1981 年在武钢召开。唐钢有两篇文章参与了交流，这两篇论文都是殷瑞钰主笔，吴石麟、张耀辉、邓少妍、徐国伦、王海之等人提供了相关帮助。

[1] 殷瑞钰，吴石麟，刘仁刚. 氧气侧吹转炉炼钢的粘渣操作［J］. 金属学报，1978，14（1）：1-16.

第一篇文章是《FeO_n对转炉型（低磷）终渣性质的影响》[1]，殷瑞钰从相图分析和岩相观察出发，对转炉（低磷）终渣的性质进行了分析。在此基础上，用工业生产中氧气转炉终渣的数据，计算高温状态下炉渣内的相平衡，并将计算结果加以数学处理，得到了渣中氧化铁含量与析出晶体后的转炉（低磷）炉渣内所残存的液相量之间的关系。论证了控制氧气转炉终渣中氧化铁含量对转炉渣性质的重要性。对成渣速度、化渣概念、转炉造渣原则以及炉渣性质的研究等问题进行了讨论。

第二篇文章是《氧气侧吹转炉垂直复合吹炼工艺》，从理论分析和工业试验两方面证实了“氧气侧吹转炉垂直复合吹炼工艺是对传统的侧吹转炉炼钢的一次工艺革新，通过面吹与沉吹两排喷嘴氧压的调节，氧流直接搅动熔池深部和乳化熔池炉液上部，使整个熔池炉液各部分的温度和渣中氧化铁及熔池碳氧反应等较为均匀，有较快的成渣速度，良好的界面反应条件，故高速进行冶炼反应的熔池具有吹炼的平稳性，吹损少和提前去除磷、硫速度较快等。这种利用面吹、沉吹两排喷嘴，并分别控制氧流压力的复合吹炼方式，完全可以实现侧吹转炉的垂直吹炼，这为解决侧吹转炉的未燃法炉气除尘、煤气回收、防热、改善劳动条件及大型化等创造了有利条件”。这篇文章还参加了 1982 年中日首次炼钢学术双边交流，在学术交流会上，日本钢铁界的权威人士对这篇文章给予了高度关注和评价。之后这篇文章被编成了单印本，供学习参考。

殷瑞钰撰写的《低合金半镇静钢 20MnNb（b）、25MnNb（b）凝固过程及其钢锭结构》（与邓少妍、徐国伦、王海之合作）刊登在 1981 年《钢铁》杂志的第 5 期上。文章对低合金半镇静钢的研究上升到一个新高度。该文通过对低合金半镇静钢 20MnNb（b）、25MnNb（b）在凝固过程中的选分结晶过程和元素偏析以及气体析

[1] 殷瑞钰，张耀辉. FeO_n 对转炉型（低磷）终渣性质的影响［J］. 金属学报，1981，17（4）：447-453.

出的情况进行了计算和理论分析。讨论了低合金半镇静钢的钢锭（250 毫米×250 毫米）结构。研究了钢液凝固过程中元素偏析和钢中气泡生成的条件。在模型基础上，对凝固过程中发生的包晶反应加以计算分析。作为半镇静钢的生产技术，除了合理成分设计外，控制好钢锭头部的结构和防止皮下气泡的产生十分重要。当时中国还没有发表过这样的学术文章，论文观点被英国专家索要参考，成为当时研究半镇静钢的参考资料。

殷瑞钰在唐钢工作了 26 年，得到了锻炼、成长，也为转炉的故乡奉献了自己的青春和才华。26 年中，殷瑞钰从最基层的一个炉前技术员，成长为唐钢的总工程师、副经理，这其中，有凄风苦雨，也有春日暖阳，他始终默默无闻，持续钻研，忘我工作，兢兢业业，砥砺前行……

他说："唐山是我的第二故乡，唐钢是我的第二大学！"

第四章

任职冶金厅
砥砺又前行

胸中有志山河壮，心底无私天地宽。在河北省冶金厅工作的 5 年，殷瑞钰边干边学，砥砺前行。实现了从工程技术向技术与管理相结合的角色转变，实现了从企业的工程技术专家转变为全省行业发展的战略判断、战略实施和战略规划的角色。

我是来学习的，不是来放“火”的。

——殷瑞钰

一　就任新职　边干边学

就任

正值改革开放初期，十一届三中全会决定把全党的工作重点转移到经济建设上来。当时又面临着：一方面干部断层严重，年龄老化、青黄不接；另一方面，在新形势新任务面前，干部的知识结构、专业素养、时代眼光严重不适应。党中央提出了干部“四化”方针，即“革命化”“年轻化”“知识化”“专业化”。坚持德才兼备标准，贯彻干部的“四化”方针对于党的干部队伍建设，特别是改革开放事业至关重要。

正当殷瑞钰在唐钢努力奉献的时候，80 年代初一个风和日丽的午后，河北省委组织部李致和副部长一行到唐钢考查，找殷瑞钰个别谈话。

李致和副部长问：“唐钢这几年工作开展得很好，你对下一步工作有什么设想？”

“自从唐山地震后，唐钢在灾后重建的基础上，依据新的发展思路，发展速度很快，1980 年唐钢进入了全国‘十大钢’行列，令人振奋。唐钢的下一步将进行技术改造，做好新产品的开发、提质增效。”

“谈谈你自己吧，家里都挺好的？孩子在哪上学？老人在不在身边？”

"都挺好的，我们两口子都在唐钢工作，孩子懂事。老人在苏州老家。"

"那就好，省冶金厅也需要你这样的人才，有责任感又有使命感，把学习当工作，把工作当生活……"

"李部长过奖，我只是想为国家的钢铁事业尽自己的绵薄之力，把钢厂这点事儿做好，也不枉费我大学 4 年的苦读。"

"你有没有想过换个地方，比如到省冶金厅工作。"

"李部长，我还真没想过。我对厅里的工作既不了解，又不熟悉，也没有兴趣，更没有在行政机关工作的经验，我还是愿意继续留在唐钢搞生产技术和研发工作。"殷瑞钰的拒绝一点儿也不婉转。

"好，像你这样的人多多益善噢！"李部长频频点头表示理解。

在 1982 年到 1983 年的两年间，李致和副部长多次找殷瑞钰，谈工作，谈生活，也谈今后的设想，有意地引导他到省冶金厅做管理工作。殷瑞钰的婉拒总是很干脆，没有工作变动的想法，就想在唐钢搞科技工作，让唐钢发展得更快一些。

1983 年初，李致和副部长第 6 次找殷瑞钰谈话。当天晚上回到家，殷瑞钰对田乃媛说："李部长今天又提到省冶金厅工作的事，是不是上级部门真有这种意向，我可真没想过去……"

"你有没有想法不重要，服从组织安排是党员的职责，何况你是领导干部，哪有愿意不愿意的。"

"选拔干部完全是组织部门的事，任何人都不知道，连本人也一样。像我这样搞技术的人，到哪里都是埋头苦干。"殷瑞钰说完，自己都笑了。

1983 年 4 月，唐钢党委接到通知：中共河北省委常委会已经做出决定，殷瑞钰同志调任为河北省冶金厅厅长、党组书记。

对一般人来说，这可是喜从天降的大好事，殷瑞钰却没觉得，反而觉得责任更大了，担子更重了。1983 年 5 月 9 日，殷瑞钰奉命到河北省冶金厅任职。

到石家庄后，李致和副部长问殷瑞钰："想通没？"

"没太想通，但我是党员，一定服从组织安排。我会认真地干，请组织放心。"

"那就好，国家正处于改革开放时期，需要你全面了解和带动河北省冶金行业的发展…… "

"谢谢组织信任。我的顶头上司是谁？该向谁请示、汇报工作？"殷瑞钰问。

"是河北省副省长郭志同志，还有一位主管经济的省委常委叶连松同志，他们俩是你的顶头上司。"

作为一名共产党员，服从组织分配是天职，就这样，殷瑞钰在河北省冶金厅任职了。

"三把火"

到冶金厅工作尚未开展，就有人说：新官上任"三把火"，新领导上任都要"约法三章"，咱们冶金厅的新领导约法几章？

全厅干部见面会上，殷瑞钰公开表示：我没有什么"三把火"，也没有什么"约法几章"，更不会拿出什么"新招"。首先，我是来学习的，我不熟悉厅长应该怎么当，会通过学习，细致地了解全面的情况后，才会谈我的思路，请大家相信，我一定会尽力做好厅长的工作。

简单的见面会，简单的开场白，简单的表态，让全冶金厅的人都有点愕然：他的葫芦里装的什么药呢？越是简单的告白里是不是越有玄机呢？

对殷瑞钰来说，初来乍到新的环境，又从未涉足过政府部门，他虽踌躇满志，但也有点摸不着头脑。他一直在想：俗话是有"新官上任三把火"之言，大凡新担任领导职务者，不管是部门领导、还是公司总经理，上任伊始，通常总会拿出一套自己的新管理方式

在河北省冶金厅作工作报告（1985 年）

或者解决问题的方案，以表明自己的工作方针，展示自己的能力和决心。但这三把火是“三昧真火”还是小打小闹的小火苗？不同领导的“火”可能完全不一样，太猛可能会酿成火灾，造成不可收拾的后果；太弱则可能让人摸不着思路，甚至耽误事儿……

时代在变，工作重点要转移到中央“以经济建设为中心”的方针上来。殷瑞钰新任职，情况不熟悉，问题摸不透，他就首先从学习中央、省委的方针、政策开始，找到工作的重点和切入口，调整思路，了解干部，熟悉业务。一段时间后，他深刻地感受到机关里的行政管理工作不同于钢厂搞生产、搞科技的工作。殷瑞钰必须认真思考“三把火”的内容了。

殷瑞钰上任后的第一把“火”在两个月以后开始点燃了。他开始狠抓领导班子建设，根据干部“四化”方针，首先调整了冶金厅处室的领导干部，冶金厅内部也要干部“四化”，于是调整了处长、副处长、主任等中层干部队伍。接着，冶金厅直属的许多单位的领导班子更要“四化”，殷瑞钰带领相关人员，亲自下到每个厂里，与老领导、后备干部、在职领导、职工群众进行谈话和调研，听取各层面的意见和建议。每个单位最少一个多星期，每天谈话、了解情况，几乎是从早 8 点开始到夜里 10 点左右。就这样，完成了省属各企业领导班子的调整工作，坚决地贯彻了党中央的干部队伍“四化”方针。

在调研过程中，他们遇到很多复杂情况。有的人还在纠缠“文化大革命”中的各种细节；也有个别的领导干部非常能干，由于要“年轻化”，不得不退下来；有的人还想在调整干部队伍的过程中浑水摸鱼……殷瑞钰耐心地听取意见，果断地处理问题。干部队伍调整之后，冶金厅上上下下都为他雷厉风行的工作作风和正直公正的人格魅力所打动。

1984 年，各级领导班子稳定了，殷瑞钰开始抓干部的学习。学习是提升领导干部综合素养的有效途径。首先组织干部学习改革开放的有关文件，然后河北省冶金厅和河北省金属学会在唐山矿冶学

河北省冶金厅领导班子合影

（左起：夏眉臣、魏亚、殷瑞钰、齐全科、豁英杰、王崇愚、宋家骥，1986 年）

院举办了五期企业领导干部微型机培训班，每期 20 天。来自全省冶金系统科研设计院所、工矿企业的厂矿长和总工程师等 150 多人参加了学习。河北省冶金系统的一些企业，开始计划在高炉上料称量、轧钢加热炉自动控制、生产数据处理等方面采用微型电子计算机。这次学习让全体干部接受了新知识，学习了新方法，提高了新认识，感受到领导干部学习的重要性，以及学习型领导带来的浓浓学习之清风。

在每次开班动员或结业典礼上，殷瑞钰都要强调：领导干部要以诚心待人，用真心干事，凭公心工作。树公心，修浩然正气；听民声，要有鱼水情怀。

紧张忙碌的日子总是飞逝而过，转眼一年过去了。省委领导在一次会上说：殷瑞钰这一年多的工作很好，冶金厅抓干部“四化”，抓领导班子调整成果显著，看来殷瑞钰还是个懂政治、懂政策、懂业务、还敢干的管理干部，有力地贯彻了党的思想路线、政治路线、组织路线和方针政策。

领导的肯定，使殷瑞钰增强了信心。由于工作出色，1985 年中共河北省委换届，殷瑞钰被选为省委委员。1987 年，殷瑞钰又当选为中共十三大代表，参加了中国共产党第十三次全国代表大会。

二　中央党校　培训提高

测试

时间如白驹过隙，3 年之中，一支团结共进、众志成城、年轻有为的干部队伍在河北省冶金系统的各企事业单位和机关内逐步形成。

一时间，河北省冶金厅风清气正，人心奋发向上。殷瑞钰不仅重视个人的业务成果，更强调团队的整体业绩。

按照上级组织要求，省委决定派殷瑞钰去中央党校学习培训。1986 年正月十五，殷瑞钰登上了去北京的列车。

在中央党校报到后，殷瑞钰就进入了紧张的学习。一周后，学校进行了一次非常特殊的书面测试，一共有 60 多道题，周四下午发了试卷，周五、周六照常上课，周日下午交卷，时间非常紧。

有些题目根本就没有标准答案，主要是从宏观上全面考查每个人的基本素质和综合能力。比如：你什么时候，经过什么事，认为“文化大革命”完全错了；你平时看不看书，看哪些书；中国历史上你最钦佩的五个人是谁，最鄙视的五个人是谁？……最后要用约 300 字概括自己的经历。这样的测试实际上是考查干部的综合素质和分析能力。殷瑞钰钦佩的五个人是汉武帝、唐太宗、孙中山、岳飞、李白，属横贯历史，纵横领域的伟人，这是他的视野，更包含着他的抱负。这样的题目是一种学习，也是一种锻炼。殷瑞钰实事求是地交了一份自己的答卷。

心得

半年的学习严肃活泼，紧张有序。这次中央党校培训使殷瑞钰深受教育，提高了改革开放新时期的理论认识，总结了思想方法，增强了以经济建设为中心的基本路线的信心，同时也增添了干劲。他在学习心得中写道：

一是增强了党性修养。中央党校是培训党和国家领导干部的最高学府，是锤炼党性、坚定信仰的神圣殿堂，是学习研究、传承发展马克思主义中国化的前沿阵地。在严肃活泼、紧张有序的学习中，我聆听了知名专家学者的教诲，感到自己天天有收获，日日在进步，思想境界得到了提升。

通过教学和研讨，使我对党的执政能力建设等一系列党的重大理论、方针政策和战略思想有了更加深入的了解和把握，对中央党校的施教办学原则有了切身感受，体会最深的是明白了“一个哲理”：就是政治上的坚定源于理论上的成熟，理论上的成熟基于学习上的提高。从而在思想上更加坚定了与党中央保持一致的决心，时刻牢记和坚决执行党的政治原则和政治纪律，面对世情、国情、党情的深刻变化，一定保持“不为任何风险所惧，不被任何干扰所惑”的坚定立场，与党中央保持高度一致的思想行动。

二是提升了理论素养。通过相关课程的学习，比较系统地学习了党的基本理论、方针、政策，深入研究了当前我国改革开放和现代化建设中面临的现实课题，这些历史、理论知识对于强化理论基础，做好今后的本职工作必将产生重要的作用。作为一名领导干部要具备良好的理论素养，必须对中国革命史、重大现实问题有系统的了解和准确的把握，熟悉和了解国际经济和社会发展的整体走向，对今后的工作指导和规划有借鉴作用，为工作的前瞻性、创新性注入活力。

三是拓宽了工作视野。党校学习使我感到：站得高才能看得清，学得深才能走得远。学院教授高屋建瓴的讲座，从对国际经济政治变化格局的透彻分析，到对国内经济发展形势的通盘解读；从对领导科学和政务礼仪的阐述，到对加强和改进基层党组织建设的重要性和必要性的讲解，让我获知了日常学习难以学到的知识，不仅使我在宏观视野方面有了拓展，也使我对政务有了更深入的理解，同时我也学会了如何站在全省乃至全国的层面上去谋划和部署工作。

四是提高了领导能力。培训班不仅采取专题报告的形式，提高了学员的理论水平，而且还通过案例分析等教学来提高学员的实践水平。对如何提高领导干部应对突发事件的能力，不断提高自身综合素质，把领导力转变为决策力、执行力和管理力等有了切身感受。

培训学习，使我更坚定地树立了全心全意为人民服务的宗旨，坚定不移地为最广大人民谋利益。牢记党的基本理论、基本路线、基本纲领和基本经验，以艰苦奋斗的精神做好各项工作，脚踏实地，埋头苦干，不畏艰难，奋力拼搏，勇于开拓，牢记党和人民的重托和肩负的历史责任，自觉在艰苦奋斗的实践中加强党性锻炼。

殷瑞钰带着学习中的感悟和思想上的收获，回到了工作岗位。在向省委领导汇报的时候着重说了一句话：非常有收获，概括起来就是八个字，即：解放思想，实事求是，但二者必须联系在一起才有效。他认为，不能在强调解放思想时就忘了实事求是，更不能在强调实事求是时忘了解放思想。过去我们有过这样的教训。

三　清理整顿　规划布局

清理整顿

回到冶金厅，殷瑞钰信心满满，他要集中精力再做点实事。认识上敢于解放思想，行动上必须实事求是。实事求是一定要和解放思想结合起来，才能实现改革开放。改革开放就是贯彻以经济建设为中心的方针，具体到冶金厅的工作就是要抓发展规划、技术引进和整顿管理。

思路理清了，行动方向就明确了。要务是集中精力推动河北省冶金工业的发展，要制定3年甚至5年的发展规划，首先从钢铁企业抓起，其次整顿矿山资源，进而抓黄金和有色企业，按照这样的顺序有重点地逐步拓展开来。

殷瑞钰要求发展规划的制订和实施不要一下子摊得太大，说得很大而无从下手，要按步骤，实事求是地推进。当时人们对发展规划很有歧义，有的甚至认为“规划规划，墙上挂挂，全是鬼话。”殷瑞钰要彻底改变人们对规划的认识，并认识到如果企业无章可循，有章不循，有令不行，有禁不止，管理混乱，脏乱差不治，发展规划自然就成了“鬼话”。

他要求发展规划要围绕改革开放搞活国有企业与发展社会生产力结合起来，要和企业的技术改造、技术进步、技术引进、改革开放结合起来，重点解决邯钢的连铸和高速线材引进，唐钢的高速线材、棒材连轧机，承钢的矿山、烧结、高炉、转炉改造升级和棒材连轧机引进，宣钢的焦炉引进，积极筹备唐钢、宣钢1263立方米高炉建设……发展规划要和企业整顿、加强各类管理制度的建设及实施结合起来，要和企业所有的因素联系起来。于是，在抓发展规划的同时，河北省冶金系统开展了清理整顿工作。

针对当时河北省小高炉和小烧结机多、技术经济指标普遍落后的现象，殷瑞钰组织各直属企业的相关领导和技术人员去马鞍山钢铁公司学习。马钢作为我国十大钢铁基地之一，与河北钢铁企业有某些相似之处，也是小高炉多、小烧结机多，但是管理先进、技术经济指标领先，正是学习的榜样。马钢在20世纪80年代初就提出了炼铁实行标准化作业，坚持以炉况长期高效、顺行为基础，提高经济技术指标为目标等。通过在马钢的学习，各企业在一段时间内都提高了生产效率，降低了焦比，促进了高炉顺行。

在冶金工业发展方面，殷瑞钰提出了一系列发展措施。首先是重点调整了产品结构，降低铁钢比，控制炼铁发展的速度，提倡转炉多用废钢，在回收加工供应上加强管理，并制定了一系列奖励提高废钢比的政策。同时，提倡大力发展连铸，节约能源消耗。邯钢二炼钢小方坯连铸投产后，抓紧建设第二台小方坯连铸机，并改造了两台板坯连铸机。进而，抓调整企业结构，改造冶金炉、窑，炼铁高炉向大型化发展，通过大修，适当扩容改造，提高技术装备水平。努力提高优质钢的比例，增加低合金钢、合金钢的生产；大力推行节能新技术，积极推广余热利用，汽化冷却，远红外加热，液力耦合器，热管技术，汽车节油等节能新技术。

技术引进

殷瑞钰重视引进国外的先进技术，以期尽快提高河北省冶金行业的技术水平和装备水平。

殷瑞钰认为，把发展规划和技术改造、技术引进结合起来，才能对发展有较大的推动。总是小打小闹，在老技术上小改小革，是不会有大发展的。他积极争取省领导的支持，派科技人员到国外考察，把引进国外先进技术、先进设备作为河北省钢铁行业发展壮大的重要途径。

通过规划安排，殷瑞钰先后为邯郸钢厂、唐山钢厂引进了两条具有 80 年代国际先进水平的高速线材轧机，解决了河北省线材质量差、品种规格少、生产效率低和能耗高的问题，改变了我国线材生产技术长期停留在40~50年代的落后局面，标志着河北线材生产技术已进入了现代水平的新时期。

此外，他还从原联邦德国哈廷根钢铁厂分别给邯钢引进了中板轧机，给承钢引进了棒材连轧机。虽然都是“二手设备”，但在国内当时是比较先进的设备。给宣化钢厂引进了成套的焦炉技术设备等，这些引进的装置，在长期的生产运行中，证明是有效的，经过改造至今还在有效运行。

通过先进技术的引进，管理制度的整顿、改革，河北省的钢铁行业步入了加速快跑的新轨道，企业技术水平提高了，生产能力扩大了，职工生活条件改善了，就业门路扩大了。

开发矿业

河北省冶金厅统管全省的矿山、有色金属企业、黄金企业和钢铁企业。殷瑞钰在抓钢厂的同时，也深入到各个矿山进行调研，河北的矿山除了铁矿以外，还包括黄金矿、铜矿、钼矿、铅锌矿等。抓矿山、黄金和有色企业是快速发展经济的又一重要方面。

1985年，为加快河北省冶金矿产资源的开发利用，殷瑞钰和冶金厅领导班子一起对冶金小矿山的发展统筹规划、合理布局。大力发展群众办矿事业，强调小铁矿要做到既放开又管好，防止乱采乱挖。河北省有色金属矿产资源也比较丰富，已探明的有色金属有12种，开发利用8种。有色矿山冶炼和加工企业有16家，还有金厂峪、峪耳崖、张北3个金矿，当时河北省的黄金产量在全国排第5位。在抓好现有3个金矿发展的基础上，新发现了崇礼县和赤城县的金矿，着重支持了这2个金矿的勘探和黄金的提取，经过各方的积极努力，筹集资金、引进技术把黄金产业发展起来，张北地区三矿变五矿，特别是崇礼金矿储量较多，发展较好。

抓有色

河北省的有色工业发展较为薄弱，主要是铝加工业。殷瑞钰抓有色工业规划的实施，正逢党的十三大报告提出要加快发展以钢铁、有色金属、化工为重点的原材料工业，明确了有色金属工业在国家经济发展中的重要地位。地方有色金属工业历来是我国有色金属工业的重要组成部分，借十三大报告的东风，殷瑞钰筹划将石家庄铝厂从井陉县搬到正定县，并顺利建成，为河北省的有色工业发展打下了良好的基础。

1988 年 3 月初，在河北省冶金工作会议上，殷瑞钰作了题为《在十三大精神指引下开拓前进，为全省冶金工业攀登新台阶而奋斗》的讲话，总结了 1987 年全省冶金工业取得的成就，部署了 1988 年全省冶金工业的任务。紧接着，河北省黄金工作会议隆重举行，殷瑞钰做了工作报告。他代表省冶金厅针对黄金生产和科研中的关键问题，确定了奋斗目标及主攻方向。殷瑞钰要求在金矿成矿理论和成矿模式研究方面，在黄金找矿和冶炼新技术方面，都要有新的进展和突破，要把选冶实验室试验向工业生产延伸。

会后，殷瑞钰就听到消息：要调你去唐山市当市长。殷瑞钰说："这不可能吧，我一点儿消息也没有，况且河北省冶金厅的工作我正在进入角色的状态。"

"部里需要你"

1988 年 3 月中旬，省委副书记吕传赞同志找殷瑞钰谈话："这几年你在省冶金厅工作干得很好。钢铁行业、有色行业、黄金产业齐头并进，成为省经济发展的重要增长点。组织希望你再拓展些阅历，到城市进行一些地方管理方面的锻炼，下一步你去唐山市任市长，唐山方面也欢迎你回去。”同时，唐山也有消息传来：“市人代会上已酝酿市长人选了，就是你，你就回来吧。”

河北省冶金厅的业务主管上级是冶金部，冶金部的领导曾对殷瑞钰讲过，若工作岗位发生变化，要及时向部里报告。

殷瑞钰如实地向冶金部领导汇报。冶金部领导问：“你自己有什么想法？”

殷瑞钰坦率地讲：“我还是想干专业技术工作，对地方行政管理既无经验又不擅长，不想去当市长。”

“那你坚持自己的想法，不去就行啦。”

“我是河北省委管的干部，我不去怎么行？”

“你要顶住，部里更需要你。”

“组织上的事，我哪能顶得住啊。”

接着，冶金部戚元靖部长与河北省委副书记、省长解峰商量说，殷瑞钰到唐山市当市长，也还可以，但他更适合干专业技术工作，我们冶金部更需要他，让他来冶金部当总工程师，他到冶金部对你们河北钢铁工业发展也有好处。

解峰省长被说服了。

在河北省冶金厅工作期间，时任河北省副省长叶连松和宋淑华两位领导对殷瑞钰的工作特别支持。当时，殷瑞钰每次去省政府汇报工作得到的就是：“支持！按你的规划来进行。”这是充分的信任和支持！

在河北省冶金厅工作的 5 年，殷瑞钰通过不断地学习和实践，实现了从工程技术专家向技术与管理相结合的角色转变，实现了从基层的工程技术实践者到省厅岗位上的战略判断、战略实施、战略规划的角色转换。

他感慨地说："主要是赶上好时代，遇到了好领导！"

河北省有关方面也对这位锐意改革的年轻科技干部给予了充分的肯定和高度的评价，殷瑞钰被评为首届"河北科技精英"。

第五章

谋钢铁振兴 拓崛起之路

毛主席曾说："一个粮食，一个钢铁，有了这两个东西，就什么都好办了。"钢铁工业关乎民族兴衰。在 20 世纪 90 年代中国钢铁工业崛起的过程中，殷瑞钰潜心思考，谋划战略，深入实际，奋力开拓，努力推动中国钢铁工业技术结构的升级。

眼中要有大气象，心中要有大气魄。

——殷瑞钰

一 赴京就职 基层调研

学习

1988 年 5 月 8 日，在新任河北省冶金厅厅长霍英杰的陪同下，殷瑞钰从石家庄坐汽车到北京，直奔冶金部，正式报到。

初到冶金部（1988 年）

“来报到了，我们部里抓来了一个‘壮丁’，当总工吧。这是你自己的愿望，也是冶金部的工作需要。到部里既搞专业又搞管理，正适合你这样的人。”冶金部戚元靖部长见到殷瑞钰，好似老友相见，诚恳、平和、诙谐。

听到上级领导对自己的认可，殷瑞钰心里温暖极了。寒暄之后，殷瑞钰就问："那我先做什么工作？有什么任务交给我？"

戚部长笑了笑，和蔼地说："不急于工作，先熟悉部里的情况，尤其是要到基层了解情况，到部里的基层和企业的基层。在学习了解的基础上，逐步进入角色，不急着抓具体工作。先学习、调研，再抓工作。我相信你一定是个出色的干将。"

殷瑞钰领会到戚部长的用意，是让自己先学习，打基础，融入到这个集体中再开展工作。他从内心钦佩老领导的经验和智慧。到一个新单位，马上就投入工作，往往会抓不住要领，甚至出偏差、出毛病，还会让某些同志产生一些负面或逆反的情绪，不利于今后长久地开展工作。

冶金部自20世纪50年代成立以来集聚了一批优秀的领导干部和专业精英。他们热爱事业，熟悉钢铁。老部长们、司局长们、处长们个个都是专家，政治观念强，具有很高的专业水平。殷瑞钰对冶金部的人员是有些了解的，副部长陆达、周传典是高级专家，科技司司长王之玺是学部委员、权威专家，钢铁司总工程师余景生等是自己尊重的转炉炼钢前辈，他们事业心强，在工作中积累了丰富的经验。老部长王鹤寿、吕东、李东冶、高扬文等更是有很强的政策水平和领导才能。许多司局长、处长们，认识的、不认识的、见过几面的、看着面熟的，都是应该学习的对象。

殷瑞钰从地质局、矿山司、计划司、生产司、科技司、质量司、经济调节司、安全环保司、机械动力司、经济研究中心等各个专业口开始，向他们学习，了解历史发展过程和相关业务，细致地探讨相关专业知识、相关的政策规定……几个月的时间里，他感触颇深。原来在唐钢搞专业的底子，在河北省冶金厅的管理经验，对于全国的冶金系统来说，还真只是一小部分！学习、了解情况太重要了。

当他"走"完各部门的时候，戚部长建议他："你应该出去走走，到东北看看，到鞍山、本溪、抚顺、大连等地的企业去看看，了解更多企业的情况。”

调研

东北是我国的重工业基地。鞍钢是中国重要的钢铁企业，是新中国诞生后的156个重点建设项目之一，曾经诞生“鞍钢宪法”。殷瑞钰参观了鞍钢的钢铁生产线，到矿山了解铁矿资源和生产情况，到设计院了解发展情况等。

本钢以生产优质的“本溪铁”闻名全国。殷瑞钰深入到本钢的生产线和矿山，与职工们促膝交流，调研考察。随后又到抚顺特殊钢厂、齐齐哈尔北满特殊钢厂、第一重型机械制造厂、大连特殊钢厂、营口大石桥镁矿等企业，调研了东北钢铁工业的实际状况和各钢厂存在的困难。

东北之行，殷瑞钰从不同侧面观察、调研、思考，收获了非常有益的调研信息和实地考察的经验，增强了对中国钢铁工业的全局观念，为做好总工程师这一角色打好了一些基础。

走访归来，已经是国庆前夕了，戚元靖部长再次找殷瑞钰谈话：“怎么样？通过走访企业、了解钢厂情况，收获很大吧。”

“戚部长，收获太大了。不仅学习、了解了各企业和各单位的具体情况，更重要的是启发了我要从全局的角度、时代的眼光和全国冶金工业的层面去思考问题。”殷瑞钰说。

“是啊，你是总工程师嘛，就得有‘总’的概念。现在，你可以上手抓具体工作了。你分管生产司、科技司、质量司、经调司、机动司、炉料公司、钢材加工公司的工作，并协助王汝林副部长抓安全生产工作。”

殷瑞钰分管的部门公布之后，有的老部长说，这个“壮丁”是“抓门市”“站柜台”的，看来部里的“一线”工作全都交给他了。

二　思考中国钢铁工业技术进步的战略

思考

毛主席曾经说："一个粮食，一个钢铁，有了这两个东西就什么都好办了。"[1] 钢铁是中国工业振兴的支柱，钢铁是中国富强的基石。

自从考察调研归来，殷瑞钰就进入一种"忧患"之中。这种"忧"，是忧中国钢铁工业如何崛起；这种"忧"，是忧中国未来怎样尽快繁荣富强，特别是中国钢铁工业技术进步的战略思路是什么？如何找准"切入口"？

联想到中央提出"科学技术是第一生产力"，钢铁工业作为国民经济的主要支柱产业，如何贯彻落实科学技术是第一生产力？如何从战略上把技术改造、科研开发和生产组织相互协同地结合起来？新形势、新任务、新问题都摆在了他的面前。

殷瑞钰的脑海里浮现出关于世界钢铁工业技术进步的脉络。回顾第二次世界大战以后，从20世纪50年代开始，欧美、日本等国的钢铁厂开始使用氧气转炉、连铸这两项生产工艺，推动了钢铁企业的技术结构调整和产业快速发展。特别是进入70年代，世界发生能源危机以后，连铸技术得到迅速发展，尤其是能源匮乏的日本，率先设计并投产全连铸新钢厂，开启了全连铸钢厂的先河。

[1] 中共中央文献研究室．建国以来重要文献选编（第12册）［M］．北京：中央文献出版社，1996.

殷瑞钰通过企业考察和阅读文献认识到，连铸技术是当代钢铁工业发展的一个中心环节，连铸之所以发展迅速，主要是它与传统的钢锭模浇铸相比具有明显的技术经济优越性，而且是具有颠覆性的。在传统炼钢工艺中，首先是炼钢炉（平炉、转炉、电炉）炼出钢水，钢水铸成钢锭，经过初轧机开坯，成为钢坯，供成品轧机轧制成各种钢材。连铸技术是直接地、连续地将钢水浇成铸坯，不需要再经过初轧机开坯即可轧制成钢材。采用连铸技术既可省去初轧机、均热炉等设备，又可替代模铸，减少钢锭切头、切尾及加热和轧制所消耗的燃料、动力、人力等资源；彻底取代模铸，彻底消灭了铸锭、脱模、整模、再加热等工序，改善了劳动条件；连铸可以多炉连续生产，并改善钢的质量，提高成材率，更重要的是使整个制造流程的生产效率大幅提高。从更深层次上看，连铸将改变钢厂的生产工艺流程，甚至改变“万能产品钢厂”的发展模式，使钢厂逐步向产品专业化的模式发展。

中国钢铁业要想在世界上占有一席之地，要想尽快赶上或超过欧洲、美国、日本，一定要大力发展连铸技术，以连铸为中心的生产技术方针应该是推动中国实现钢铁工业快速、健康发展的核心动力。当时，国内虽然有些钢厂已经有了连铸，但总是不能达产，设计的指标落后，生产组织、技术装备、现场管理都存在各式各样的问题，因此，不少人认为连铸不可靠，连铸难达产……但殷瑞钰认为，这些问题是可以在生产组织过程中和技术改造过程中逐步解决的。

殷瑞钰向戚部长汇报了自己这一段时间思考的内容。他建议：我们应该有战略判断和规划，这个规划需要将技术、生产、投资、管理结合起来。技术和生产是分不开的，资金和管理不到位也不会有大的成效。经过近半年的思考，我认为要想迅速提高中国钢铁工业的技术水平和发展进程，一定要找个切入口、也是突破口，这个突破口要有共性，而且是关键共性，所谓关键共性技术应是各个钢厂都必须用的，当前这个关键共性技术的突破口就是连铸！

殷瑞钰滔滔不绝地讲完自己近期的思考，特别是战略规划和拟采取的技术组织措施，戚部长一边听一边沉思，最后诙谐地说："看来没让你当市长，把你要到冶金部来是我正确的选择。你的思路非常好，既有针对性又有前瞻性，冶金部抓工作就是要这样才对！它应该是中国钢铁工业的指挥部，要在短时期内打一场'技术进步连铸战'，长时期内打好'中国钢铁腾飞战'，你就大胆干吧！我全力支持你！"

随后，戚元靖部长召开党组会讨论连铸的发展问题，部党组成员一致支持钢铁工业的技术进步路线要"以连铸为中心"。殷瑞钰提出的钢铁发展技术路线得到了部党组全方位、强有力的支持，成为共识。技术进步的战略思路想好了，方向和目标明确了，又得到部党组的支持，他感到非常高兴，浑身是劲。

行动

思想是行动的动力之源。

经过一段时间的筹备，1988 年 11 月 29 日，第一次全国连铸工作会议在北京首钢召开。这次会议是全国冶金系统制定连铸发展战略、确定技术路线的一次重要会议，对推动我国连铸技术发展，提高钢铁工业的经济效益和市场竞争力具有重要意义。

戚元靖部长亲自参会，并作了题为《总结经验 落实措施 把我国连铸生产提高到一个新水平》的报告。会议总结了"六五"以来连铸生产建设的基本经验，审议了"七五"以来连铸发展规划的执行情况，研讨了连铸发展战略和技术政策，部署了今后两年发展连铸的工作。强调要实行"以连铸为中心、炼钢为基础、设备为保证"的生产技术方针。戚部长要求与会单位认真落实连铸生产的目标，还提出到 2000 年中国钢铁工业的连铸比要达到 50%。

殷瑞钰作了总结发言，阐述了如何贯彻落实"以连铸为中心、炼钢为基础、设备为保证”的生产技术方针，并提出具体的措施。

他指出：“今后一段时期要重点研究以推进全连铸生产技术为核心，加快连铸发展，带动炼钢和炉外处理生产建设水平上台阶的步骤和措施。”他明确提出要切实有效地实行“以连铸为中心、炼钢为基础、设备为保证”的生产技术方针，尤其强调连铸不仅是单项技术攻关，而是推动钢铁工业技术进步、结构升级的战略举措。

那时，党中央、国务院领导同志和国家计委等部门的负责同志都十分关心此项工作，从诸多方面给予支持。戚元靖部长对殷瑞钰说：“我们要确立主动分担国家困难，千方百计把钢铁生产搞上去的思想。要振奋精神，克服困难，这是国家的重托！当前的钢铁生产虽然面临很大困难，但从发展看，产量已呈现上升的趋势，要更好地组织全年的钢铁生产。你分管生产、技术，国家的这个重托你要全力以赴！”

殷瑞钰深感肩负使命，任重道远。他深知，抓连铸不是一朝一夕的事，更不是一号召就能实现的事，而是必须持之以恒，几年不变“调”，脚踏实地，奋力推进才行。

三　找准中国钢铁工业迅速崛起的切入口与突破口

抓连铸

一段时期以来，连铸在中国的发展进展缓慢，1988 年中国连铸坯产量只有 871 万吨，连铸比仅占 14.7%。主要原因是人们对发展连铸的规律，尤其是对连铸在钢铁生产流程中的地位和作用认识不足，简单认为发展连铸是与加快连铸机建设等同起来，对连铸与炼钢、轧钢等上下游工序之间的关系认识不足；对连铸运行的特点，即多炉连浇，认识不足；一些钢厂一度认为连铸机是不可能达产的，甚至影响到全行业对发展连铸的信心和决心。通过调研分析，殷瑞钰认为，连铸不仅是单一生产工序的技术突破，更是需要与有序的生产组织、有序有效投资和配套技术相结合，才能奏效。所以，一定要贯彻落实“以连铸为中心、炼钢为基础、设备为保证”的生产技术方针，确定连铸为中心的生产工艺路线。殷瑞钰抓住了“连铸是核心，多工序协同组织生产”这个关键。

考察包钢（左二为殷瑞钰，1989 年）

在实际工作中，连铸的工程设计、设备维修及生产组织等方面也面临诸多的阻力和问题，与其说是连铸推动难度大，不如说是以连铸工艺为代表的新的生产流程与原有生产流程的矛盾大。由于当时生产技术条件的制约，一些人不看好连铸的推广和应用，因此在生产现场总会有人将生产过程出现的问题，都归结到连铸有问题，个别人甚至直接反对搞连铸。

当时，大多数单位还是赞成冶金部提出的“以连铸为中心”的技术路线，但在一些具体技术问题上也有不同的认识，甚至是质疑：钢厂应该是以炼钢为中心，怎么会以连铸为中心？以连铸为中心，炼钢是什么？连铸能浇沸腾钢、轴承钢吗？连铸能达产吗？能多炉连浇吗……

有一次，殷瑞钰出席某钢厂组织的诸多业内专家及技术人员参加的关于连铸技术的座谈会，以帮助解决生产实际问题。当时有人提出：连铸过程中万一出了故障怎么办，应在连铸生产线上，预留一个出口，留一个模铸的后路，这样可以预防出现意外情况。

殷瑞钰立即认真严肃地指出：“我坚决不同意，要坚决去掉预留模铸的后路。连铸，连铸，重要的是“连”起来！除了正常检修，设备不能停！”接着他又说：“第一，不能留后路。留后路就会存侥幸心理，会造成多炉连浇上不去，全连铸就上不去，整个流程就会受影响。第二，如果留一个出口，模铸—初轧/开坯就会继续存在，钢厂的技术结构就升不了级，钢厂就会受到损失。第三，连铸是连续化生产，不允许发生钢水断了或者其他故障，没有这些问题就更不应该留后路。”

干勇院士回忆这段经历时印象尤为深刻。在他的印象中，殷瑞钰一直是温文尔雅的，从来没有发过火，这是他第一次见到殷瑞钰“发火”。

稍许平静后，殷瑞钰又说：“炼钢炉必须做到‘定时、定温、定品质’地为连铸机提供钢水，服从多炉连浇的要求。在生产组织上，‘以连铸为中心’就是要求炼钢炉要服从连铸机的生产要求、生产节奏运行，而不是连铸机服从炼钢炉的生产节奏运行。”

冶金部领导也在分析各种说法。殷瑞钰胸有成竹地说：“抓几个典型的钢厂，把连铸产量搞上去，证明连铸机是能达产的，有利于统一认识。典型钢厂应该是上钢三厂、唐山钢厂、邯郸钢厂、济南钢厂、韶关钢厂、马鞍山钢厂等这些中等水平的钢厂，如果这些钢厂的连铸机达产了，所有的质疑就都没有了，事实将是最好的证明。”

以当时的时代背景来看，有些先进的技术、装备可以从国外引进，但根本性和战略性的生产技术方针、技术路线是无法引进的。尤其是钢铁工业总体的发展战略和结构调整升级，只能依靠中国人自己来思考、规划和设计。殷瑞钰通过长期的生产实践，经历多个层次岗位的磨练，尤其是到冶金部以后，通过对全国钢厂的调研，认为钢铁生产流程是一个复杂的流程系统，万能化钢厂中模铸—初轧/开坯工艺是慢节奏、高能耗、低效率的。通过对钢铁生产流程的分析、判断，殷瑞钰选择出对整个钢厂生产流程起到关键性的共性技术。他认识到，从 80 年代后期开始，连铸技术将是中国钢铁工业发展的重要方向和生产流程结构升级的关键“切入口”，连铸将带动钢铁工业实现生产流程连续、紧凑、高效率、低能耗运行。他看到连铸的发展不仅仅是具体生产工序的技术与装备进步，而且是中国钢铁工业结构升级的战略目标。在这个认识的基础上，殷瑞钰开始重点有序地组织攻关和分步推进，选择具备条件的企业，积极推动关键共性技术的延伸、扩展和深化，实施示范工程，最后形成系统集成效应，对钢铁工业的发展起到了促进作用。

当时，棒线材是中国钢材产量最大的品种，而生产棒线材的是横列式轧机、往复式轧机，生产效率很低、能耗高、成材率低，工艺上不能与连铸机协同生产，这是全国中、小钢厂的共性问题。棒线材轧机的连轧化、国产化是发展连铸技术过程中必须要解决的问题。

殷瑞钰组织力量深入调查研究，提出了钢铁生产流程由慢节奏、低效率、高消耗的模铸—初轧/开坯，万能产品模式，朝着连铸、连轧、连续、紧凑、高效、低耗、优质和产品专业化方向转变，并在一些钢厂的技术改造和生产实践过程中逐步得到实现，从而逐步统一了认识。

抓达产

1989年3月21日，国务院任命殷瑞钰同志为冶金部副部长。在殷瑞钰看来，任命书亦责任状，责任就是使命。

这一年，殷瑞钰提出：钢厂首先要抓连铸达产。对钢厂而言，连铸要达产，就要遵循三句话：连铸为中心，炼钢为基础，设备为保证。要转变生产组织的观念，是炼钢积极主动服从连铸，不是连铸被动服从炼钢。要强调设备的可靠性和长寿命运行。其次，设备逐步国产化。当前，主要是连铸机、棒线材轧机国产化。国产化首先从设计抓起，不会设计就得买，这不是长久之计。后来，他还提出棒材连轧机产能至少从年产60万吨起步，才能和小方坯连铸机配合起来。

殷瑞钰组织了各方面的设计专家，重新制订了有关小方坯连铸机的设计规范。他说："小方坯连铸机每流年产3万吨铸坯太落后了，每流至少要年产8万吨以上。设计目标落后将影响生产顺行，也不利于投资效率，必须修改有关连铸的设计规范。"为了综合解决结晶器漏钢、铸坯断面尺寸与长材连轧机产能之间的匹配问题，他带领东北工学院（现为东北大学）的研究生专门开展实验研究，经过具体研究，提出铸坯断面尺寸不能小于120毫米×120毫米，否则容易漏钢，同时指出与螺纹钢轧机匹配的铸坯优化断面尺寸应为150毫米×150毫米等具体指导意见。经过各方面的努力，形成了新的连铸设计规范和工艺方案，促进了小方坯连铸和棒线材连轧的技术进步，结合现场攻关，许多连铸机相继迅速达产。

在实现"连铸为中心"的基础上，殷瑞钰通过对炼钢厂内各工序功能解析和炼钢厂生产现状的分析，把集成优化的重点扩展到了大力发展炉外处理技术——二次冶金技术。二次冶金技术不仅成为提高冶金产品质量、扩大炼钢品种的重要手段，而且还是提高生产效率，降低成本，特别是成为炼钢—连铸—轧钢实现高温衔接的重要调控手段。强调要将二次冶金技术纳入正常生产流程，实现“在线”运行。

为了促进炉外处理技术的发展，从生产技术导向上，殷瑞钰经过研究、反复思考，提出了发展二次冶金技术要确立“立足产品，合理选择，系统配套，强调在线”的方针，以宝钢、武钢等已形成组合优化工艺流程的企业为样板，认真分析各类炉外处理技术的功能，结合不同钢厂产品与工艺流程的具体需要，尤其是全连铸生产的要求，选择相应的炉外处理方法，在设计和施工中注意配套集成和相关技术，搞好工艺布置，优化生产工艺流程，实现炉外处理装置“在线”运行。当时，中国钢厂小转炉占大多数，他首先大力推广了钢包吹氩、喂线等简单有效的技术，同时也推动钢厂自主开发带有温度补偿功能的钢水精炼技术，中间包冶金技术也有许多开发和应用，这些措施有效地促进了连铸的发展。

1989 年堪称“多事之年”，殷瑞钰在复杂的形势下，除了组织全国钢铁生产的指挥协调工作以外，同时仍然全力以赴抓连铸技术。付出总会有收获，1989 年全国连铸生产达到新水平，全国连铸坯产量突破 1000 万吨大关，达到 1004 万吨，连铸比达到 16. 38%。全国粗钢产量 6159 万吨，突破了 6000 万吨，标志着中国钢铁工业又迈上一个新台阶，这在当时复杂的环境下是很不容易的。

仅一年工夫，推行连铸技术的战略路线在全国已初见成效。

连铸路上

一腔热血沸腾时，万里汪洋起波澜。1990 年的春节刚过，全国新一轮连铸技术推进的热潮已风起云涌。

殷瑞钰主持了第二次全国连铸工作会议，并作了题为《加强连铸工作，促进钢铁工业持续稳定协调发展》的工作报告。他再次强调各钢厂要深入贯彻实行“以连铸为中心、炼钢为基础、设备为保证”的生产技术方针；强调抓连铸不仅是单项技术攻关，而是推动钢铁工业技术进步、结构升级的战略举措；强调要积极发展连铸，充分发挥现有连铸机的生产能力和投资效益，以提高连铸机的连浇率、作业率为重点，使所有已建成的连铸机都达到设计能力。他提出今明两年连铸比的平均增长速度要在5%左右，整个“八五”时期的连铸比要保持一个合理的增长速度。他还组织制订、颁发和贯彻执行《连铸工程设计若干规定》，系统地总结多年来，特别是近一年里国内连铸技术发展的经验。紧跟世界先进水平，重视相关技术、备品备件、耐火材料和保护渣的攻关、开发和国产化工作，为连铸生产发展提供可靠的保证。他强调已建成的连铸机要努力提高达产水平和超设计能力，提出经过两三年的努力，形成一批新的全连铸炼钢企业。

1990年6月1日，冶金部在东北工学院秦皇岛分院举办了第一期全国炼钢厂厂长连铸研修班，殷瑞钰专程前往讲授了第一课。他说，冶金部从三个方面抓连铸工作：一是抓连铸生产，1990年全年连铸坯要达到1350万吨，1991年连铸坯要达到1700万吨；二是抓设计和建设，制订出《连铸工程设计若干规定》；三是抓人员培训，人员素质不提高，观念不转变，眼界不开阔，工作就搞不上去。

殷瑞钰一方面在不断地思考中国钢铁工业技术发展的方向，提倡并推动“以连铸为中心、炼钢为基础、设备为保证”的生产技术方针，另一方面，在全国范围内大力推动连铸技术，在坚持总目标不动摇的前提下，通过先解决连铸机达产进而建立全连铸炼钢车间，最终实现建设全连铸钢厂。连铸是涉及原料、能源、耐火材料、炼钢、轧钢和机械设备的工程系统。全连铸是冶金行业技术水平、管理水平的重要标志，是提高质量、降低消耗、降低成本的主要途径之一。殷瑞钰认为，在实际生产管理过程的各个环节中，需要自始至终贯彻“连铸为中心、炼钢为基础、设备为保证”的指导思想，各个生产单位应结合具体情况，从每一个技术环节着手，把设备管理、人员培训等配套工程同步推进，并建立上工序为下工序服务的质量保证体系，确保全流程系统的动态协调配合。他要求在实施的过程中，每一步都要深思熟虑，紧盯重点，紧密衔接，同时不断调整、完善生产技术方案，避免走弯路，使全作业线处于节拍协调的良好运行状态。

在 1990 年到 1996 年间，殷瑞钰连续多次主持召开了全国连铸工作会议。一以贯之不变“调”，根据形势发展不断深化。主要目的是进一步明确发展连铸生产是推动钢铁工业结构优化的重大战略措施，发展连铸必须实现生产流程系统优化，连铸技术本身也是需要不断优化和完善的过程，不能一蹴而就。殷瑞钰对每一次全国连铸工作会议都有基本的技术思路，都会随着生产实践的进展有针对性地提出不同的发展目标和技术-经济措施，确保连铸工作在全国健康顺利开展。

1990 年，全国第二次连铸工作会议在青岛召开。殷瑞钰再次强调各钢厂深入贯彻实行“以连铸为中心、炼钢为基础、设备为保证”的生产技术方针，强调以提高连铸机连浇率、作业率为重点，要使所有已建的连铸机都达到设计能力。

1991 年，第三次全国连铸工作会议在广州召开。强调连铸生产的质量意识，重视扩大品种，重视连铸与轧机的衔接、匹配，狠抓人员培训。

1993 年，全国炼钢-连铸工作会议在上海召开。以推进全连铸生产技术为核心，加快连铸发展，着力带动炼钢和炉外处理的生产和建设。

1994 年，第四次全国连铸工作会议在马鞍山召开。殷瑞钰提出要以加速发展连铸作为钢铁工业和企业结构优化的突破口，时任部长刘淇提出到 20 世纪末中国钢铁工业的连铸比要从原来设想的 50%提高到 70%以上的目标。

1995 年，第五次全国连铸工作会议在江苏张家港召开。殷瑞钰强调要加大连铸投资力度，加快连铸设备国产化。

1996 年，第六次全国连铸会议在河北唐山召开。殷瑞钰在会上明确要重点推进以高拉速、恒拉速为目标，以炼钢—炉外处理—连铸三位一体协同运行为路径的高效连铸技术、全连铸技术、铸坯直送热装技术。

连续 7 年，殷瑞钰每年都是在春节刚过就组织召开全行业的连铸工作会议，提出目标，指出重点，层层落实，层层推进，目的就是加快推动发展连铸技术，推动全连铸钢厂建设，加快钢铁工业增长方式的转变。由于对中国钢铁工业技术进步战略的正确判断、选择，并推动全国范围内的有序展开，使中国钢铁工业工艺技术得到了进步，结构得到了优化，生产效率、节能降耗、降低成本和提高质量等方面都取得显著成效，形成了较强的综合竞争能力，这对于中国钢铁工业持续、健康、快速发展起到了非常关键的作用。

在两届部党组的领导、推动下，中国钢铁工业迅速崛起。一是一大批钢厂加快了企业规模的经济合理化和大型化。1990 年，全国年产量超过 100 万吨的钢厂仅有 14 家，到 2003 年达到了 59 家，其中年产 500 万吨以上的达到 15 家。二是全行业技术经济指标明显改善。20 世纪 90 年代初，全行业 51 项主要技术经济指标普遍低于国际平均水平，到 2001 年不仅绝大多数技术经济指标达到国际平均水平，综合成材率、吨钢可比能耗、高炉利用系数、高炉入炉焦比、喷煤比、转炉炉龄、连铸比等主要指标大幅度提升，相当一部分达到国际先进水平。三是钢铁工业整体技术装备水平迈上一个大的台阶。20 世纪 90 年代初，仅有宝钢、武钢等企业装备了为数不多的现代生产线，到 90 年代末期，几乎所有的重点或大型钢铁企业都装备了一条或多条具有国际先进水平的生产线。主要工序设备的大型化、自动化、连续化程度大幅度提高，老牌钢铁企业结构得到优化，面貌焕然一新，竞争力明显增强。四是钢材的产品结构发生了变化，打破棒线材为主的局面，平（板）材比例大幅度提升。

连铸技术的发展给我国钢铁工业带来了巨大变化，生产效率直线上升，钢产量逐年增加。从1988~1997年间，殷瑞钰主持召开了一系列全国连铸工作会议，持续引导、推动连铸技术的发展。他在形势分析、目标确定、技术思路、技术措施、现场技术实践，直至理论研究等方面做了一系列工作。在连铸技术发展过程中的不同阶段，有针对性地及时确定发展目标和技术经济措施。随之而来的是连铸逐步取代模铸，连轧机代替横列式轧机，铁水预处理技术、钢的二次精炼技术在连铸技术的推动过程中发展起来。在增产节能，降低成本，提高产品质量，减少废弃物排放，提高劳动生产率等方面都取得了明显的效果，经过以连铸为中心的多工序技术整合优化，实现了中国钢铁企业技术结构整体升级。

四　突破“全连铸”　推动国产化

推广全连铸钢厂

如果说连铸技术是中国钢铁工业技术结构升级的突破口，那么全连铸钢厂就是中国钢铁工业技术结构升级的重要战略目标。为实现钢铁强国梦，殷瑞钰在全国推开连铸技术之后，就开始推动全连铸钢厂这一战略的实施。

在推广新技术、新理念的路上，总会遇到一些不被理解的新事物，甚至可能遇到逆风行驶的过程。殷瑞钰理解一些不同意见的出现，甚至顶住了诸多“压力”，态度坚决，力推全连铸。他提出了全连铸炼钢厂整体优化的目标，即实现“炼钢炉—二次冶金—连铸机三位一体”，整体优化，发展全连铸，继而推进以高拉速为核心的高效连铸技术的研发，使我国小方坯连铸技术达到国际先进水平，并实现小方坯高效连铸装备的国产化。

全连铸关系到整个钢厂生产流程的运行优化，是冶金行业技术、管理水平的重要标志，是提高生产效率、提高质量、降低消耗、降低成本的主要途径之一。在实际生产管理和企业发展规划中，只有自始至终贯彻“连铸为中心、炼钢为基础、设备为保证”的指导思想，结合各厂的具体情况，认真从每一个技术环节着手，把设备管理、人员培训等配套工程结合在一起，并建立上工序为下工序服务的质量保证体系，才能确保全流程的协调配合，使全流程处于动态-有序、协同-连续的良好运行状态。

国内把铁水预处理、钢的二次冶金和中间包冶金通称为炉外处理技术。在现代化炼钢厂内，炉外处理技术不仅要作为提高冶金产品质量、扩大炼钢品种的重要手段，而且还要成为提高生产效率、降低成本，特别是实现炼钢—连铸—轧钢高温协同衔接的重要调控手段。

在推广全连铸钢厂的过程中，殷瑞钰提出以全连铸生产为方向，协调前后工序，实现炼钢—炉外处理—连铸的组合优化。通过对炼钢厂内各工序功能分析和中国炼钢厂现状的分析，把组合优化的重点放到了大力发展炉外处理技术。为了统一认识，对炉外处理技术，殷瑞钰提出了“立足产品，合理选择，系统配套，强调在线”的指导方针。

殷瑞钰以实现钢厂全连铸生产体制为主要目标，提出并推动在全国范围内建设炼钢—炉外精炼—连铸“三位一体”协同运行的技术改造模式，一批有条件的炼钢车间率先实现全连铸，并以此为样板，在全国推广并建设全连铸的炼钢车间，从而加速了全连铸生产体制在全国范围内实现。

一些企业在连铸发展过程中出现了单纯依靠增加连铸机台数、流数来增加连铸产量、提高连铸比的情况，殷瑞钰及时注意到了这种现象，在组织、推广建立全连铸炼钢车间的基础上，进而提出发展全连铸钢厂要以铸机高拉速、恒拉速为目标建设全连铸钢铁厂。通过对全连铸钢厂的整体规划和技术改造，逐步淘汰了平炉、小转炉、小电炉、混铁炉、化铁炉、模铸、粗轧/开坯机、横列式轧机、复二重线材轧机等落后设备，实现了以“炼钢—炉外精炼—连铸”三位一体，以高拉速、恒拉速连铸为核心，高连浇率、高作业率的生产运行模式，促进了钢铁工业的技术进步和生产流程结构升级。

推进装备国产化

推进装备国产化是连铸快速发展的关键之一。由于当时中国长材生产比例很大，因此，中国连铸机的国产化先从小方坯铸机的国产化开始。在殷瑞钰的推动下，钢厂和设计单位不断改进设计方案，提高制造要求，逐步掌握了小方坯铸机设计制造的成套技术，基本满足了国内需要，甚至还有少量出口。随后，在自主开发高效连铸技术上又有了新进展，在 120 毫米、150 毫米小方坯铸机的高效化改造上，拉速分别达到每分钟 4. 0 米和 3. 0 米的新成绩。不少板坯铸机也基本上立足于国内设计和制造。当时，中国大陆投入生产的连铸机共有 271 套，其中 53 套为国外引进或合作制造的，218 套为国产或部分国产化的。国产连铸机或部分国产化连铸机的价格仅为进口连铸机的 1/3 甚至是 1/4。国产化当然不一定是百分之百的中国制造，在主体设计制造立足国内的前提下，从优化质量、降低成本出发，并不排除择优选择某些国外的部件和设备。在实现国产化的同时，对国际上最先进的技术与装备，只要价格合理，也不排除引进或与外国公司合作。

在推行全连铸的技术路线上，殷瑞钰总是坚持战略导向，视野宽广，分阶段判断目标，以有难必克的信念和强有力的技术措施，使中国连铸事业在10来年时间中，大踏步、跨越式地发展。

五　以连铸为中心
带动关键共性技术全国性突破

在推进以“连铸为中心”的生产技术方针过程中，为解决钢铁工业生产发展过程中渐次出现的“瓶颈”，在殷瑞钰的倡导和力促下，冶金部先后有序地推动了连铸技术、高炉喷煤技术、高炉长寿技术、棒/线材连轧技术、转炉溅渣护炉技术和流程工序结构调整的系统节能等六项关键共性技术的全行业发展，淘汰了以模铸—粗轧/开坯机为特征的传统生产流程，解决了钢铁工业的生产技术瓶颈，提高了产量、生产效率和成材率，大幅度降低物耗、能耗和环境负荷，这是中国钢铁工业90年代全行业技术进步的核心标志。在此基础上，中国大多数钢厂的生产流程发生了颠覆性的结构变化。

高炉喷吹煤粉技术[1]

我国高炉喷煤试验起步于20世纪60年代，当时我国高炉喷煤

[1] 殷瑞钰，王晓齐，李世俊，等. 中国钢铁工业的崛起与技术进步［M］. 北京：冶金工业出版社，2004.

量、喷煤高炉座数曾居国际前列，主要是喷吹无烟煤。也曾试验过喷吹烟煤，但由于喷吹烟煤曾发生过爆炸伤人事故，喷吹烟煤一度被视为“禁区”，一些高炉只喷吹无烟煤。石油危机以后，特别是进入20世纪80年代后，国外高炉喷煤技术发展迅速，而我国高炉喷煤发展缓慢，1989年全国重点钢铁企业平均吨铁喷煤量不到50千克，这项技术的覆盖面小且总体水平与国际先进水平有较大差距。连铸释放了转炉的生产效率，转炉效率的提升使高炉、焦炉的产能不足成了钢厂生产流程中新的瓶颈。虽然提高炼铁产能可以通过新建高炉、焦炉来解决，但需要大量投资和建设时间，这在短时间内是很难做到的。于是，高炉喷吹煤粉和高炉长寿技术成为提高铁水供应能力的关键共性技术。20世纪80年代末到90年代初，殷瑞钰组织有关专家认真分析了国内外高炉炼铁的发展趋势及我国的能源结构特点，审时度势地支持了以“氧煤强化炼铁”为主题的“八五”攻关方向。

殷瑞钰认为，高炉大量喷煤在我国是有广阔前景的，喷吹煤粉可以大幅度降低焦炭消耗，对降低焦比、节约焦煤资源，对减少污染和排放也是有利的。他尤其主张高炉喷吹煤粉不能局限于喷吹无烟煤，由于无烟煤的灰分一般都较高，多喷无烟煤导致焦炭置换比低、渣量大、效益差，他提倡要开发喷吹烟煤或烟煤—无烟煤混喷技术，但这涉及很多技术，其中包括磨煤机、防爆技术、风口喷入量控制技术和高风温热风炉技术等系列研发。为了推动高炉喷煤技术的发展，他深入钢厂调研并多次主持召开专门会议重点讨论研究我国喷煤技术的发展方向和提高喷煤量的措施。

1989年3月，殷瑞钰在冶金部主持召开了“扩大高炉喷吹煤粉紧急动员大会”。全国52个钢铁企业和设计、研究院（所）的代表参加会议。他在讲话中指出：扩大高炉喷吹煤粉量是一个战略问题，符合我国钢铁工业发展的长期规划。要摆脱炼焦煤短缺的困难，提高钢铁产量，只有靠喷吹煤粉，以煤代焦，节焦增铁，这是当务之急。

1991 年 7 月，殷瑞钰在包钢召开的全国高炉喷煤工作检查会上，要求冶金企业领导要认识到扩大高炉喷煤的重要性，认识到这是钢铁企业技术进步的重要环节之一，要积极主动地解决本企业喷煤工作中存在的具体问题，促进喷煤工作迅速推进。

在随后几年的全国炼铁系统及高炉喷煤会议上，殷瑞钰都要求全国的钢厂大力提高高炉喷煤量，推进炼铁系统的技术进步，加快炼铁系统能源结构优化。

经过几年的引导、攻关、推动及诸多具体技术研发，高炉喷煤技术得到了很大的发展。国内高炉吨铁喷煤量从 1990 年的 50 千克，提高到 2015 年的 142 千克；国内高炉炼铁的平均吨铁入炉焦比由 1990 年的 557 千克降低到 2015 年的 358 千克，吨铁焦炭消耗降低了将近 200 千克；大幅度减少了钢厂在焦炉建设方面的投资，或推迟了焦炉的建设投资；通过高炉喷煤，改善了能源结构，吨铁成本可降低 100~200 元；同时改善了环境污染。

高炉长寿技术[1]

20 世纪 80 年代末期，我国大多数高炉炉役寿命短，大、中修频繁，平均 3~5 年就要中修一次（不少高炉实际上是大修）。高炉寿命最短的时候，2~3 年就要中修，每次中修需要三个月到半年。高炉寿命短首先导致的是维修费用昂贵，检修费用大；其次是高炉停产后，影响更大的是炼钢厂、轧钢厂的生产能力，由于没有铁水供应而“放空”，产出量急剧减少，全厂经济效益下滑；再次是高炉寿命短，容易造成安全隐患，特别是高炉到炉役中、后期，往往带病作业，事故隐患大，炉体或炉缸烧穿事故屡有发生，甚至个别钢厂还

[1] 殷瑞钰，王晓齐，李世俊，等. 中国钢铁工业的崛起与技术进步［M］. 北京：冶金工业出版社，2004.

发生过高炉整体“崩塌事故”。提高高炉炉役寿命成为钢厂内炼钢、连铸、轧钢产能充分发挥的重要前提之一。

殷瑞钰从全流程协同运行的角度思考高炉炉龄问题，他认为：高炉长寿已成为炼铁生产中提高效率和效益的“技术瓶颈”，不仅是铁前生产系统的“瓶颈”，而且直接关联到炼钢—连铸—轧钢的持续运行。这一“瓶颈”应当通过技术集成、工厂示范、战略投资的有序组合来解决。他认为解决高炉长寿问题除了必须通过冷却水质处理技术的提高、高炉冷却器件的改进、耐火材料材质的优化以外，还要抓好影响高炉长寿的每一个环节，例如高炉的炉型设计、施工质量、高炉工作状况监测和维护以及合理的高炉操作和管理制度、改进燃料和原料质量等，都是高炉长寿技术的重要保障，这些因素需要集成起来综合施策、统筹安排，才能较好地解决，而不能依靠单项技术解决。此后的钢厂生产实践证明，这种集成性解决问题的观点是有效的、可行的。

殷瑞钰多次到各钢厂调查研究，要求钢厂在炼铁的科技进步中，集中抓好“喷煤”“高炉寿命”“改善炉料结构”三件事。1994 年 10 月，在梅山钢厂召开的全国高炉长寿技术研讨会上，殷瑞钰给全国钢厂提出了一个初步目标，要求条件好的大高炉寿命要达到 8~10 年以上，8 年内不允许中修。

经过多年的努力和有关技术措施的推行，我国大量高炉的寿命突破 8 年，宝钢、武钢的高炉已达到 18 年以上。高炉长寿促进了钢厂生产流程运行效率的提高，生产稳定，降低了成本，更重要的是促进了钢厂以“连铸为中心”的生产流程前后工序的衔接、协同，提高了炼钢、连铸、轧钢设备的生产效率。高炉长寿技术不仅促进了钢厂生产流程效率的提高和生产的稳定，节约了高炉中修费用，而且降低了吨铁成本，为钢厂带来了显著的经济效益。

棒、线材轧机的连轧化技术❶

长期以来，小型材、棒材、线材是我国钢材消费结构中比例最大的品种，涉及的生产企业多。“连铸为中心”的生产技术方针已经取得了明显的效果，但大量的连铸坯与众多的横列式小型轧机匹配，仍存在尖锐的结构性矛盾。在大力发展连铸过程中，许多钢厂新建了小方坯连铸，生产 120 毫米×120 毫米、135 毫米×135 毫米、150 毫米×150 毫米断面的连铸坯，但当时多数钢厂的轧机为 400 毫米/250 毫米横列式轧机、复二重线材轧机，使用的钢坯尺寸大多为 50 毫米×50 毫米～60 毫米×60 毫米，连铸坯还要经过开坯才能成材，“二火成材”不可避免，生产效率低，成材率低，质量不稳定，成本、能耗相应增加。针对这种现状，殷瑞钰组织了一系列关于棒材连轧机的调查研究和对策分析会。

为了推进棒/线材轧机连续化、国产化的进程，他从连轧工艺研发、推广的战略上进行思考，认为棒/线材轧机连续化的重点要放在有炼钢连铸条件的地方骨干企业进行，而非不锈钢、特钢企业和大型重点企业，要把棒/线材连轧机改造在钢厂发展规划的工程系统中统筹考虑，他尤其强调要特别注意连轧机与连铸机的衔接匹配，尽可能兼顾产能与能耗、节约成本、降低投资；特钢厂的长材轧机要根据自身特点进行改造，不能与普钢企业等同。为此，1993 年 3 月在无锡召开的全国小型型钢工作会议上，殷瑞钰提出了推进小型型钢轧机连轧化、国产化的命题，重点解决对推进小型型钢技术进步的重要性和迫切性的认识问题。这是一次引导性准备阶段的动员会，拉开了小型型钢轧机连续化改造的大幕。进而，他又组织和推动冶金部联合机械部在四川德阳召开的全国连铸和小型连轧装备国产化

❶ 殷瑞钰，王晓齐，李世俊，等. 中国钢铁工业的崛起与技术进步［M］. 北京：冶金工业出版社，2004.

会议（时任机械工业部副部长陆燕荪出席会议并发表重要讲话），建立起相关行业之间协同开发、使用、共同提高的渠道，使得小型型钢轧机连续化、国产化有了较快的进展。由于小型型钢连轧机组是用120毫米×120毫米～150毫米×150毫米断面的小方坯一火成材，成材率比横列式轧机成材率提高6%～10%，同时又降低了加热炉能耗，取得了巨大的经济效益。

殷瑞钰在推动小型型钢轧机连续化的过程中，还提出要以150毫米×150毫米断面的小方坯为主，相应优化了棒材连轧机和高速线材轧机机组的技术参数并实现国产化。经过不断完善，在全行业的努力下，国产的棒材连轧机产能可达60万～80万吨/年，甚至达到100万吨/年，高速线材轧机产能可达40万～60万吨/年，与同类进口轧机相比，投资额降低一半左右。他还强调要解决连轧作业线国产化（包括步进式加热炉在内），棒材连轧机的生产能力至少要在60万吨/年以上，规模不能太小，否则不能与连铸机匹配好。

1994年3月，冶金部在江苏江阴召开全国小型型钢工作会议，研究和讨论了小型型钢连轧机建设与改造的工程优化问题。殷瑞钰代表冶金部从规划目标、政策导向、分层次推进、队伍建设、机制转换、国产化途径等方面进行了部署，并提出了冶金部关于全国小型型钢轧机连续化发展规划，即到2000年实现50%的小型材、线材由连续式和半连续式轧机生产；提出了以装备国产化来加速连轧化进程和途径；通过对连续式小型型钢轧机各生产环节的技术分析和工程优化，对其生产规模、坯料尺寸、轧机配置、自动化水平、后部冷床、精整等方面的基本参数的优化目标提出了方向性的意见。在会议精神的推动下，1994年全国连续式小型型钢轧机产量达到619万吨，连续小型型钢产量年增长率高达37.60%，是历史上增长幅度最大的一年。

随着技术进步的推进，国产的棒材连轧机年产可达70万吨以上的水平，国产的高速线材轧机年产可达40万~50万吨的水平。到2001年，全国棒、线材的连轧比分别达到54%和60%左右。大量棒、线材连轧机的推广应用，理顺了连铸机—连轧机的关系，迅速出现协同规模效应，棒线材轧机的劳动生产率迅速提高，使得横列式、复二重轧机、推钢式加热炉等落后工艺、装备大量被淘汰；促进了一火成材、铸坯热送热装技术的发展，轧钢工序能耗降低，加热炉产能相应提高，并带动了国产步进式加热炉的发展；促进了铸坯成材率和产品质量的提高，特别是钢材的头尾公差、棒材的定尺率和产品包装水平明显改善；促进了炼钢厂—轧钢厂的匹配、对应关系改善，生产流程中的物流优化，吨材能耗降低，实现了钢厂生产流程结构的优化。

流程工序结构调整的综合节能技术[1]

钢铁工业是高耗能的行业，据统计，历年来钢铁工业的能源消耗占全国总能源消耗的14%~16%。20世纪90年代初期，中国钢铁工业能耗指标与国际先进水平差距巨大，我国又是一个能源、资源相对短缺的国家，能源生产增长速度不能满足国民经济发展需要，能源价格的上升使钢厂成本增大，钢铁工业又是以消耗煤炭资源为主，环境保护等方面要求更加严格，提高能源使用效率就成为钢厂降本增效的重要途径。中国钢铁工业在20世纪80年代通过“扫浮财”和单体设备节能，使企业能耗有所改善，但进入90年代后，这种节能方式的空间逐步减小，对节能工作提出了新的课题。殷瑞钰站在钢铁生产流程大尺度上看，着重研究深层次的能源利用合理化问题，他的着眼点从原来注重单体设备节能、单个工序节能转变到

[1] 殷瑞钰，王晓齐，李世俊，等. 中国钢铁工业的崛起与技术进步［M］. 北京：冶金工业出版社，2004.

工艺流程结构性、系统性节能层面上，从工艺流程层面上发现生产流程和企业结构本身对能源消耗的巨大影响。他推动“以连铸为中心”的生产结构调整和工艺流程优化，带动了炼铁生产优化（吨铁工序能耗降低），取消模铸和初轧开坯，实现“一火成材”，淘汰平炉、化铁炉、小电炉，采用连铸坯热送热装等技术，重视“界面技术”的发展，推动钢厂余热余能利用，推动钢厂高炉炉顶余压发电（TRT）、焦炉干熄焦（CDQ）、蓄热式加热炉余热回收等一系列技术，从总体上促进了吨钢能源消耗降低，在全国大中型钢铁企业的推广节能效果显著。中国钢铁工业从90年代开始，节能减排找到了新的实施路径，即钢铁生产流程重构优化与淘汰落后工艺、落后装备、落后产品相结合的结构性节能减排路径。经过长期努力，全国吨钢综合能耗由1990年的1611千克标准煤，降到2015年的572千克标准煤，经济效益巨大，吨钢环境负荷逐年降低，吨钢温室气体排放不断降低。

转炉溅渣护炉技术[1]

转炉是高效炼钢设备，长期以来，炉龄短制约着转炉生产能力的充分发挥，同时也是制约连铸机多炉连浇和提高作业率的技术瓶颈。20世纪80年代末，世界各国转炉炉龄水平一般都在1000~3000炉。由于炉龄短，“三吹二”或“二吹一”成为转炉钢厂设计的普遍模式，不仅增加了投资，设备作业率低，还增加了消耗与成本。各国钢厂都致力于优化冶炼工艺、改进炉型和提高耐火材料质量、改进补炉手段等措施，千方百计地提高转炉炉龄。我国在开展相关工作的过程中，效果不是很理想。长期以来炉龄短是转炉生产的难题，成为又一个共性技术瓶颈。

❶ 殷瑞钰，王晓齐，李世俊，等. 中国钢铁工业的崛起与技术进步［M］. 北京：冶金工业出版社，2004.

20世纪70年代末期，殷瑞钰在唐钢工作期间，发现了某些类型的炉渣在转炉炉底、炉墙的上涨现象。一般而言，炉渣侵蚀炉衬应该会使炉壁变薄直至损坏，但他发现有的炉子却越来越小了。通过研究，他发现有些类型的粘渣附着在炉衬上而且造成炉衬上涨、增厚的现象，并为此在《金属学报》（1978年）上发表论文阐述道理。1996年6月，美国同行LTV钢公司R. Jack Johnston，Peter Kelly，Donald W. Forsythe三人应邀来钢铁研究总院访问时，提起了这篇文章对溅渣护炉技术开发的启发作用。1994年，美国LTV钢公司哈伯钢厂转炉溅渣护炉创造了15658炉的炉龄，立即引起了中国冶金行业的高度重视。

20世纪90年代中后期，殷瑞钰积极支持引进该项技术，推动全国钢厂针对各厂不同原料、生产品种和工艺情况开展研究，不断完善转炉溅渣护炉技术，逐渐形成大、中、小转炉在溅渣条件下冶炼工艺优化、底吹喷嘴维护、均匀溅渣等技术，迅速产业化并大面积推广。到2000年，在全国重点企业的200多座转炉中，有120多座转炉实施了溅渣护炉。全国转炉的吨钢炉衬耐火材料消耗降低到0.3千克以下，不少转炉炉龄达到1万炉以上。转炉溅渣护炉效果是显著的：转炉有效作业率大幅度提高，保证了炼钢厂稳产、增产；促进了连铸机多炉连浇，提高了铸机有效作业率；耐火材料综合消耗大幅度降低；少了频繁的开炉、停炉作业，稳定了转炉的操作工艺；提出了转炉炼钢厂优化结构设计的新概念，实现“三吹三”，经济效益显著。

在殷瑞钰的脑海中，六项关键共性技术实际上都不是单一技术，每一个关键共性技术都是技术集成群，不仅是单一工序/装置技术集成群，而且是适合于铁素物质流动态-有序、协同-连续运行的技术集成群。这六项关键共性技术的先后突破和有时序性地集成，启发了殷瑞钰由工程技术向工程科学研究的转变，为冶金流程工程学理论的开拓奠定了实践基础；推动了中国钢铁工业的结构调整、制造流程工艺优化和全行业整体技术水平的提升。

六　大力推动薄板坯连铸-连轧新技术

统筹与判断

世界第一条薄板坯连铸-连轧生产线于 1989 年 7 月在美国 Nucor（纽柯）钢铁公司投产，这是一项创新性的技术进步，引起了世界钢铁界的关注。随着该项工艺技术逐步成熟，在 1994 年初，冶金部成立了薄板坯连铸-连轧国产化协调领导小组，刘淇部长任组长，殷瑞钰担任副组长。领导小组的主要任务是统筹协调薄板坯连铸-连轧技术引进、消化吸收和开发创新，研究制订方针政策，组织协调统一对外谈判和引进技术的转化及其应用推广等。其中，薄板坯连铸-连轧工程技术优化和投资方向是主要关注的问题。殷瑞钰做了大量的研究工作并进行了深入的思考，他分析认为薄板坯连铸-连轧工艺在这几年的发展过程中无论是工艺技术还是装备及其控制系统，发展很快并逐步完善，作为一个能正常工业生产的工艺已勿需怀疑。因此，对使用此工艺流程如何进一步结合中国钢厂的实际情况匹配、优化，合理经济规模应该是多少，和传统板坯连铸-传统热带轧板带轧机的大型钢铁联合企业或是正在开发的薄带连铸工艺是什么样的竞争/分工关系，如何在充分利用现有企业（包括大型钢铁联合企业）的存量资产并在此基础上“嫁接”薄板坯连铸-连轧工艺，又将会获得什么样新的竞争力，薄板坯连铸-连轧工艺在技术上将如何发展等，这些都是值得引起注意并加以分析、判断的问题。这些问题如何认识、如何正确选择将对企业的生产规模、产品市场、经济效益以及建设（改造）资金的投入量等问题产生重大影响。

殷瑞钰从流程工程角度分析，认为该工艺流程实质是：“临界-紧凑”效应，即当连铸坯的厚度小于某一临界值后，可以省去常规热带轧机中的初轧机组，甚至在某些临界厚度下可以进一步减少精轧机组的机架数，由此实现工艺流程的“紧凑化”及一系列关键工艺参数的优化。他又从技术-经济角度进行分析，认为此工艺流程的技术突破口是薄板坯连铸。为了充分发挥其经济效益，必须高度重视发挥连轧机的能力，而连轧是成熟的常规技术，当然连铸-连轧之间的缓冲、匹配技术对充分发挥效益也十分重要。但是，从工程的投资和效益看，应该说热连轧机组是决定工程规模和投资效益的重要因素。一般而言，薄板坯连铸机与热连轧机两者的投资比约为3∶7。所以，充分发挥热连轧机组的设备能力应是整个工程建设中的重要着眼点之一。殷瑞钰又仔细研究了炼钢炉与连铸机的对应关系，铸机流数与连轧机对应、协同关系，炼钢炉、二次冶金装置与薄板坯连铸机的衔接、匹配关系，以及该工艺是否可以和高炉-转炉匹配等流程工程问题。他同时注意到在发展薄板坯连铸-连轧工艺的过程中，还要在技术上、经济上综合考虑与不同地区铁素资源的适应问题。

殷瑞钰总结认为，薄板坯连铸-连轧工艺不是一种过渡技术，它与传统的高炉—转炉—传统连铸—传统板带连轧机组成的流程，在当时情况下应有一定的分工。与电炉流程匹配时，薄板坯连铸-连轧工艺流程生产的产品成本对废钢价格、电价有很大的敏感性，而且生产规模越小，对废钢价格的敏感性越大。他认为在当时中国的情况下，薄板坯连铸-连轧与高炉-转炉流程匹配生产是可行的，而且有助于向年产220万~250万吨的规模发展，但是对新建工厂而言，投资总量较大；如果有条件利用现有高炉系统的存量资产，进行老厂改造，则投资总量明显降低，而且产品在成本上也有着良好的竞争力。薄板坯连铸-连轧工艺流程生产的产品主要发展方向应该首先着眼于生产 1.0~2.0 毫米热轧薄板，这样，一方面可以和传统工艺流程生产的产品有所区别，另一方面也可以代替部分规格的冷轧板，甚至有可能直接进行酸洗、镀锌等深加工，这样做能够较快地取得良好的经济效益。

殷瑞钰对薄板坯连铸-连轧工艺需要不断发展和完善的着眼点进行了评估和展望：

第一，提高铸坯的表面质量，进一步优化选择铸坯的厚度，加强保护渣的开发，改进浸入水口的形状和质量，改进结晶器构造及其振动装置的设计，控制好结晶器内钢水液面的波动振幅等。

第二，开发第二代薄板坯连铸机，例如拉坯速度提高至每分钟 6.5~8 米，以及相应增大铸坯宽度、厚度等参数，实现一流连铸对应一台连轧机，以利一流薄板坯铸机的年产能力可以稳定地达到 120 万~150 万吨，甚至 180 万~200 万吨，经济价值是巨大的。

第三，优化薄板坯连铸机和热连轧机之间缓冲、匹配设计，在提高可靠性的同时，尽量使中间铸坯的温度保持在较高的水平，以利节能，提高效益。这样，将可能有更为优化的工序—装置系统出现，这是值得注意开发的。

上述评估、展望在薄板坯连铸-连轧工艺的研发实践和生产过程中逐一得到验证，起到了导向性的作用。

有序有组织推进

1998 年底，广州珠江钢厂引进的薄板坯连铸-连轧 CSP 生产线投产，率先实现了我国薄板坯连铸-连轧作业线的产业化。随后，包钢、邯钢的薄板坯连铸-连轧生产线投入生产。结合三家企业的生产状况，殷瑞钰详细分析了当时的发展形势，指出薄板坯连铸-连轧适合于哪些品种，怎样扩大产量，怎样解决新工艺带来的现实问题等。为了推动薄板坯连铸-连轧技术的交流与开发，在殷瑞钰的提议下，中国工程院于2001年成立了“薄板坯连铸-连轧技术交流与开发协会”，殷瑞钰任理事长，时任中国工程院院长徐匡迪院士任名誉理事长。殷瑞钰希望通过协会的力量加强高校、研究院所与生产企业之间的联系，解决生产过程中出现的问题，同时以珠钢、包钢、邯钢等几家薄板坯连铸-连轧企业为主，开始探索该流程的优势。协会成立之初就计划每年召开一次交流会议，通过协会促进工程科技界与企业之间的交流。

2002年，“薄板坯连铸-连轧技术交流与开发协会”在广州珠钢召开第一次学术交流会。时任中国工程院院长徐匡迪院士亲自到会，并作了大会主旨报告。殷瑞钰在会上分析了中国发展薄板坯连铸-连轧工艺的特点，并指出中国薄板坯连铸-连轧流程的特点主要是与已有的高炉-转炉流程匹配、衔接，与国际上以电炉流程匹配为主比较，更易于发挥热轧机的产能，而且钢水相对洁净，同时注意追求薄板坯连铸-连轧作业线的规模效益，建议设计规模以年产200万~250万吨为主流，甚至展望280万吨/年。他建议在引进、消化、吸收国际先进工艺、装备的同时，注意工艺装备参数的改进、优化和装备制造的国产化，降低吨钢的投资额。他甚至展望，薄板坯连铸机至热轧板带轧机作业线的吨钢实际投资额有可能做到1000元左右。他的观点引起了业界同行的一致赞同。首次会议的成功召开，引起了各个钢厂的积极响应，都纷纷要求将下一届的交流会在自家的钢厂召开，最终协会理事会决定每次技术交流会要根据需要解决的问题来确定主题，各个企业再针对这些问题提出自己的解决方案，互相对比，每年对标，再开会讨论，哪个钢厂有特色就在哪里召开协会年会。

自2004年开始，薄板坯连铸-连轧协会在包钢、唐钢、马钢等钢厂召开技术交流会，每一次都针对共性问题确定一个会议主题，殷瑞钰都出席会议并与各个钢厂共同讨论研究薄板坯连铸-连轧面临的各种工程技术问题、装备问题和产品问题，分析原因，提出解决方案，对薄板坯连铸-连轧工艺技术的发展起到了有效推动作用。尤其是会议召开地点的选择，“我们要看哪个钢厂做得最好，最有特点，下一次会议在哪里召开”。这更加促进了各个钢厂积极进步，推动了薄板坯连铸-连轧技术的快速发展。到2020年底，中国已有20条薄板坯连铸-连轧生产线投入生产，总能力超过4790万吨/年，占世界薄板坯连铸-连轧生产能力的1/3左右。

薄板坯连铸-连轧技术交流与开发协会通过专题研讨会、年会、考察交流等方式，加强信息交流和协会成员间的互访、互助、对标等，对我国薄板坯连铸-连轧技术的快速发展起到了积极的推动作用。

为了解决与传统流程分工和竞争的问题，殷瑞钰指出：这种竞争的焦点不是汽车表面板，不是X70管线钢，而是量大面广的以热轧薄规格钢材并替代部分冷轧薄板、建筑用板、甚至是部分电工钢。在分工的基础上集中力量把热轧高强度、薄板小于2毫米的薄规格轧制、半无头轧制做好，再进一步开发冷轧产品。马钢、唐钢、涟钢、包钢等钢厂都上了冷轧作业线，首先是生产一些比较容易做的冷轧板、涂层板，要认真研究、认真开发。他强调要以集成的概念来思考问题。做好铁水脱硫，扒净脱硫渣；选择合理的精炼工艺，做冷轧产品（包括硅钢）时，必须控制好钢中C、Si、N的含量，把硅含量稳定地控制到0.03%以下，把氮含量控制到0.004%以下，这种情况下选择RH工艺是必要的，RH运行节奏快了之后，再结合铁素体轧制，冷轧产品就容易大批量生产了。

殷瑞钰在会上说：要搞好RH，除了要功能、能力匹配以外，国产化也很重要。宝钢、武钢开发的RH都国产化了，价格也降下来了，如果订货多还会降。他强调：RH在炼钢厂平面图上摆放的位置也非常重要，RH位置摆放不好，RH的优势就受到限制。

发挥中国特色

殷瑞钰在不同场合总结提出了我国薄板坯连铸-连轧技术创新的4个重点，即：全面贯通薄板坯连铸—热连轧—冷连轧—涂镀层产品作业线，生产适合自身特点的高质量产品与深加工产品；在发挥薄规格热轧产品优势的基础上再创高生产效率新水平；努力在优化薄板坯连铸结晶器、动态轻压下、铁素体轧制、半无头轧制等先进技术开发方面走在前列；工艺技术、装备、相关材料基本自主开发。这4个方面的技术创新会使我国在薄板坯连铸-连轧的生产技术在国际上产生重要影响。

薄板坯连铸-连轧工艺在中国发展的20多年来，殷瑞钰的脚印遍布相关各个钢厂，在每一个发展阶段，都从战略的高度提出发展方向，提出解决具体问题的对策，提出技术创新的突破口。在细节上把握各个钢厂的优势和不同特点，并亲自去各钢厂进行指导、讲座，让各钢厂把优势充分发挥出来。在他的组织、指导下，国内各个企业已经形成了独具特色的发展思路，从产品质量的源头抓起，充分发挥薄板坯连铸-连轧的流程优势，低成本、高效率地生产各具特色的产品。他强调在产品发展上各钢厂不要去跟已有的市场格局做正面的冲突，而应发挥各自工艺、装备的优势去做好差异化竞争，根据自己装备的条件去开发适合自己的品种，拓展自己适合的工艺。然后，去占领各自的市场。

珠钢开发的薄规格轧制和超高强度产品曾保持着世界集装箱板最大供应商的地位，马钢连续几年冷轧基料产量保持150万吨以上，包钢的薄板坯连铸-连轧生产线产能始终保持在接近年产300万吨的世界最好水平，涟源钢厂生产薄规格高强钢并努力开发半无头轧制工艺，武钢的CSP作业线大批量地生产了无取向硅钢……

殷瑞钰积极引导薄板坯连铸关键技术的国产化开发。不仅在薄板坯连铸漏斗型结晶器、浸入式水口、保护渣、二冷动态控制等关键装备和工艺技术方面实现了国产化，并已经掌握了整条生产线的系统集成能力，形成了具有中国特色的薄板坯连铸-连轧系统技术。中国的薄板坯连铸-连轧逐步走到了世界的第一方阵，薄板坯连铸-连轧产量不断增加、生产效率进一步提高，生产指标不断改进，薄规格产品（≤2.0毫米）和冷轧深加工产品得到广泛开发，高附加值品种钢开发取得成效并批量生产，大部分关键装备技术实现国产化。

鉴于中国薄板坯连铸-连轧新工艺在10年内取得的成就，2009年中国金属学会在南京组织召开了薄板坯连铸-连轧国际研讨会。美国、德国、日本、韩国、意大利、奥地利、南非、印度、俄罗斯等国的同行专家、学者和企业代表参加了这次会议。作为大会主席，殷瑞钰作了主旨报告，介绍了中国薄板坯连铸-连轧的发展战略和取得的成果。国外很多专家在交流会上惊讶地说：你们中国的许多技术、许多指标是怎么做到的！在国外友人赞叹的同时，殷瑞钰和中国同行一样，倍感欣慰。

七　注重国际科技交流与合作

加强国际科技交流与合作是殷瑞钰放眼未来、走向世界的战略性思路。殷瑞钰致力于我国钢铁界与国际钢铁界的交流与合作，特别是中日、中澳、中韩和中德之间钢铁领域的学术交流与合作，成为国际钢铁界的活动家，在国际上享有很高的荣誉和声望，鉴于他对中国钢铁工业发展取得的成就和对中日钢铁技术交流方面的贡献，2002 年当选为日本钢铁学会（ISIJ）名誉会员，这一称号是日本钢铁界的最高荣誉。

日本钢铁学会（ISIJ）会长王寺睦满（右）为殷瑞钰（左）颁发
日本钢铁学会（ISIJ）名誉会员证书（2002 年）

积极开展多种形式的科技外事活动，加强了与日本、德国、美国、意大利、奥地利、澳大利亚、瑞典等 17 个国家和地区的相关领域的合作。多次赴德国、日本、美国、韩国、澳大利亚、意大利、奥地利、法国、荷兰、卢森堡、比利时、瑞典、俄罗斯、加拿大、南非、埃及、巴西、墨西哥、印度等近 30 个国家进行技术考察、技术引进及参加国际会议等。接待来自日本、德国、美国、加拿大、瑞典、英国、意大利、奥地利、韩国、俄罗斯、澳大利亚、巴西等 23 个国家和地区的科技人员进行技术交流、科技合作、贸易洽谈及合资办企业等。持续开展双边交流的是中-日钢铁科技交流、中-德钢铁技术交流。通过双边及多边交流，参加国际学术会议，增强了彼此间的了解和合作，扩大了中国钢铁工业的国际影响。

在国际科技合作与交流方面，注重加强高水平学者的交流和往来。多次邀请国际钢铁界著名专家，如日本冶金界著名学者、中国工程院外籍院士不破祐教授，美国著名学者霍根先生，俄罗斯科学院院士、中国工程院外籍院士 Н. П. 梁基谢夫（Н. П. Лякишев）教授，新日铁副社长大桥徹郎博士，日本住友金属株式会社技术总监丸川雄净博士，日本住友金属株式会社副社长户崎泰之博士，日本东北大学万谷志郎教授，日野光兀教授，德国薄板坯连铸-连轧专家普莱修斯尼克教授，美国 LTV 麦勒博士及瑞典的专家等，举办专题技术报告、讲座和研讨会，介绍国际上钢铁技术最新进展及研究成果，推动了相关领域科研工作的进展，活跃了学术气氛，也促进了相关领域的科研工作和人才培养。

接待日本著名钢铁冶金专家访问钢铁研究总院

（右起：邵象华、殷瑞钰、万谷志郎、浅井滋生及夫人，1997 年）

殷瑞钰（右）与到访钢铁研究总院的美国著名学者
霍根先生（左）交流(1999 年)

殷瑞钰身边的科技人员和同行人员与他一起出国参加各种国际会议或科技交流时，总是觉得他率领的代表团活动内容丰富，工作节奏很快，甚至没有一点空余时间专门去感受一下异国风情。每次正式会议后，殷瑞钰就组织同行去钢厂或科研、工程单位考察，回到宾馆还要座谈讨论，同行们都佩服他的敬业精神，无论行程多么辛苦，总是精神饱满的样子。原中国金属学会副理事长兼秘书长、原首钢副总经理李文秀回忆说："我们一起出国到欧洲、日本开会、考察，晚上要总结当天的考察情况，理清思路。有的年轻人都累得打盹，而殷部长已是七十高龄，精力非常充沛，这种状态值得我学习。工作上、生活上，他都是我们科技界的榜样。"

八　两本重要钢铁著作的诞生

《钢的质量现代进展》

20 世纪 90 年代，世界钢铁工业发展总的方向是提高质量和降低成本。在这样的新形势下，提高产品的实物质量是一项重要的任务。时任冶金部副部长、总工程师的殷瑞钰提出要编写《钢的质量现代进展》一书，并亲自主持编撰工作，以引导钢厂提高产品的实物质量和管理水平。

1992 年初，冶金部在上钢五厂组织召开了“提高钢材实物质量会议”。来自全国各地研究院所、钢铁企业的近百人参会。会议由殷瑞钰主持。会上，他提出要组织策划并编写《钢的质量现代进展》这本书，并对编写工作提出了很高的要求。

从 2 月份开始，国内钢铁界近百位专家、教授参与了各章的编写工作，用了两年时间编写、修改、审校。全书分成上、下两篇。上篇为“普通碳素钢和低合金钢”，下篇为“特殊钢”，每篇约 140 万字，全书共约 280 万字。

《钢的质量现代进展》于 1995 年由冶金工业出版社出版。书中收集了我国和世界上重点钢铁产品的质量数据、生产工艺参数范围和大量图表，是一本专门写钢的质量，突出“现代”和“进展”，强调当今世界钢的质量动态水平的书。其目的是为推进钢的质量提高，并相应地能指导产品结构的调整，生产工艺路线的优化和技术装备的更新改造。

这本书不是一般的参考书，也不是一般的工具书，它是一本动态地反映钢（确切地说包括钢水到钢材）的质量现代发展过程、现状和趋势的著作。它向广大读者介绍的不仅是钢的现代质量水平，更重要的是达到这一水平的生产技术与工艺装备，有的内容是国内外多年来研究、开发和生产的技术积累。这本书的出版促进了国内钢铁实物质量的提升，同时也为冶金系统的同行们提供了更多有价值的工作参考和经验。

殷瑞钰为此书作序。他在序言中写道："我有一个想法，即把冶金行业的专家组织起来，编著一部用技术结构和装备结构优化来达到产品质量优化的、能反映钢的质量现代进展的书，用国内外成功的经验来引导有关企业提高产品的实物质量，满足市场需求，创造更好的经济效益和社会效益。我认为这本书写得相当不错，有些产品和品种写得很有水平，抓住了这些产品品种的质量目标，指出了达到现代质量目标的技术关键，找到了差距和措施，对提高产品实物质量很有参考价值。这本书还反映了钢铁工业的现代技术与装备的发展，有些是工业发达国家的经验，有些是我国自己的实践，为我国钢铁工业的发展提供了某些思路，无疑将对我们正在开展的钢铁工业结构优化会有帮助。同时，这本书中很多内容具有很强的操作性，对研究、开发、设计和生产战线上的领导和技术人员也有实际的指导作用。"

该书于 1997 年获得国家新闻出版署第八届全国优秀科技图书一等奖，1998 年获得国家冶金工业局科技进步奖一等奖。

《中国钢铁工业的崛起与技术进步》

中国钢铁工业历经曲折、徘徊，在改革、开放的浪潮中走向崛起，20 世纪 90 年代以来，实现了跨越式发展。自 1996 年起，粗钢年产量超过一亿吨且连续保持世界第一，是世界上唯一保持快速增长的主要产钢大国。

为了回顾、分析、推动我国钢铁冶金技术进步及其战略思路，总结90年代以来中国钢铁工业技术进步的实践历程，殷瑞钰发起、主持编写并出版了一本有关促进中国钢铁工业发展的六项关键共性技术的著作——《中国钢铁工业的崛起与技术进步》。从2002年10月开始准备，组织行业专家，进行广泛的调研和研讨，历时两年，于2004年10月出版。殷瑞钰为主编，王晓齐、李世俊、苏天森为副主编。

这本书从中国钢铁工业技术进步的路径出发，重点针对六项关键共性技术对中国钢铁工业在20世纪90年代发展的影响，进行了深入的分析和探讨。全书分为三章。第一章回顾、归纳了中国钢铁工业在20世纪90年代以来的发展进程；第二章针对连铸、高炉喷吹煤粉、高炉长寿、棒线材连轧、流程工序结构调整的综合节能和转炉溅渣护炉等六项关键共性技术的发展背景、技术开发过程和集成推广应用产生的效果进行了深入分析；第三章分析了有序、有效投资对关键共性技术的推广应用和对钢铁工业技术进步产生的影响，提出了对今后钢铁工业发展战略的一些思考和建议。

书中分析总结了20世纪90年代以来中国钢铁工业快速发展的历程。中国钢铁工业的快速发展取得了举世瞩目的成就，不仅是市场需求拉动的结果，同时也是中国钢铁工业本身不断优化结构、节能降耗和技术进步的结果，更是钢铁行业技术进步战略路线的正确判断、选择和有序展开的结果。特别是通过技术进步战略路线的正确选择和重点研发、有序推进六项关键共性技术，并将有序、有效投资与技术进步紧密结合，对于推动一大批钢铁企业的生产流程现代化和企业结构优化起到了关键的作用，迅速形成了具有较强竞争力的生产能力。

书中讨论了这些关键共性技术的研发、应用、集成优化以及与有序投资的有效结合，分析了六项关键共性技术对中国钢铁工业快速发展所起的作用和影响，这六项关键共性技术的先后突破和有时序性地集成，使中国大多数钢厂的生产流程产生了结构性的变化，实现了全连铸工艺流程后，绝大多数钢厂在增产、节能、降低成本、提高产品质量、减少各工序的排放量、提高劳动生产率等方面都取得了明显的技术整合效果。

这本书是中国钢铁工业在 20 世纪 90 年代快速崛起的回顾与归纳，并对 21 世纪初中国钢铁工业的发展思路提出了相应的思考，对中国钢铁工业的未来发展提出了有益的建议。

《钢的质量现代进展》《中国钢铁工业的崛起与技术进步》的出版，展现了我国钢铁工业的发展中一批冶金专家无私奉献，立功、立德、立言的高尚风范。

九　中国特色的“连铸部长”

提到“连铸”这个词，都会联想到规模宏大的钢铁生产线，联想到红红的钢水有序奔流的火热现场。作为冶金行业的专业术语，如果这个词和一个人的职务放在一起，就有了耐人寻味的思考，有了发自肺腑的敬重，“连铸部长”也就有了中国特色的钢铁韵味。

连铸技术、全连铸钢厂是中国钢铁工业技术升级的重要标志，殷瑞钰先后用了 20 多年的时间，狠抓连铸技术的研发推广，从连铸机的达产到全连铸生产作业线的实施，促进大中型骨干钢铁企业一个接着一个实现了全连铸，中国钢铁业的生产流程、技术结构优化迈上了一个新台阶。

20 世纪 90 年代以来，中国钢铁工业快速发展和优化的直接原因，一方面是在经济全球化的大环境中，由于中央宏观经济政策的正确决策，工业化、城市化发展步伐的加快，巨大市场需求对钢铁产品的拉动作用；另一方面也由于钢铁行业技术进步战略路线的正确判断、选择和有序展开，推动了中国钢铁工业技术进步和企业技术结构优化，大幅度提高生产效率，大幅度节能降耗、降低成本和提高产品质量，使全行业应对国内外市场激烈竞争的能力大大提高。

在技术进步战略的选择和展开上，作为冶金部总工程师、副部长的殷瑞钰从过去只注重单体技术的攻关转向关键共性技术群的有序集成和大面积突破；通过正确选择和有序推进“以连铸为中心”的六项关键共性技术，有效地引导投资方向与技术进步方向；通过及时、有序的战略投资使之集成为钢厂生产流程的整体优化，实现企业技术结构整体升级。迅速形成具有较强竞争力的生产力，带动了一大批钢铁企业生产流程的现代化和企业结构的升级。

功夫不负有心人。1988 年，冶金部提出发展连铸的目标是到 2000 年全国连铸比达到 50%，当年全国连铸产量仅为 871 万吨，全国连铸比仅为 14. 7%。1990 年，全国连铸比达到 21. 88%，比上年同期提高 7 个百分点。冶金部持续推行以“连铸为中心、炼钢为基础、设备为保证”的生产技术方针，1994 年又进一步提出到 2000 年全国连铸比要达到 70%。实际上，2000 年中国钢铁工业连铸比已经达到了 87%以上。连铸技术的进步、连铸比的提高，生产流程的结构优化，促进了全国粗钢产量的快速提升，1996 年中国粗钢产量迅速突破了 1 亿吨，实现了中国钢铁界几代人的夙愿。实践证明：发展连铸是中国钢产量迅猛增长的有效杠杆，是优化钢铁生产流程、加快淘汰落后、促进设备国产化、提高行业竞争力的重要路径。这期间，中国连铸的发展速度达到了发达国家发展连铸最快时期的水平。

中国钢铁工业整体技术装备水平也上了大台阶。20 世纪 90 年代初只有宝钢、武钢等企业装备了为数不多的现代化生产线，到 90 年代末几乎所有的重点大中型钢铁企业都装备了一条或几条具有国际先进水平的生产线。重点大中型钢铁企业炼铁、炼钢、轧钢三个主要工序设备的大型化、自动化、连续化程度大幅度提高。钢材的品种结构发生了变化，特别是扁平材的产能迅速扩大。2002 年板带材合计产量达到 6498 万吨，比 1990 年增加了 5126 万吨，增长了 373.6%。其中，薄板产量为 2245 万吨，增长了 406%。

中国钢铁行业技术经济指标明显改善。2002 年，综合成材率达到 94.20%，与 1990 年相比，提高了 11 个百分点；吨钢可比能耗下降到 0.715 吨标准煤；重点大、中型企业高炉利用系数平均达到了 2.448 吨/(立方米·天)，平均吨钢入炉焦比下降到 415 千克，平均吨钢喷煤比达到 125 千克；转炉炉衬寿命平均达到 4268 炉；中国钢铁行业的连铸比达到了 93.03%（1988 年仅为 14.7%），在钢产量快速增长的同时，连铸比增长速度高于钢产量的增长速度，创造了奇迹。

中国钢铁工业的快速发展不仅体现在钢产量的增加上，更重要的是工艺流程和钢厂结构得到了调整和优化。一大批钢厂在改革开放的发展过程中，加快了企业规模的合理化和大型化。1990 年，全国年产粗钢 100 万吨以上的钢厂只有 14 家；到 2003 年，已达到 59 家，其中，粗钢产量超过 500 万吨的钢厂已达到 15 家。

中国钢铁工业经历了曲折发展、徘徊不前、崛起和实现跨越式发展的历史进程。1949~1986 年，中国用了 37 年的时间，年产粗钢突破了 5000 万吨的水平；1987~1996 年，用了 10 年时间实现了年产粗钢突破 1 亿吨；1997~2001 年，用了 5 年时间，年产粗钢就增加了 5000 万吨，突破 1.5 亿吨；2002~2003 年两年间就又增加了 7000 万吨，2003 年粗钢产量达到了 2.22 亿吨。在这个发展过程中，90 年代的发展战略判断和技术进步路径的选择是带有方向性、根本性的。因为在这 10 年中通过“以连铸为中心”的六项关键共性技术促进了全国钢厂技术结构的升级，生产力水平上了一个新台阶，进而引导了战略投资的方向及其有序投入。

中国钢铁工业的快速发展不仅体现在钢产量的快速增长上，更重要的是钢厂工艺流程结构得到了调整和优化。在全连铸生产体制的推进过程中，一大批钢厂在改革、发展的过程中实现了企业规模的经济合理化和大型化。中国钢铁行业技术经济指标明显改善。中国钢铁工业的快速崛起，为世人瞩目。

一直不断思考战略、不断提出进步目标、不断提出技术措施并马不停蹄地奔波于钢厂第一线、推行全连铸生产体制的殷瑞钰，被大家亲切地称呼为“连铸部长”。这样的称呼里，有亲切、有佩服、有感激，更有敬重！

第六章

主政钢研院 改革谋发展

殷瑞钰每到一个新岗位，总是要认真思考问题，理出头绪，形成战略思路，不畏艰难，解决问题；不计得失，奋力推进。

要敢于改革，理清发展思路，奋力践行。

——殷瑞钰

一　战略引领　改革发展

科技是立院之本

1995年5月4日是中国的青年节。这一天，对殷瑞钰来说，又是一个难忘的日子。

国务院任命冶金部副部长殷瑞钰兼任冶金工业部钢铁研究总院院长职务。

“总理任命，责任重大。”殷瑞钰内心掠过一阵激动。这是信任，更是使命！

冶金工业部钢铁研究总院是钢铁材料、冶金工艺、分析测试三大领域的国际一流研发中心，创建于1952年，是冶金行业的综合性研发机构。它位于北京市海淀区一个安静的院落，古柏挺拔，草木葱茏，人才济济。

殷瑞钰经过一段时间的了解，初步摸清了当时钢铁研究总院的困难状况。面对这样一个知识分子集中的研究机构，他认真思索如何摆脱当时的被动局面，真正发挥国家冶金行业的创新引领、科技领军的作用。他首先明确战略定位，要履行好国家使命，努力贯彻落实国家科技体制的改革部署，特别是对产业部门科研院所改革的要求。他从钢铁研究总院实际情况出发，勇于探索，改革管理体制和运行机制，优化资源配置，使传统科研院所焕发了新的活力。

“科技是立院之本，产业是强院之路。”这是殷瑞钰作为院长为冶金工业部钢铁研究总院制订的发展方向。正值“九五”开局之年，他审时度势，大胆改革，勇于创新，组织制定了《钢铁研究总院“九五”发展规划纲要》，提出了“九五”（1995~2000 年）奋斗目标和到 2010 年的远景奋斗目标。在全国科研院所中率先确立了“一院两制三体系”的总体改革发展模式。以科研为主线，赶超国际先进水平为目标，多出成果、快出人才。打破了科研院所长期孤立于市场体系之外，依赖于对国家的“等靠要”的局面，在科技创新的同时，大力发展适合自身的科技产业，形成了特色鲜明的科技经济体系。

据《钢铁研究总院院志》（第二卷：1986—2022 年）记载，“九五”期间，总院的科技工作以技术创新为动力、以提高核心竞争力为重点，围绕国民经济和国防建设的热点、难点，依照国家和市场的需求，通过承担国家科技任务，把一些适合于产业化的科技成果转化为产品、商品，主要是将成果、装备、人才、资本等要素加以集成、配套，实现产业化，并转化为现实生产力；让钢铁研究总院成为科技成果的产出地和成果工程化的辐射源，使科技成果变成现实生产力，推动相应产业向规范化、集约化发展。5 年来取得了显著成绩：鉴定科研成果 187 项；获国家级奖励 27 项，省部级奖励 108 项；申报专利 244 项、授权专利 216 项；发表论文 1217 篇。制定修订国家标准 16 项，军工标准 3 项，行业标准 4 项，研究和复制国家及行业标准样品 6 项，审定国家标准 6 项。共有 12 项标准获得成果奖。

行业关键共性技术研发获重大进展，在行业中的地位显著提高。以高效连铸、转炉溅渣护炉、球团及小球烧结、高炉喷煤为代表的一批冶金重大关键技术取得显著成效，并在装备与系统软件结合、技术的系统集成研究等方面取得新进展，进而推广到宝钢、首钢、鞍钢、武钢、攀钢等大型钢铁企业。高效方坯连铸技术推广到首钢等 29 家企业，改造铸机 134 台。高效板坯连铸技术与首钢合作推广到 40 多家大中型企业，提高了在行业中的影响力。转炉溅渣护炉技术在 47 家企业获得推广，当时覆盖率达到 70%。

成功推广球团及小球烧结技术应用于30多家企业。研发的高炉喷煤的输送、喷枪、分配器等技术和装备在国内广泛应用，并逐步形成了喷煤工程承包能力。电炉碳氧枪和煤氧助熔技术、热轧薄板板型、板厚控制技术、中厚板控轧控冷技术、冶金工艺过程系统仿真等软件技术在国内多家冶金企业推广应用，取得了明显的效益。

国家重大基础研究计划取得重大突破。殷瑞钰作为首席科学家主持了国家攀登计划项目，以熔融还原技术为代表的重大基础研究项目《熔融还原技术基础研究》，顺利通过专家鉴定和国家验收，并获得了冶金科技进步奖一等奖。

作为冶金军工新材料研发基地，“九五”期间，承担了舰船、兵器、航空、航天、电子以及核物理工程等重点工程配套材料的研制任务。特别是1999年11月20号发射成功的“神舟号”飞船，采用了钢铁研究总院研制的软磁芯棒、高强高韧钢等4种关键材料，受到了上级领导和用户的高度赞誉。

分析测试技术的研发方面，特别是在线分析技术及仪器的开发取得重大进展，成功开发了冶金在线平台快速分析技术、钢液直接定氢技术、冶金烟气在线分析技术、氧化物夹杂测定、电磁超声探伤技术及装置、痕量元素分析技术等，并在多家企业推广应用，增强了在冶金分析测试领域的技术优势。

管理是治院之基

殷瑞钰着力推进钢铁研究总院成为国家发展高新技术产业的重要引领者和示范基地，对原有经营性资源进行改制重组，改革长期以来分散、混乱的甚至个体化产业经营系统，重组为有利于高新技术产业发展和科技成果加速转化的以股份有限公司和有限责任公司为主体的产业经营体系。

在改革转型期，特别在承包制的后期，人们往往有些思想混乱，不知所从。殷瑞钰经过一段时间的调研，认识到管不好钱，就连人也管不住，为了改革方向和进程的有序化、规范化，他首先强化了财务管理，加强资金管控。建章立制、完善内控，同时，对全院主管财务领导和财务人员进行了政策和职业培训。通过清查小金库，整顿了财经纪律，改进了财务信息系统。

在摸清公司系统的人员、资产、结构及存在问题的基础上，总院进行了清产核资工作，制定了“清理、整顿、规范、发展”的工作方针，对公司系统内的合资企业、中外合资企业、联营企业进行了清产核资和股权确认。对境外设立的若干机构进行清产核资；对 8 个企业化管理单位和独立核算单位及南方分院、涿州基地开展清产核资工作，并对建院以来的无形资产进行了大规模梳理，共清查 54 家独资公司、企业、经营性实体、20 家中外合资企业、74 家联营体，总计 148 个单位的资产状况。

针对存在的问题采取的整顿措施有：注销，停业清算，解体管理不善、亏损严重、投资不到位或联营到期的公司；将职能相近、经营范围相同的实体公司进行合并重组。经清理、整顿之后，原来 148 个公司（单位）压缩合并为 48 个。精干、瘦身、规范等整顿措施使钢铁研究总院的公司（产业）系统基本结构逐步规范。与此同时，在全院范围内开展了清产核资、业务整合、资产重组，建立现代企业制度，推动科技成果转化和发展科技产业等一系列重大改革和创新发展举措。这为 1998 年发起设立安泰科技股份有限公司以及 1999 年冶金工业部钢铁研究总院整体转制为中央大型科技企业提供了清晰、优质的资产和极具发展潜力的重点业务领域。为在全院范围内建立适应市场经济和现代企业制度的体制、机制打下了坚实有力的改革基础，提供了良好的改革氛围。

在体制改革的基础上，进行机制改革。深化了分配制度改革，制定了《钢铁研究总院分配制度改革方案》，新的工资分配方案在坚持按劳分配原则的基础上，体现了效率优先、兼顾公平，初步建立了合理拉开差距、工资能升能降的机制。一个新的以分级分类调控为主要内容的工资管理体制逐步形成，有效地调动了职工的积极性。

实行综合目标责任制，强化集中管理与监督。通过建立和完善资本金制度；建立固定资产折旧管理制度和企业风险准备金制度；建立预算体系和考核制度，完善内部财务报告体系，对资金和资产进行集中统筹运作。在运行机制上，彻底改变过去小、散、乱的格局，将项目管理、合同管理、财务管理由钢铁研究总院进行统管。对重大的工程项目采取项目经理负责制，实行公开招标，并按照市场经济规律、引入竞争机制。

强化各项管理。重新进行了“三定”（定职责、定编制、定岗位），修订了有关工作细则和办事程序。实施“企业化综合目标责任制”的规划目标，加强了运行机制的转轨工作。颁发了一系列鼓励职工创新、创业的政策和办法，有效地调动了广大职工的积极性。提出了以资产为纽带，用经济杠杆合理调配资源、实现资产保值增值，逐步实施由承包制向综合目标责任制过渡。

多措并举　成功转型

随着国家科技体制改革的深化，钢铁研究总院作为国有大型科研事业单位，根据市场需求和科技改革发展趋势，需要进行大规模结构调整。殷瑞钰和领导班子一起研究，决定根据中央和上级有关要求，本着“总体规划、分步实施、逐步完善”的原则，实施了加强科技基础的“稳住一头”和注重成果转化的“放开一片”的结构调整，积极调整科研体系和产业结构，对原有科研体系大胆创新重组，改革原有所属的 20 几个研究室机构，重组构建以“五所五中心”为主体的新研发体系，形成适应与行业创新发展对接的研发新平台。

1995 年 12 月，为加快冶金前沿技术研发创新，成立了冶金工艺研究所，1996 年成立了功能材料研究所，1997 年为巩固、提高在冶金化学分析、金属物理、力学性能、无损探伤等检测分析优势，成立了分析测试研究所。为了巩固和加强在合金钢、高温合金及其相关领域的传统优势，按照体制改革和结构重组的总体部署，在 1998 年又组建了结构材料研究所和高温合金研究所。经过近 3 年的努力，“五所”的成立组成了一支有实力的科研队伍。形成了以“五所”为主体的精干科研体系。与此同时，建立了连铸工程中心等五个研发转化中心。

经过 5 年的结构调整，钢铁研究总院的结构性体制和运行机制发生了重大变化。初步形成了三大体系：以“五所”和若干中心为主体的研发及转化体系；以安泰科技股份有限公司为主体的产业体系；以实业公司为主体的后勤支撑体系。这个体系历经改革与调整，不断地发挥着作用。

研发与转化体系以关键共性技术、流程系统技术和理论、应用基础研究以及创新消化吸收为主攻方向，成为技术进步和创新的主体。推进了科技资源合理配置，集中精干人员，开发出一批高水平的新成果，培养出一批跨世纪的技术人才。在“五所”体制的改革过程中，殷瑞钰提出对部分需要特别扶持的研究所（如功能材料研究所、冶金工艺研究所）等实行特殊政策，即不要求他们上缴利润，反而“倒贴”资金支持研发与人才培养。这一举措得到了科技部的支持，对钢铁研究总院这一改革措施拿出专项资金持续支持了 3 年。

在产业体系方面，对 10 个业务领域进行重组、整合并股份制改造，于 1998 年底组建了安泰科技股份有限公司，殷瑞钰兼任公司首任董事长，2000 年 5 月在深圳成功上市，成为我国科研院所转为科技型企业后第一家改制上市的企业，募集资金 8. 988 亿元，创下了当时沪深股市的多项第一。净资产由发行前的 1. 13 亿元增加到发行后的 10 亿元，冶金工业部钢铁研究总院由 1998 年底拥有安泰科技的 1. 1 亿元资产权益增加到 5. 9 亿元，增加了 4. 8 亿元。实现了科技资源与金融资本的有机结合，推动了高新技术的产业化，开创出产业化的广阔前景，进入了新的发展阶段。

参加安泰科技股份有限公司成立揭牌仪式后合影

（左起：才让、沈英、王淀佐、吴建常、殷瑞钰、干勇，1998 年）

以实业公司为主体的后勤支撑体系进行了重组，职能部门的改革也水到渠成，将原有的 23 个部门整合为 9 个，人员由 253 人精简为 126 人，机构精简、效率提高，整体效能显著增强，工作面貌焕然一新。

产业是强院之路

在改革发展过程中建立起来的产业体系和成果转化体系，成为钢铁研究总院高新技术产业发展的核心力量。殷瑞钰等领导班子成员通过实行资产重组、资源优化组合，将科学技术优势、人才密集优势和金融资本结合起来，通过体制、机制上的创新，加速了高新技术的产业化进程。特别是以组建安泰科技股份有限公司并成功上市为代表的产业化举措，使高新技术产业取得较大突破。

安泰科技股份有限公司创立大会暨第一次股东大会（左五为殷瑞钰，1999 年）

安泰科技股份有限公司作为一家以金属新材料为主业的北京中关村重点高科技企业，连年获得中关村海淀园企业“20 优”荣誉，公司董事会制订了企业长远发展战略，分别在北京中关村永丰产业园、空港产业园、昌平产业园及河北涿州产业基地建了 4 个材料产业基地，相继投资建设了首期募集资金相关的高科技产业项目，使得科技成果迅速得到转化，生产产能迅速扩大，公司业绩快速发展，为公司发展打下了坚实的基础。

承担的国家高技术产业示范工程项目取得重大进展。千吨级非晶带材生产线生产出 220 毫米宽非晶带材，并成功开发了在线自动卷取装置。2001 年上半年，药芯焊丝项目全面完成厂房的交工、验收，碳钢、不锈钢两条药芯焊丝生产线的设备安装并完成了调试工作，投入试生产；2001 年药芯焊丝产品通过六国船级社认可。超硬及难熔材料产品实现了 1 个多亿的销售收入和 2000 多万元的利润；非晶、纳米晶和高性能稀土永磁材料等功能材料制品的收入和利润实现了较大幅度的增长；各种精密合金，高效过滤材料，特种焊接材料等精细金属制品的收入和利润为钢铁研究总院的经营业绩作出了重要贡献。

与此同时，积极推进先进功能材料、高效结构材料、生物医用材料三大领域等方面的高技术产业化项目。在全公司范围内大力推进 ISO 9001 质量保证体系的建立工作，制订了“追求一流”的质量方针，建立了文件化的质量管理体系，完善了公司各级质量管理的组织结构，2001 年通过质量体系认证。

据《钢铁研究总院院志》（第二卷：1986—2002 年）记载，“九五”期间，钢铁研究总院大力加强工程技术的系统集成能力和工程承包能力，通过以项目为龙头，设计、工艺、控制以及制造等技术力量优化组合的一体化运行模式，逐步改变了以单体设备和零散技术为主，工程系统集成能力弱的被动局面。承担了武钢 2500 立方米大高炉喷煤工程；在湖北黄石建成了国内第一条宽 1000 毫米热镀铝（锌）生产线；先后承接了南斯拉夫年产 15 万吨连续热镀锌钢带生产机组；首钢大板坯连铸机高效化改造工程项目等，使工程化、国际化进程跨入了一个新阶段。

新产品试制工作也探索出了新的运行模式。以工程为牵引、技术为依托，先后承包了 093 工程堆内构件用特殊钢、094 工程配套气体保护焊丝的全部供货任务，共签订合同 3250 万元，闯出了一条适合自身特点的发展新路，获得了可观的经济效益，同时锻炼了队伍，并为技术开发和市场经营积累了宝贵的经验。

随着资产规模迅速增长，钢铁研究总院的业务布局日益展开，投资结构日趋优化，经营收入稳步增加，创收能力不断增强。“九五”期间，创收渠道呈多元化趋势，许多产业项目都成为创收的新亮点。1995~2000 年，经营收入从 3. 8 亿元（含联营体）增长到 6. 57 亿元（不含联营体），其中科研收入从 1. 4 亿元增长到 2. 1 亿元，增长率 50%；产业收入从 2. 4 亿元增长到 4. 47 亿元，增长率 86%。2000 年资金吞吐量达到 62 个亿，比 1999 年增长 103. 20%。

问渠哪得清如许，为有源头活水来。殷瑞钰团结带领班子和广大职工，努力奋斗，改革创新，使钢铁研究总院经历了历史转折性的改革，这些改革、发展的愿景激励着广大钢研人不断奋勇向前。

二　改善住房　惠及职工

“关心职工生活，为群众办实事”是殷瑞钰在思想深处经常思考的问题。

在一次小范围的会议上，殷瑞钰诙谐地说：“我主要管的事，第一是管发展方向，抓大事。钢铁研究总院到底往哪里走，全院的发展方向是什么，重大事项一定要抓好。第二主要管组织、管干部、管人事，要有一个强大的团队，干部队伍一定要抓好，抓不好干不成事。副院长、室主任及科研所所长以上我要管。第三，我管大钱怎么来、怎么花。企业一年能盈利多少，钱往哪里再投入，职工收入多少钱，这些要管好，其他小钱、报销等都不管。第四，我管民生、管职工生活，特别是管盖房子。”

殷瑞钰首先抓清理、整顿，然后是抓科技创新、经营改革，抓职工的收入稳定增长，抓改善职工的住房。殷瑞钰的观点是：住房不是小事，不一定能年年分房，但一定要年年盖房。这也是他向分管后勤的副院长们提出的要求。

为了较大程度地缓解职工住房紧张的状况，殷瑞钰到任的第二年，就决定在北京市内买一批商品房，安排在1998年以前要建成32号、33号两幢高层住宅，共计2.7万平方米，318套住房。

据《钢铁研究总院院志》（第二卷：1986—2002年）记载，“九五”期间，共集资10305万元建设和购买职工宿舍，新增建筑面积50850平方米，相当于钢铁研究总院1995年以前住宅总建筑面积的46%。改善居住条件的职工户数达到1195户。实施了奖励住房政策，自1995年以来，共拿出189套住房奖励给在科研、创收、管理方面成绩突出的中青年骨干，奖励房比例达到同期总房源的30%以上。

基础设施也得到较大改善，先后进行了锅炉房改造、变电室改造、家属区供配电改造以及家属区综合整治等多项工作，较大地改善了生产、生活条件。连续六年被北京市授予“首都文明单位标兵”称号，被命名为“首都创建文明单位示范点”，在文明小区建设等多项工作中取得了显著成绩。职工生活水平不断改善，职工收入逐年稳步提高，“九五”期间，职工（包括离休、退休人员）年收入都翻了一番。

三　精心培养　建立梯队

培养年轻人才

殷瑞钰特别注重关键人才的培养，到任后与院领导班子一起制定了《“九五”人才规划》和《2010年专业技术干部规划》，制定、落实了“321”跨世纪人才选拔、培养、使用等管理措施。在一定时期内，以多种方式进行调配、使用，加快各类年轻人才的培养和选拔，让德才兼备的年轻干部尽快进入到领导班子，为钢铁研究总院培养了一批急需的复合型人才。

上任以后，殷瑞钰逐步考核了全院 18 个二级班子的领导干部，调整了 12 个单位的正职，新提任的 31 名中层干部中，有 20 名年龄在 45 岁以下，占 64.5%。随后，经广泛征求意见和考核，将领导干部年龄结构调整与班子换届调整相结合，提任 3 名年龄在 40 岁以下、学历层次较高的干部担任院长助理，发挥了年轻干部的表率作用。还选拔了一大批 40 多岁的优秀人才。新提任 27 名副处级以上领导干部中年龄在 45 岁以下的有 16 人，占当年新提拔干部的 59.3%。在调整的基础上，更关注中层干部素养的提升。组织 231 名中层干部，分 6 期参加了“讲政治、转观念、学邯钢”和“加大对世纪人才的培养力度和党的建设”为主题的学习班，提高广大干部讲政治的自觉性。

重视梯队建设

在培养干部的过程中，殷瑞钰放眼未来，却从点滴做起。先后培养了一批年轻干部走上院级领导岗位，如干勇、才让、毛素英、王臣、田志凌、徐若钢等。

工作中，每一件事都倾注了殷瑞钰的良苦用心。他很少出去介绍钢铁研究总院的改革发展经验，有特别邀请的场合，他让常务副院长干勇代表他去，有意培养年轻领导的威信和能力，把院所改革的成就映射在接班人的身上。成立上市公司时，涉及方方面面利益的交织、分配，他对干勇说：“在整合这些小公司的时候，你就不要出面了，弄不好是得罪人的事，有的矛盾冲突很尖锐，我出面吧。”有意识地减少年轻干部成长中可能遇到的麻烦。

在整合资源过程中，遇到一些比较大的事情，殷瑞钰都是把责任揽在自己身上，亲自出面顶住一些阻力，避免让部下纠缠在百般的矛盾之中，反过来却把他们推举成为突显改革成就的代表。1999

年以后，殷瑞钰基本上让干勇在前台主持工作，有意识地树立他的威信，让他始终觉得再难的工作都有强大的支撑。殷瑞钰看到干勇的学术成果后鼓励他申报院士。他说，将来钢铁研究总院的担子要落在你们年轻人的肩上，我支持你申报院士，并鼓励他继续搞技术课题研究。2001 年，干勇收到当选院士的通知，百感交集。在干勇心里，殷瑞钰不仅是任人唯贤的领导，更是无私助人的良师益友。2001 年，干勇接班，很快进入工作角色，各项工作进展顺利。

对每个德才兼备的年轻干部未来的发展，殷瑞钰都会认真观察、有序培养。年轻干部才让在大学里是学冶金机械专业的，后来又学习了财务金融和管理，为了钢铁研究总院的发展，殷瑞钰派他到英国作访问学者，学习国外的先进技术和管理。安泰科技股份有限公司上市后，殷瑞钰急调才让从英国回来，担起了总裁的重任，主持上市公司工作。才让不负众望，公司运行节节攀升。

现任中国金属学会常务副理事长的田志凌博士回忆说："我得到过殷院士的悉心培养。1996 年从加拿大回来，就被任命为院长助理。我原来在焊接研究室工作，又让我去组建新材料研究所当所长，主抓科技工作；后又让我到高温材料所挂职。2000 年时，让我到结构材料所当所长，当时我很不理解，殷部长耐心地找我谈话，说把我放在不同的岗位上，就是希望我对整个钢铁研究总院的业务都熟悉起来。后来当了副院长之后，我慢慢地理解了殷部长的良苦用心，终生难忘。"

原中国钢研科技集团有限公司副总经理王臣回忆说："殷部长以副部长身份兼任院长时，我从处长、院长助理到副院长是和殷部长的培养分不开的。殷部长具有极其前瞻性战略性的思维，他经常考虑的是钢铁研究总院的未来发展方向。他进行了一系列战略性的改革和调整，清理整顿了公司系统，成立了'五所五中心'，组建了安泰科技股份有限公司并成功上市。客观公正地讲，现在的钢铁研究总院，以及更名后的中国钢研科技集团有限公司，今天的发展都是那个时候打下了坚实的基础。这种战略性的思维方式是永远值得我们学习的。他非常关心职工生活，经常对我说：你这个管后勤的领导不一定能年年分房子，但要年年盖房子。不能让大家吃药报不起药费，尤其是一些离退休的老同志、老专家。作为一个团队的带头人，殷部长对下属非常关心支持和提携，同时替我们担当。殷部长放手让我们去做事，做好了，殷部长给予鼓励；做坏了，殷部长扛起来。每当工作遇到困难，被别人指责的时候，殷部长都会说：'这是我定的，他们只是干工作，干好干不好都是我的责任。'这种人格魅力让我受教良多。"

原中国钢研科技集团有限公司总会计师徐若钢回忆殷瑞钰对自己的培养时说："殷部长对我严格要求，同时鼓励我多实践、多磨练，去适应各种岗位，包括战略计划、综合协调及财务管理岗位的工作，得到了许多锻炼，积累了必要的经验，素质和能力不断提高，他是我非常好的领导和老师。"

钢铁研究总院的两院院士合影留念

（左起：李正邦、王崇愚、殷瑞钰、邵象华、蔡其巩、干勇，2003 年）

殷瑞钰至今已在钢铁研究总院持续工作了35年多，这里不仅是他工作的地方，也是他学习、思考、生活的地方。他热爱这个院落，热爱这里的事业。每有重要外宾来访，殷瑞钰总是邀请他们在院里观赏古柏园，这是院内胜景，观之、爱之、仰之。为表心境，他曾作《观古柏》诗一首：

满园皆生机，
七柏傲天际，
五百年沧桑，
风雪中耸立。
拔群而不言，
沉静凝坚毅，
挺挺乎栋梁，
森森然浩气。

钢铁研究总院里的古柏森森

每有闲暇在院内散步，殷瑞钰就信步观赏。看到满院挺拔的树木、苍劲的姿态，他都会心生感慨，以物咏情，以诗言志。他写的《咏松》也融入了他内心的情感和志向。

独挺华盖伞，
巍然撑天势，
历经雷电击，
岂怕急雨来。
根深植故土，
叶发入云霄，
心蕴高洁志，
何需簇簇花。

第七章

为工程科技作战略咨询

中国工程院是中国工程科技的神圣殿堂，长期以来，殷瑞钰积极地耕耘其中。作为一名中国工程院院士，殷瑞钰重视战略咨询，是一位持续进行战略性、前瞻性研究的学者。

平淡宁静思致远，松到深秋气更苍。

——殷瑞钰

一 首批院士 肩负使命

中国工程院成立于1994年。在中国工程院章程中，中国工程院定位为中国工程科学和工程技术界的最高荣誉性、咨询性学术机构，中国工程院实行院士制度。中国工程院院士是国家设立的工程技术方面的最高学术称号，必须从已做出重大成就和贡献的、热爱祖国、学风正派的优秀工程技术专家中选举产生……中国工程院由院士组成，组织院士们开展活动，致力于促进工程科学技术事业的发展。

遴选中国工程院首批院士是一项重要任务。为此，在1994年1月由国家科委盖章，中国工程院筹备领导小组向有关部委、解放军总政治部和筹备领导小组成员，分别发出《关于提名中国工程院院士候选人的通知》，各有关部委、总政治部根据通知要求按时提出了候选人名单（有关部委、总政治部最多可提名2名候选人，筹备领导小组成员每人至多可提2名候选人，获得2名成员提名者有效）。

据此，冶金部决定由人事教育司先后征求了北京科技大学、钢铁研究总院、北京钢铁设计院、首钢等冶金工程科技相关单位对推荐候选人的意见后，经冶金部党组决定：鉴于殷瑞钰在冶金科技的学术水平及所做出的科技成就和贡献，特别是在推动了以连铸为中心、建设全连铸钢厂为目标的钢铁工业技术结构升级中的贡献，决定推荐殷瑞钰为中国工程院院士候选人并上报。

1994年3月底，中国工程院筹备领导小组经过认真遴选后，向国务院并党中央呈报了首批院士（共96人）拟聘名单，获得批准。1994年6月3日，中国工程院成立大会在北京中南海怀仁堂举行，江泽民、李鹏等党和国家领导人出席成立大会并在草坪上与大家合影留念。中国工程院的成立是中国工程科学、工程技术界的一件大事，对于推进工程适应以经济建设为中心这一重要发展战略具有重要意义，中国工程院的成立推动了工程知识与经济建设、社会进步的结合。

这是一个激动人心的历史时刻。朱光亚当选为中国工程院首任院长。他在就职报告中讲到："作为中国工程院的首批院士，我们既感到十分光荣，同时也感到责任重大。在履行中国工程院院士神圣责任中，我们要不辜负党和国家的信任，无愧于工程技术界最高学术称号的荣誉，团结全国广大工程技术人员，同中国科学院全体院士加强合作，在整个科技界发扬科学精神和优良学风，树立高尚的职业道德，努力促进科技进步，攀登科技高峰，为经济、科技、社会的综合协调发展而努力奋斗。"

这一席话，也道出了殷瑞钰的心声。殷瑞钰当选为中国工程院首批院士。"中国工程院院士"是国家设立的工程科学技术方面的最高学术称号，为终身荣誉，也是我国科技界的最高学术荣誉，在全社会具有极高的关注度。这个称号是党和国家对殷瑞钰长期从事冶金科技工作学术成就和所作贡献的高度肯定，同时也意味着新的责任和使命。

时光荏苒，探索的路上，殷瑞钰院士始终坚守学术操守和道德理念，把学问和人格融合在一起，既赢得了崇高的学术声望，又展示了高尚的人格风范。他汇同广大工程科技精英爱国奉献、淡泊名利，养浩然之气，强立身之本，奋斗在工程科技前沿。

二　担纲化工、冶金与材料工程学部首任主任

组建学部

中国工程院成立初期划分为 6 个学部，即机械与运载工程学部，信息与电子工程学部，化工、冶金与材料工程学部，能源与矿业工程学部，土木、水利与建筑工程学部，农业、环境与轻纺工程学部。1995 年增加了医药卫生学部。后来单独设置了农业学部，并增加了工程管理学部，共 9 个学部。

中国工程院成立初期，在师昌绪、侯祥麟两位先生的带领和支持下，由殷瑞钰和闵恩泽院士、王淀佐院士共同组建化工、冶金与材料工程学部。当时这个学部只有 16 名首批院士，他们是王淀佐、师昌绪、严东生、李大东、李恒德、吴中伟、邹竞、闵恩泽、林华、周廉、侯祥麟、徐更光、徐承恩、殷瑞钰、黄培云、戚元靖。当召开第一次学部会议时，殷瑞钰的心情是兴奋的，也是不安的。兴奋的是，首批院士中有著名的学界泰斗，有成就突出贡献巨大的专家，有初次谋面不太熟悉的年轻才俊，可谓人才荟萃。不安的是，在第一次学部会议上选举了第一届学部常委会并推选殷瑞钰为学部主任，面对众多前辈，他有些诚惶诚恐，百感交集。会上还推选王淀佐、闵恩泽两位院士为副主任，时任中国工程院副院长的师昌绪先生在会上专门强调中国工程院院士的两项重要任务：一是做好重大战略咨询，二是认真做好院士增选。强调要从严掌握院士标准条件，宁缺毋滥。

中国工程院化工、冶金与材料工程学部在上海举办的学术报告会
（右起：殷瑞钰、师昌绪、侯祥麟、葛能全，1996 年）

经过一个阶段的交流、交谈，学部内不同专业院士的共同语言越来越多，思想共识不断增长。在一次学部全体会议上，殷瑞钰诙谐地说，咱们彼此之间实际上是“堂兄弟、表兄弟”，都是元素周期表的成员，钢铁、有色金属都是金字旁的“堂兄弟”，化工、建筑材料大多是石字旁、气字头的“表兄弟”，而且作为制造业也有着共同的特征——流程制造业，制造流程是相关产业的“立业之本”。院士们哈哈大笑之余，表示认同。

战略咨询

为了加深了解，学部内部互相学习，互相支持，团结合作，共同进步的学术气氛越来越浓厚，相继开展了矿产资源供需战略研究、绿色制造战略研究、流程制造智能化战略研究、新材料发展战略研究等方面的战略性咨询。

20多年以来，殷瑞钰先后在化工、冶金与材料工程学部主持或参与了《绿色制造与钢铁工业》《流程工业与循环经济》《新世纪前20年中国钢铁工业的定位与发展战略》《化工、冶金与材料工业领域中CO_2的排放、评估及其对策研究》《钢铁工业主要固体废弃物资源化利用的现状与对策研究》《钢铁联合企业模式优化与清洁生产研究》《工业绿色发展工程科技战略及对策》《有色工业和工业装备绿色发展工程科技战略及对策研究》《面向2035流程制造业智能化目标、特征和路径战略研究》等咨询项目。

这些项目都是对全国、全行业范围内的战略性命题开展咨询研究，对现状的分析、取得的成就、存在的问题、发展的思路、科技对策等方面做了深入探讨。这些研究成果，理论联系实际，可供政府部门制定政策参考，可以转化为行业的发展方向，转化为企业的投资方向，转化为工程设计院的设计思想，转化为企业的生产运行对策，转化为企业技术改造的具体措施。

三　筹建工程管理新学部

筹建与增选

2000年，中国工程院第五次院士大会通过了成立工程管理学部的决议。在筹备成立工程管理学部的过程中，院里决定工程管理学部先由跨学部院士组成，经酝酿、自愿报名等过程，共有32名院士作为跨学部院士进入工程管理学部。

殷瑞钰是积极主张成立工程管理学部的院士之一。他认为：

中国工程院如果不把工程管理抓起来将是一大缺项。在现代社会发展中，社会分工越来越明确、越来越精细，专业隔离越来越明显，隔行如隔山的情形越来越普遍，光靠单项的工程技术已经不能满足社会发展的需要了。工程如果没有管理就难于从全局上思考战略，就不能很好地协调与工程、企业相关的工作，工程管理需要既懂技术，又懂管理的复合型人才。综合各方面的因素和协商研究，殷瑞钰被推选为中国工程院工程管理学部第一届学部主任。

第一届工程管理学部及其常委会经过酝酿讨论，认识到面临的任务突出地表现在两个方面：一是认真做好工程管理学部首次院士增选工作，一定要选准、选好，如何制定具体可行的增选办法是关键；二是工程管理学部要进行必要的具有中国工程院特色的理论建设。在2001年首次增选工程管理学部院士的补充规定中，具体详细地规定了候选人的标准条件，其中有一条规定是："首次院士增选的'工程管理'内容指'重大工程建设实施中的管理（包括规划、论证、勘查、施工、运行、管理等）'；重要、复杂的新型产品、设备、装备在开发、制造、生产过程中的管理；重大技术革新、改造、转型、转轨、与国际接轨中的管理；产业、工程、重大科技布局和战略发展研究、管理。"同时，还采取了特殊的选举方式，即工程管理学部候选人的选举分两轮进行，第一轮评审要在候选人的相关工程背景学部进行，需得到该背景学部进入第二轮候选人的最低入围分值，才能作为第二轮候选人进入工程管理学部的评审。

怎样把中国工程院工程管理学部的院士队伍壮大起来，是殷瑞钰作为新学部主任肩负的新任务。工程管理学部的院士增选是一件非常慎重的事，要坚持三条要求：一是学术水平、理论水平高；二是工程实践方面有影响力、有突出成就和贡献；三是有崇高的学风，实事求是，敢于坚持真理，有无私奉献精神。他主张一定按这三条要求去考核，因为院士是终身荣誉，院士增选一定要坚持中国工程院的章程，宁缺毋滥，防止选入不符合标准条件的人员。经过工程管理学部全体院士的努力，从严把关，2001 年第一次增选中，有 5 名新院士当选，各方面反映是积极的，并为以后的增选积累了有益的经验。

院士增选大会工程管理学部院士合影

（第一排左起：钱七虎、徐滨士、郭重庆、张寿荣、徐匡迪、殷瑞钰、朱高峰、李东英，2003 年）

学部核心命题

2001 年，殷瑞钰在工程管理学部会议上提出要共同探讨关于工程管理相关的综合性命题。第一，什么是工程？工程和科学、技术、产业、经济是什么关系？哲学上怎么认识工程？这是一个认识问题、哲学问题——工程哲学问题。第二，什么是工程管理？工程管理和管理工程是不是一回事？有必要研究具有中国工程院特色的工程管理论。与会院士都赞成应该研究工程哲学和工程管理论，以此作为中国工程院工程管理学部的理论基础建设。此后，工程管理学部历届常委会都十分重视学部的理论研究和建设。

针对广大院士对工程是什么，工程与科学的关系，工程与技术的联系和区别，工程是否需要管理，工程管理与管理工程是不是一回事儿等问题的关注，工程管理学部决定持续开展对工程哲学和工程管理论的开拓性研究，分别由殷瑞钰和何继善院士牵头负责相关研究项目。

在工程管理学部，他主持或参与了《工程科学技术在生产力发展中的作用和地位》《构建我国综合交通运输体系的研究》《工程与工程哲学的研究》《中国老工业基地的可持续发展战略研究》《工程演化论研究》《大庆油田五十周年历史回顾和相关工程哲学研究》《红水河干流水电梯级开发对生态环境影响的调查研究》《工业绿色发展科技战略和对策》《工程方法论理论框架预研究》《工程方法论研究》《工程知识论研究》《中美钢铁工业产业结构对比研究》《工程知识论前沿与工程创新》等咨询项目。

在持续的战略咨询过程中，殷瑞钰感到思想更为开阔，认识思路更为清晰，生活越发充实。

四　辛勤耕耘　智慧结晶

文选出版

殷瑞钰的学术成就涉及技术、工程、哲学、教育、工业、经济等多个方面，先后在国内外重要刊物发表论文200多篇。

《中国工程院院士文集——殷瑞钰文选》这套书是殷瑞钰在 57 年工作学习过程中辛勤耕耘与默默奉献的硕果。

这套书清晰地记录了殷瑞钰学习、成长与从业的历程，真实地反映了他的学习过程、实践过程、思考过程，体现了他孜孜以求、笔耕不辍、严谨治学的精神，以及他辛勤付出和日臻成熟的学术思想脉络。文选精选了他的个人经历、学术论文、讲演文稿等内容。全书分为科技篇、演讲篇、外文篇、报刊篇、哲学篇 5 个部分，共收录了 90 篇文章。

时任中国工程院副院长、钢铁研究总院院长的干勇院士专门为《中国工程院院士文集——殷瑞钰文选》作序，他高度评价了殷瑞钰对钢铁行业的贡献：殷瑞钰院士是我国钢铁冶金界著名学者、战略科学家、国际钢铁界的活动家，在国际上享有很高的荣誉和声望。殷瑞钰院士文选既是对他学术研究成果的总结和展示，也是对中国钢铁工业由小到大，逐步走向钢铁强国的历史进程的深刻反映。文选是冶金科技界战略发展和科技进步的一次系统总结，是中国冶金科技工作者对世界钢铁领域绿色智能发展的理论贡献。该文选的出版，必将对我国流程制造业从“大国”到“强国”的发展进程起到重要的推动作用。

嘉宾评说

2014 年 7 月 28 日，这个仲夏季节的日子，格外晴朗。年届八旬的殷瑞钰脚步稳健，腰身挺拔，精神矍铄，与来宾谈笑风生、神采盎然，尽显大家风范。

钢铁研究总院正举办《中国工程院院士文集——殷瑞钰文选》首发式暨学术交流会。当制作精美的《中国工程院院士文集——殷瑞钰文选》（上、下册）呈现在人们面前的时候，大家都无比兴奋。这是中国工程院和钢铁同行们送给殷瑞钰的一份特别礼物。

《中国工程院院士文集——殷瑞钰文选》首发式暨学术研讨会合影
（第一排左起：王海舟、胡文瑞、殷国茂、曲英、王基铭、白忠全、
张寿荣、徐德龙、徐匡迪、殷瑞钰、田乃媛、才让、
傅志寰、陆钟武、袁晴棠、王一德）

会议邀请了冶金界、石化界、交通运输界、工程哲学界的院士、专家、学者共同庆祝《殷瑞钰文选》出版，分享他的学术成就，弘扬他的治学精神。第十届全国政协副主席、中国工程院原院长徐匡迪院士发表了热情洋溢的讲话：

各位院士、各位同仁、各位朋友：

大家上午好！今天我非常高兴出席殷瑞钰院士文选发布会。我曾经想过，我应该讲什么，因为殷瑞钰院士是我的学长，比我早一年从北京钢铁工业学院毕业，也是我的挚友，多年来我们一同研讨钢铁工业的一些问题，我们两人，不能说句句观点相同，但俩人在大问题上都有共同的见解。因此，这么多年，我比较了解他的工作、他的努力和他的成果。今天要我发言，简单说三点。

第一点，殷瑞钰院士和我们这代人是抱着钢铁强国的志愿，从南方的水乡走进了钢铁工业的“熔炉”，义无反顾，不管工作中碰到什么困难，生活多么艰苦，都一样勇往直前，殷瑞钰院士把一生都献给了祖国的钢铁事业。伴随着我国钢铁工业的成长，他自身也得到了很大的发展，从一个技术员到唐钢研究所的所长、副经理兼总工程师，到河北省冶金厅厅长，到冶金部的总工程师、副部长并光荣当选为中国工程院第一批院士，再到钢铁研究总院任院长。

第二点，殷瑞钰院士的研究工作始终紧密结合我国钢铁工业的实际发展。毕业后我们并无工作上的交集，我和他第一次深入谈话，是在上海，他已是冶金工业部副部长。谈话的主要内容是能否在上海建造一个全连铸的炼钢车间，因为当时中国炼钢与国际钢铁工业有很大差距：第一，炼钢的主要方法是平炉不是氧气转炉。第二，采用传统的模铸，使金属的实收率减少了12%~15%。他到上海来希望先建设一个全连铸的车间，然后再建造一个全连铸钢厂。当时我们谈得投机，非常兴奋，一起到了上钢三厂，要把他们的二炼钢改造为全连铸车间。同志们现在想，觉得很简单，当然应该采用连铸，连铸的收得率高、流程快而且质量好，为什么不是连铸。但是当时实施的条件很困难，我们生产的基本条件比较差，25吨的小转炉，出钢的温度、成分都不稳定，而且一个车间6~7个转炉，连铸机与转炉之间如何相互配合，在当时这是一个较大的问题。后来经过大家的努力，上钢三厂和上钢一厂都建设了全连铸车间。昨天我看了一下，在中国连铸比的变化，大概花了25年的时间，最早是我们学校的徐宝陞先生在重钢做连铸实验，后来到首钢做连铸实验。前面的实验都不算，真正从引进装备开始到我国连铸率提升至96%，再到今天的99%，这是一个艰难的进步过程。这中间发生了很多事情，比如，宝钢建设的时候，当时就说要不要搞连铸。当时我是专家委员会中最年轻的一个，专家委员会的专家都是要凭资历的，当时指定上海要派一位专家，因为只有上海工业大学搞冶金，所以系主任把我推举出去。我当时从国外回来，年轻气盛、少不更事，在会上说千万别引进初轧机，如果引进，这可能是世界上最后一台大型初轧机。可当时同意上连铸的只有我一个人，日本人当时也提出要搞连铸，而当时其他专家们都提出要上初轧机。所以，当时是同时引进了初轧机和连铸机。果不其然，多年后钢铁工业很少再走初轧机这条路。当时主张用初轧机的同志主要是怕不保险，国家投了这么多钱，一定要一炮打响，不能有任何问题。如此一来使得后来宝钢的连铸生产整整推迟了5年。殷瑞钰院士除了推广连铸，他还做了很多这方面的工作，包括铁水预处理，他也是提出了非常敏锐的观点，铁水脱硫到底是用石灰加萤石，还是用镁石灰，还是用铝粉、用硅钙，最后他在马鞍山会议上列出表格，包括全国各地实际做的情况。我掠人之美，参加日本、美国钢铁会议都是用他做的表格说明情况，去中国台湾交流钢铁工艺也是用他的表格。这些例子都说明他非常注意工艺技术与实践工作的紧密结合。所以，他的工作也是我国钢铁工业进步的缩影。

第三点，殷瑞钰院士到工程院管理学部，做了两件大事情。

第一件事，他除了主持工程管理学部日常工作以外，还善于思考、勤于思考，组织大家对工程管理的概念进行了比较深入的探讨。他研究工程本体论，过去对工程的概念是“科学的应用”，殷瑞钰同志进行了比较仔细的分析，从人类历史的发展，从工程的产生和演变来看，实际上工程是早于科学的，科学比工程早的只有一件事情——居里夫人发现放射性元素，最后转化成原子能，但是原子弹也不是科学家造出来，而是曼哈顿工程，一大批科学家与工程师相结合才制造出来的。瓦特发明蒸汽机的时候，还没有热力学三大定律，也没有熵、焓的概念，蒸汽机是从实践中产生出来的；爱迪生发明电灯的时候，也是从实际中产生出来的，电磁场的理论还处于萌芽阶段。我觉得工程本体论的提出很有意义，工程必须有科学的根据，必须符合科学的规律，但是从人类历史的发展来看，工程实践往往走在理论的前面。

第二件事，他组织管理学部与自然辩证法研究会联系起来，研究工程哲学，使对工程本质的认识更上升了一个层次。我认为对于工程哲学的讨论，是近年来中国工程界的一件大事，因为工程并不是简单的画图、拼凑，也不是简单地翻版成功模式。这里有很多问题，这些问题有内部的主要矛盾和次要矛盾，也有外部的工程和环境的问题。到现在为止，我认为非常伟大的工程是三峡工程，目前为什么有争论呢，是大家在考虑该工程对生态和环境的影响问题。工程院的老院士、两院的院士，工程院的第一任副院长潘家铮院士，他一生搞了 6 个水库，从新安江水库、刘家峡等到青龙峡水库。他 80 岁的时候写了一本书，名为《千秋功罪话水库》，非常有辩证法，水库当前肯定是好的，可以发电。但是水库毕竟改变了河流本身的生态规律，这条河流存在是上万年、上亿年形成的，那么上万年、上亿年能存在的河流，肯定有它自然的规律，对四周的生态也有巨大影响，我们人为地把它切断后，到底会怎么样？他的这本书给出的答案是：让千秋来评说，现在还不能下结论。我觉得此番言论非常有哲学思维，潘院士做了一辈子的事情，到最后是对是错，还需要历史去评说。我认为殷瑞钰院士在工程院很大的贡献是和中国自然辩证法研究会一起，组织一批有志之士多次召开研讨会，把工程问题上升到哲学层面来理解，功莫大焉。

在这三点的基础上，我认为殷瑞钰院士最大的贡献或说收官之笔就是首钢搬迁。当时北京的 PM10 里，首钢占 62%，空气中有飘尘，但是那时候汽车没有这么多，没有形成复合型污染，只是飘的灰尘多。首钢搬迁以后，殷瑞钰院士把整个流程系统的理论应用在钢铁工业的实践上，提出现在的钢铁厂应该具有三个功能：优质钢材生产功能，能源转化功能，城市/社会废弃物的消纳-处理功能。这三个功能是真正实现钢铁工业环境友好、资源节约持续发展的正确道路。这个项目历经各种困难后，在首钢和唐钢的共同努力下，已经顺利投产。从 2014 年 5 月起已经扭亏为盈，因为它本身要扣掉折旧，扣掉还本付息，盈利非常困难。在一片海滩上，先造地，再造厂。目前所有去参观这个厂的外国人都赞叹这是21世纪绿色钢铁厂的成功模型、范例。所以，我认为殷瑞钰院士在钢铁工业方面，从进入学校到现在60多年，走过的路是辉煌的、有成效的，我们也为他而感到骄傲！

此时，正值殷瑞钰80岁生日，时任中国工程院院长周济院士专门发来贺信，肯定了殷瑞钰所取得的突出成就，赞扬他严谨的科学态度，孜孜不倦的学习精神和无私奉献的高尚品德。贺信中说：

在您80寿辰之际，谨向您致以崇高的敬意和衷心的祝贺，向您和您的家人表示最诚挚的祝福！

您是我国著名的钢铁冶金专家，长期从事钢铁冶金领域的工程技术和科学研究工作，特别是对20世纪90年代中国钢铁工业技术进步的战略选择和有序推进做了大量工程技术和理论研究工作；大力推进了连续铸钢，高炉喷吹煤粉，棒、线材连轧等多项关键共性技术的全国性突破，极大地促进了我国钢铁工业的发展；您从冶金流程工程层面上，研究了钢铁制造流程动态运行的物理本质和运行动力学等理论问题，讨论了钢厂模式优化问题，提出了新一代钢铁制造流程的理论框架，前瞻性地指出钢厂应具有三个功能的新理念，即钢铁产品制造功能、能源转换功能、废弃物处理-消纳和再资源化功能。为新一代钢厂的建设提供了顶层设计方案和若干关键技术的支撑。您率先提出了钢铁厂动态-精准设计的理论框架和方法，研究并阐述了高效率、低成本洁净钢生产"平台"的概念、内涵及其动态运行规则；研究并提出了钢铁制造流程中能量流行为与能量流网络构建的理论和设计原则；研究了钢厂的清洁生产和循环经济的工程实践问题。您作为首席科学家主持了国家攀登计划项目"熔融还原技术基础研究"。您多次获得国家及省部级科技奖励。您承担了中国工程院多项重大项目研究并取得重要成果。

进入21世纪以来，您积极推动并参与了工程哲学与工程管理的理论研究，取得了创新性的成就。

您心系国家发展，积极为我国钢铁冶金行业的发展建言献策。您十分关心工程院的工作，积极参加工程院的各项活动，积极推动并参与化工、冶金与材料工程学部和工程管理学部的初创和建设，为工程院的发展和“工程科技思想库”的建设做出了重要贡献。

您热爱祖国、追求真理、尊重科学、勇于创新、严谨治学、敬业奉献的高尚品德，是我国工程科技界的楷模和学习的榜样。

在此，衷心祝福您生日快乐、健康长寿，阖家幸福！

时任中国钢研科技集团有限公司董事长才让在致辞中说，殷瑞钰院士文选不仅是对殷瑞钰院士多年研究成果的总结，也将对冶金界和学术界产生重大影响。他善良正直、宽厚谦和的朴素品格，严谨求实、高瞻远瞩的学者风范和以天下为己任、鞠躬尽瘁的敬业精神是钢铁人学习的榜样。他关爱年轻一代，倾尽心力培养提携身边的学生、技术人员，毫无保留地传授自己的渊博知识和丰富经验。他领导中国钢研经历了重要的历史转折，他为中国钢研确立的发展蓝图至今仍指引和激励着广大钢研人不断奋勇向前。

张寿荣院士回忆与殷瑞钰相识、共事的点点滴滴，对殷瑞钰开创的“冶金流程工程学”和其他研究成果给予高度评价。赞扬殷瑞钰好学严谨、思考问题深刻透彻、遇到困难坚持不懈、敢于迎难而上，为中国钢铁工业的发展兢兢业业、鞠躬尽瘁的优秀品质，全心投入的执着精神是冶金科技界的楷模和学习的榜样。

殷瑞钰在致辞中，深情地回忆了与徐匡迪主席、张寿荣院士等各位同行愉快的工作经历。昔日往事历历在目，同时也无法忘怀前辈们的教诲、提携，感谢各位好友的支持和帮助，并作了《论曹妃甸钢铁基地的设计思路——新一代钢铁基地与循环经济示范区的构建》专题报告，从背景，理论技术，概念设计，钢厂模式的顶层设计，动态—精准设计——动态“模块”与“界面”协同，以物质流链接、能量流链接、资金流链接为基础，合理时-空区域的循环经济示范的构建等几方面进行了论述。

大家的评赏与首肯令殷瑞钰心潮澎湃，为了青年时代萌发的钢铁梦，为了钢铁报国，似乎在不知不觉当中，就成了“八零后”了，他心生感慨，作诗一首：

《生日感念》
花径雨润香幽然，
草色青青心芬芳。
平淡宁静思致远，
松到深秋气更苍。

习近平总书记说：“时代是思想之母，实践是理论之源。”殷瑞钰就是这样一位从实践到理论，从产业界到学术界，由工业科技型专家转向理论开拓型学者和战略科学家。殷瑞钰常和周围的人说：我不能白吃国家的饭，即使是耄耋之年，也不能无所事事，不能固步自封，不能自以为是。学术当随时代，认知当开新境。要不断地学习、研究，不断地思考，不断为国家工作。

这一年，80 岁的殷瑞钰登黄山归来，兴奋之余，题写了《八旬登黄山》：

淅沥黄梅季，
皖南雨意浓。
淡绿间黛翠，
山色空蒙中。
三百好汉坡，
攀登急匆匆。
直冲玉屏楼，
老夫有余勇。

他如一颗不老的劲松，屹立在学术的高峰，历经风雨，永葆长青。是的，一个把学习和工作当作生活情趣的人，是不会觉得自己

黄山留念（2015 年）

老之将至，正如孔子所云：“发愤忘食，乐而忘忧，不知老之将至。”殷瑞钰的学术青春就是在“忘食”与“忘忧”之中永葆蓬勃的活力与昂扬的姿态。他心中感慨：“夕阳无限好，绚丽又多彩，岂能言黄昏！”

第八章

冶金流程学学科新分支

“为天地立心，为生民立命，为往圣继绝学，为万世开太平。”北宋理学家张载的“横渠四句”激励着殷瑞钰以宽阔的视野审视学问，以博大的胸怀努力做事。他勤于思考，严谨做事，发奋图强，既注重实践，又勇于著述。

学术当随时代，认知当开新境。

——殷瑞钰

一　冶金流程学是工程科学

秋夜对话

1994年秋，在中国工程院化工、冶金与材料工程学部会议后的一个晚上，中国科学院院士、中国工程院院士、著名材料科学家师昌绪先生找到殷瑞钰，两人交流了一些钢铁冶金科技工作方面的想法之后，师先生对殷瑞钰说道："看过你的文章了，你能看到关键共性技术集成到一起就能形成一个集成性的工程系统，这非常好。这实际也是你多年工作从实践上升到理论层面的总结。看来你那套想法还是管事的，你应该进一步从理论上写出来。"

师昌绪先生提到的是殷瑞钰1993年发表在《金属学报》上的《冶金工序功能的演进和钢厂结构的优化》这篇文章。

第二次世界大战后，尽管钢铁工业取得了长足的进步，冶金工程基础理论也在持续深入地拓展，但钢铁工业赖以存在的基本原理并没有根本性的变化。发生巨变的却是钢铁生产工艺流程中各工序的技术表达方式以及流程工程的组成内涵与结构，并由此引起了资金投向和企业竞争力的变化。殷瑞钰在长期的科技开发和生产实践中，敏锐地认识到了这些变化：从当时国外先进钢厂的生产流程演进看，个别工艺技术的进步不是不重要，但其影响力往往是局部的；同时，只有技术没有装备不行，有装备但工程设计不好，效率也会低；技术、装备需要综合集成以后形成优化的整体结构，工艺流程才能在整体上达到高效率，产品质量才能提高，才能从总体上更好地发挥工艺流程的功能，甚至进一步拓展功能。

怎样才能根据工艺与装备、工程设计与生产运行之间的关系，从集成后的整体结构优化和效率功能优化出发，构建动态有序协同连续的流程？怎样实现从宏观战略到具体战术，从顶层设计到流程结构的优化呢？殷瑞钰的心里逐步形成了工序功能的解析-优化、工序之间关系的协同-优化以及流程工序组成的重构-优化等理论概念的雏形。

20 世纪 90 年代初期，也正是殷瑞钰担任冶金部副部长、总工程师全力推动以全连铸钢厂为标志的钢铁工业技术结构升级的时期，全连铸生产体制的实现，凸显了从制造流程层次进行钢铁生产全过程整体优化的明显效果。殷瑞钰在全国连铸机达产及推动全连铸钢厂之后，更加看到了生产流程整体优化的重要性。

基于对钢铁制造流程整体优化的考虑、整体流程优化基本理论的构想以及生产实践效果的认识，殷瑞钰撰写了《冶金工序功能的演进和钢厂结构的优化》这篇文章，发表在 1993 年的《金属学报》上。文章对钢厂生产流程中各单元工序的功能演进以及整个冶金流程的组成内涵所发生的巨大变化进行了评论和概括，并从工程科学的观点出发，整体地研究了钢铁冶金工序功能的演进及其对钢厂结构的影响。

文章指出：钢铁生产过程中各工序的技术表达方式（包括工艺技术、装备和控制手段）已发生明显的变化。这种工序技术表达方式的变化大体上是按照工序功能的分析、分解和优化，工序功能在工程系统中的组合优化和工序之间的衔接、匹配优化等途径，以革命的或是渐进的方式发展的。钢铁生产流程中各工序功能的演进导致了整体工艺流程内涵和组成的结构性变化——钢厂的结构也随之发生变化。就工序功能和工序之间的关系而言，影响最大的是全连铸生产体制取代了模铸—均热（加热）—初轧（开坯）体制，这一取代—淘汰关系使得以初轧（开坯）为核心的“万能产品供应商”的钢厂结构由于缺乏市场竞争力而逐渐走向消亡，代之以某些优势产品为主要生产对象的各具特色的几类现代化钢厂。与此同时，从20世纪80年代末期开始，具有新一代工艺流程特征的钢厂正在兴起，其主要标志是改变传统的臃肿的工艺流程，使之进一步简化和优化组合，改变原有的以模铸—初轧开坯为基础的庞杂的产品结构和生产流程结构，使之达到节约原料和能源、提高生产效率、提高产品的性能和利用率，以及逐步实现连续化和自动化的目的。这些新的认识和判断，无论从科技进步角度还是从经济建设角度都是非常重要的。

闭门推出窗前月，投石冲开水底天。殷瑞钰的这篇文章在学术界受到了广泛关注，也引起了师昌绪先生的关注。于是就有了1994年的秋夜对话。

也就是在这次谈话中，师昌绪先生给予殷瑞钰极大的鼓励。师先生说：“一个新的理论、新的提法，起先可能有些不同声音，但直到现在大家感到是管用的。你应该在生产上继续把以连铸为中心的技术路线，在全国建立全连铸钢厂的模式推行下去。同时还要从理论上进行总结，把理论写出来……”

殷瑞钰坦诚而谦虚地回答道：“谢谢师先生的支持、教诲和提示。说到理论，如果要写篇论文，我可以经过努力在一个月内写出来，如果说要写一本专著，我现在写不出来…… ”

师先生进一步说：“单篇论文要写，学术专著也要写，一年写不出来两年，两年写不完三年…… 反正应该下功夫写，这有用！”师先生的叮嘱语重心长，“一定要写一部冶金流程工程方面的学术专著，进一步在理论上、学术上把冶金生产过程中经历的诸多形式的技术进步系统地阐述清楚，加以推广。冶金系统需要这样的从实践上升到理论的专著，中国更需要这样的专著来引领中国的钢铁事业。你是从唐钢生产一线最基层的技术员干起，既有在钢铁冶金企业从事生产技术的丰富实践经验，又有从事科学研究的严谨态度和思考方法，特别是能从总体上了解冶金技术整体发展的状况，把握中国及世界其他各国冶金技术发展的脉络，经历了我国钢铁工业的不同发展时期，又有推进连铸等关键共性技术的经验，你最有条件写这个专著，也是最合适的人选。”

师昌绪先生的殷切希望使他内心受到触动，深感责任重大，虽然有在不同岗位丰富的工作经历，使自己对钢铁制造流程有观察、有疑问、有思考、有感悟，更有研究和探索，能认识到从总体上研究的重要性，流程的概念在头脑中也已经很清晰了，但是要系统地阐述并形成学术专著，尚有难度。

师昌绪先生也看出了殷瑞钰的心事，笑着对他说：不急，慢慢来。从实践再到理论，你是最有优势的人。

谈话持续到深夜。临走的时候，师昌绪先生用力地握了握殷瑞钰的手，说：“如果这部书写成，我来作序！”

殷瑞钰铭记在心，他深深感觉到师先生的话是鼓励，更是鞭策。

十年磨一剑

两位学者的秋夜对话，看似从一篇学术论文说起，实际关乎到冶金学科的发展。

传统的冶金学有着悠久的发展历史，至今仍在不断发展。从历史的角度看，从青铜器时代、铁器时代开始就出现了冶金术。但这些知识、经验都只能属于技艺。从冶金科学的角度看，一直到1925年，英国法拉第学会在伦敦召开“炼钢过程中的物理化学”会议，冶金学才真正开始跨入了现代科学的发展进程。经过近一个世纪的探索和发展，冶金工程学科逐渐形成了较为成熟的学科知识体系，即：冶金过程物理化学和冶金传输原理构成专业基础知识，逐步奠定了本学科在原子/分子层面和工序/装置层面的基础理论。冶金反应工程只是把冶金工程的研究范围从原子/分子层面扩展到工序/装置层面。钢铁制造流程的整体优化，实际上是以冶金制造流程为对象对各个工序/装置以及连接“界面”进行整体性和集成性的研究。也就是说，两位学者的对话，开启了冶金工程学科领域的层次性拓展，这是一项突破性的工作，其难度可想而知。

以钢铁生产流程整体优化为出发点，殷瑞钰开始思考和研究当代冶金科学与工程的发展脉络，也就是从这个时期开始，在他脑海中有了拓展冶金工程学科研究新层次的想法。

肩负重托，胸怀梦想，自 1994 年那个秋夜，殷瑞钰开始阅读文献，收集资料，走访钢厂，组织团队，深入思考冶金学科拓展的命题。他认识到，冶金科学问题应该是分层次的。在大学基础课教学阶段，大部分是原子和分子尺度上的理论学习，如冶金过程物理化学、金属学等，实际上是微观基础冶金学的范畴，这对于引导入门和深化研究是非常重要的。到了专业课教学阶段，炼铁学、炼钢学、轧钢学、金相热处理、冶金传输原理、冶金反应工程学等实际上是专业工艺冶金学，是工序、装置层次上的学问。而从生产制造流程层面上看，这些还是局部的、碎片的、分割的、孤立的知识。从知识层次的拓展方面看，研究并发展冶金学，应从传统的微观基础冶金学扩展到专业工艺冶金学，再推进到冶金流程整体集成性研究，形成整体性的宏观动态冶金学。这样才能更为有效地指导钢厂的发展和结构升级。

同时，殷瑞钰进一步认识到，现代钢铁制造流程工艺路线总的发展趋势是从简单到复杂，再从复杂到简化，旨在实现整个钢铁制造流程的“结构-功能-效率”的集成优化，并在此基础上寻求新的突破。沿着这一思路，殷瑞钰脑海中逐渐出现了新的认识，新的理论框架也在快速的酝酿中。他为此倾注了极大的精力和漫长的时间，根据自己数十年来在学习、生产实践、科研和管理过程中积累的钢厂生产流程和钢厂模式方面的知识和经验，进行了缜密的理论思考和探索。特别是从 20 世纪 90 年代国际钢铁工业技术进步、技术改造过程中的经验归纳，殷瑞钰围绕脑海中形成的初步概念开展了一系列卓有成效的研究。1997 年，在《金属学报》第 1 期上发表了《钢铁制造过程的多维物流控制系统》，将钢铁制造流程模化为物态转变、物性控制和物流控制相互融合的多维物流控制系统；1998 年起，带领研究团队以中日钢铁技术双边研讨会作为平台开展冶金流程研究的国际化交流；1999 年，以“钢铁制造流程的解析与集成”为题组织召开第 125 次香山科学会议，会上柯俊、殷瑞钰、张寿荣三位院士担任执行主席，殷瑞钰作了题为《钢铁制造流程的解析和集成》的主题报告；2001 年，在中国工程院院刊《中国工程科学》上发表了《关于钢铁企业的结构与钢铁工业的发展模式》，创新性地提出了冶金制造流程应具有三个功能：优质钢铁产品高效率低成本制造功能、能源高效转换和及时回收利用功能、社会大宗废弃物处理-消纳和再资源化功能，同时在北京科技大学研究生课程中开设《钢铁制造流程多维物流管制》选修课，并作为兼职教授应邀授课，组建研究团队。

就这样，从 1994 年到 2004 年，漫长的十年，持续不断，孜孜以求，默默耕耘，冶金流程是他思想世界里一直回响的主旋律。各种资料、文献、数据、图表、笔记，摆满了书房、办公室的每一个角落。除了上班工作和休息，几乎所有时间都在思索、阅读和写作。在日常上班的闲暇，在与老友、同学和学生的交流内容中，几乎无一不是冶金流程优化问题，无一不涉及冶金学科分支的拓展。在这漫长的十年中，他乐此不疲地追寻着，脑海中的认识对象发生了层次性的跃迁，认识思路随之变轨，挣脱了原有概念的束缚，建立起了适应于更高层次新轨道上的理论框架。思路已然清晰，概念得到定义，框架逐步形成，殷瑞钰兴奋不已，文思泉涌，仿佛看到了一个新的理论大厦的诞生，他奋笔疾书，逐字逐句，几易其稿，终于在 2004 年独立完成了近 40 万字的理论著作，这就是《冶金流程工程学》。

书稿完成之后，殷瑞钰送给师昌绪先生审阅。师昌绪先生十分高兴，未等殷瑞钰开口，便欣然提出为此书作序，对《冶金流程工程学》给予极高的评价。师先生在序中写道：

“作者根据十多年来的实践过程及深入研究，创造性地提出了钢铁制造流程中的工程科学问题。提出了在冶金制造过程中存在着不同时-空尺度上的科学问题，即基础科学、技术科学、工程科学。并指出冶金工业是典型的流程制造业，制造流程是这些工业的‘立业之本’，制造流程在流程工业中具有广泛的关联度和渗透性。制造流程直接关联到钢厂的质量/品种、成本/价格、投入/产出、效率/效益等市场竞争力因素；又关联到资源、能源的可供性和过程排放、环境-生态、循环经济等可持续发展因素。钢铁制造流程是在对单元化学反应过程、形变过程、相变过程等基础科学知识的研究和单元工序、装备设计、技术开发的基础上逐步构筑起来的。现在，从科学认识的角度上看，人们对钢铁制造过程中原子/分子尺度上的基础科学方面的知识是研究得相当深入的，对工序、装置尺度上技术科学方面的知识，却只能说是略知，而对生产制造流程尺度（层面）上的工程科学方面知识的认识，正处在进入角色的过程中。然而，全球钢铁工业都面临着市场竞争力和可持续发展的双重挑战，应对这样复杂、深刻的挑战，重要的对策之一是以工程科学的知识推动钢厂的结构调整和优化，因此，也可以认为，时代呼唤着工程科学的发展与创新。殷瑞钰对钢铁制造‘流程’的物理本质、属性、内涵作了深入的探索，指出：冶金制造流程是由‘流’‘流程网络’‘程序’三要素构成的，制造流程的属性是耗散结构，并对冶金流程工程学的理论框架及其内涵作了较为详细的阐述，其中包括钢铁制造流程的解析-集成、钢铁制造流程的多因子物质流管制等。同时，作者特别强调制造流程中的时间问题，钢厂生产流程中的运行动力学问题以及生产流程中的‘界面技术’等，最后归结到钢铁企业的结构优化和模式创新。作为一个现代化企业，必须考虑可持续发展及发展为循环经济的可能性。作者提出了钢厂的绿色制造方向和钢铁制造流程的功能拓展为循环经济的前景。作者在书中对钢铁制造流程物理模型的描述，将有利于引导信息技术高度集成地进入钢铁制造流程的整体调控和智能化。基于对国内外钢铁企业的深入了解，结合现代工程科学的发展，作者写出了这本《冶金流程工程学》，无疑对指导我国钢铁工业沿着更健康的道路发展有着重要意义。21 世纪钢铁仍然是最重要的基础材料，在国民经济中占有十分重要的位置。本书的问世将对大专院校教师、研究生、钢铁研究工作者与钢铁厂设计工程师、企业家及管理专家有重要参考价值。”

第十届全国政协副主席、时任中国工程院院长、著名冶金学家徐匡迪院士收到《冶金流程工程学》样稿，详细阅读后也作出了高度评价，并为此书题词：“物有本末，事有始终；不断探索，集成创新。”

《冶金流程工程学》的出版不仅在学术界引起关注，也在企业界引起反响。应宝钢之邀，《冶金流程工程学》首发式于 2004 年 5 月 28 日在宝钢进行，并召开了学术研讨会。研讨会上，殷瑞钰思绪万千，他没有忘记十年前师昌绪先生满怀希望的嘱托，也没有忘记这十年给予他支持和鼓励的院士、老师和朋友们，也仿佛看到未来冶金学科大厦的欣欣向荣、蓬勃发展。回忆往事，高兴之余，提笔成诗《忆〈冶金流程工程学〉成书》：

哲人殷殷嘱，
顿觉责任重。
沉思凝一卷，
十年试剑锋。
新意蕴于“流”，
事物皆在“动”。
概念参差现，
集成流程中。

《冶金流程工程学》首发签名赠书（左一为殷瑞钰，2004 年）

理论新义

十年磨一剑，霜刃闪光华。从 1994 年到 2004 年，从《金属学报》的论文《冶金工序功能的演进和钢厂结构的优化》发表，到专著《冶金流程工程学》的出版，推动了冶金工程学科的研究从注重局部优化到关注整体优化的转变。

殷瑞钰在《冶金流程工程学》中阐述了 8 个基本观点[1]：

（1）冶金流程工程学——宏观动态运行的跨层次综合集成研究。

（2）150 年来钢铁企业技术进步方式归结为三个“集合”的优化——工序功能集合的解析-优化、工序之间关系集合的协调-优化、流程内工序集合的重构-优化。

[1] 殷瑞钰. 冶金流程工程学 [M]. 北京：冶金工业出版社，2004.

（3）冶金制造流程动态运行的物理本质——“三流一态”“三网融合”，涉及耗散结构与耗散过程。

（4）钢铁制造流程动态运行过程的三要素——“流”“流程网络”“运行程序”。

（5）冶金制造流程的本构特征。制造流程的本构特征是指流程工业制造系统的构成、内涵、信息和宏观运行机理的反映。

（6）钢铁企业功能拓展——从一个功能拓展到三个功能——优质钢铁产品高效率低成本制造功能、能源高效转换和及时回收利用功能、社会大宗废弃物处理-消纳和再资源化功能。

（7）提出了钢铁制造流程的宏观运行动力学及其动态运行规则。

（8）流程制造业内各类制造流程共性的物理特征：流程制造业是立足于制造流程而建立的。其制造流程有着共性的物理特征，这就是：将一组输入流（包括物质流、能量流和信息流）经过互相关联而又异质异构的制造单元（工序/装置）之间的非线性相互作用和动态耦合构成的网络（物质流网络、能量流网络和信息流网络），在特定的开放条件下，按照设定的运行程序，经过传递、相互作用、动态耦合等机制，转化为一组期望的目标输出流的过程。

在物理概念上，《冶金流程工程学》强调制造流程是一类动态开放系统，不是孤立系统，“流”的持续输入/输出是其基本现象，耗散过程是其基本特征，耗散过程中能量耗散的多少及其形式取决于制造流程所代表事物的物理/化学本性及其“流”所流经的流程网络结构（耗散结构）和运行程序的合理程度。

在书中，殷瑞钰还创造性地提出钢铁制造流程中的工程科学问题。他归纳为理论上研究的是冶金流程运行的动力源和运行动力学机制，落脚点是要揭示冶金制造流程整体运行的本质和运行规律，以协调钢厂生产过程中物质流、能量流、信息流的优化；理论上研究的是冶金制造流程的组成结构，落脚点是要通过工序功能集合的解析-优化、工序之间关系的协调-优化，集成创新使冶金流程的整体过程优化和整体功能优化，以构建新一代钢厂；理论上强调的是冶金流程的动态-有序、协同-连续运行，落脚点是构建准连续/连续化运行的冶金流程，以提高钢厂运行的各项技术经济指标；理论上研究了冶金流程运行的“三要素”，落脚点是使冶金流程运行过程的耗散“最小化”，以提高钢厂的市场竞争力和可持续发展能力。

在学科概念上创新性地提出了冶金制造流程中存在着“三个层次”的科学问题；揭示了冶金制造流程动态运行的物理本质；提出了冶金制造流程应具有三个功能；指出了冶金制造流程追求的目标应是“三流”“一态”（流程整体处在动态-有序、协同-连续运行状态）和“三网”协同，适应智能化、绿色化时代潮流；强调要通过“三个集合”优化（工序功能集合解析-优化、工序之间关系集合协同-优化、流程内工序集合重构-优化）等技术措施来支撑制造流程结构优化；论述了时间因子对制造流程动态运行的重要性和时间因子的不同表现形式；揭示出冶金制造流程宏观运行动力学机制及其运行规则。

在技术创新上，他提出了“界面技术”——硬件与软件；提出了高效率、低成本洁净钢平台技术的动态模型；提出了冶金制造流程动态-精准设计的理论和方法以及钢厂模式分类与创新。

在研究思路和方法上，他提出了不能局限于碎片化地研究局部工序/装置的“实”，必须进一步上升到制造流程全局性的“流”，以“实”引“虚”，以“虚”领“实”；强调“流乃本体”“以流观化”，化中有动，动者依“网”（流程网络），程序化协同——这是工程逻辑；“三个集合”优化形成“三流”（物质流、能量流、信息流）动态-有序、协同-连续运行，虚实结合，集成-解析相互反馈，优化工程设计理论和生产运行规则；在思维方式上，摆脱了过去以还原论方法为主导，转变为以整体论-还原论相互结合的开放、动态整体论为主导的思维方式。

讲学交流

宝钢是我国改革开放后建立的具有国际先进水平的钢铁联合企业，对中国钢铁工业的发展具有引领作用。2004年《冶金流程工程学》的出版，引发了宝钢有识之士的深入思考，他们对书中观点极为关注。时任宝钢领导者正在积极思考未来的发展和进一步提升的突破口，于是，决定邀请殷瑞钰在上海宝钢举行《冶金流程工程学》首发式，并在首发式后进行《冶金流程工程学》系列讲座，为此进行了精心组织。要求听课者具有丰富的生产实际经验和理论功底，每次讲课都要考核出勤，在课后要结合生产实际展开讨论，并与个人进修业绩考核挂钩。自2004年7月到2005年5月近一年的时间，殷瑞钰逐章逐节地讲解，针对钢厂制造流程的工程科学分析和钢厂模式研究，从工程设计上归纳并提出了钢铁生产流程运行中的四类典型工程效应，即“临界-紧凑-连续化”效应、“解析-集成”效应、“瓶颈”效应和“动脉-静脉循环”效应；提出了不同类型钢厂结构优化的模式及其经济评估；阐述了钢厂结构优化理论的工程逻辑，实际上是在制造流程集成优化下的冶金流程结构分析和重组。从国际钢铁工业的发展进程中深入地研究了冶金工序功能集合的解析优化、工序之间关系集合的协调优化和制造流程工序集合的重构优化；从历史发展进程的实践中，提炼出“三个集合”的发展过程。这次在宝钢的系列讲座，促进了冶金流程工程学理论知识的传播，也证明了现代钢铁企业需要流程工程学方面的理论知识。

随后，北京科技大学、东北大学、钢铁研究总院、中国科学院金属研究所和中国科学院过程工程研究所等一些大学和研究单位，都对冶金流程工程学的理论从不同角度表示关注。殷瑞钰相继应邀在相关大学院校、研究单位进行了数十场学术报告。同时，他悉心听取来自各方的意见和建议，在深入思考、认真推敲的过程中，又进行了400多处的修改、补充，于2009年出版了《冶金流程工程学》（第2版），体现了一个科学开拓者的严谨和求实。该书入选国家新闻出版总署“十一五”国家重点图书出版规划项目，并于2010年获得“第三届中华优秀出版物奖”。《冶金流程工程学》作为高水平技术著作被施普林格（Springer）出版集团列选，并于2011年由冶金工业出版社和Springer-Verlag出版社联合出版了英文版，全球发行。随后于2012年《冶金流程工程学》的日文版《冶金プロセス工学》出版，大大提升了中国冶金学家在国际上的影响力。国外有一位资深冶金专家阅读后，对他的中国学生张立峰说：“这是你们中国学者的书，是我见到的中国人写的钢铁冶金类少有的几本国际出版的图书之一。我们也有过类似的工作，但没有上升到理论。这是你们中国人的骄傲。”

由此，《冶金流程工程学》的出版成为冶金流程工程研究的里程碑，成为现代冶金流程工程研究的理论基础和代表性著作。

二　能量流成为香山科学会议的主题

进入21世纪以来，伴随国民经济高速发展，资源、能源问题凸现，环境-生态问题包括气候变化问题日益严峻。作为钢厂，其生存、发展战略必须以宽阔的视野来分析。钢厂的生存、发展必须注意到全球资源、能源与环境、生态的约束，因此，钢厂在充分发挥钢铁产品制造功能的同时，还必须高度重视能源高效转换和及时回收利用功能的完善并且实现社会大宗废弃物的处理-消纳和再资源化的功能。

中国的钢铁工业到了深化发展阶段。当钢铁企业中各种单体技术的开发、应用以及铁素物质流的优化达到一定水平时，制造流程的能源转换功能和能量流网络的合理构建应该成为钢铁制造流程整体水平实现跃升的一个新的重要引擎，有可能引发新技术背景下的节能降耗的新思路，帮助构建钢铁企业和可持续发展社会新的依存关系。

实际上，全连铸钢厂的突破，特别是2004年《冶金流程工程学》出版以后的这个时期，中国钢铁工业一直处于快速发展中。期间经历了“十一五”国家发展纲要的提出，以首钢京唐钢铁公司建设为代表的“新一代可循环钢铁制造流程”的建立等，钢厂应该具有三大功能，即优质钢铁产品高效率低成本制造功能、能源高效转换和及时回收利用功能、社会大宗废弃物处理-消纳和再资源化功能，得到钢铁界的广泛认同。而这一观点的传播和应用还需要进一步的理论支撑。殷瑞钰结合京唐钢铁公司设计、建设和运行过程的实际经验，撰写了论文《钢铁制造流程中能量流行为和能量流网络》，征求我国冶金热能工程权威专家陆钟武院士的意见，引起共鸣。陆先生建议召开一次香山科学会议专题讨论。

殷瑞钰与陆钟武、干勇三位院士共同策划，以“钢铁制造流程中能源转换机制和能量流网络构建”为主题，于2009年9月8～10日在北京召开了第356次香山科学会议。

在这次会议上，殷瑞钰作了题为《钢铁制造流程中能源转换机制和能量流网络构建》的主题评述报告。对钢铁制造流程及其能源转换功能进行了理论和工程层面上的阐述。对钢厂制造流程动态运行过程的物理本质进行了更为全面系统的描述。在此基础上指出：在钢厂制造流程中，铁素物质流与能量流的关系是相伴而行的，而能量流与铁素物质流的关系则是时合时分的。在钢厂制造流程中，不仅存在着铁素物质流网络及相关的运行程序，而且也存在着与铁

殷瑞钰（右）与陆钟武院士（左）在香山科学会议上（2009 年）

素物质流转换有关的能量流网络及其运行程序。指出在研究钢厂的能源转换功能的方法时，不能停留在静态的物料平衡和热平衡的方法上，而应该以动态的输入-输出的矢量概念和能量流网络的概念来推动钢厂节能减排工作。还讨论了钢厂能量流运行的动力学机制以及能源管控中心的设计原则。进而从铁素物质流系统和能量流系统提出了一系列钢厂节能减排的环节。提出了中国钢厂的节能减排应该进入以建立能量流网络——能源管控中心为主要标志的新阶段。

这次香山科学会议实际上是殷瑞钰从充分发挥钢厂三个功能的视角，阐述钢铁制造流程中铁素物质流和能量流的行为规律，提出应注重与铁素物质流相关的能量流的输入/输出特点，构建能量流网络，进行相应的信息化集成调控。会议达成共识，一致认为需要对钢铁制造流程的物理本质和运行规律进行深度剖析，挖掘钢厂三个功能充分发挥的潜质所在和制约因素，使之以新的集成协同和动态有序的运行模式，实现生态化转型，融入循环经济社会。钢铁制造流程可抽象为优化集成的铁素物质流和碳素能量流在协同、耦合的交互作用下作动态-有序运行，其运行要素是“流”“流程网络”“运行程序”，其追求的目标是铁素物质流和碳素能量流都从“无序”“混沌”过渡到“有序”，实现的重要手段是信息流对目标体系总体优化的智能调控。这种物理本质和实际运行架构（本构特征）可揭示为钢铁制造流程中铁素物质流与碳素能量流在时空上的耦合匹配和与之相关联的信息流的在线介入，任何可能的“三流”之间的失衡或缺失，都可能引发现实工艺流程的结构缺陷，并制约钢厂三个功能中某些关联作用的充分发挥，从而导致制造流程本身对资源和能源的无序消耗以及生产成本的增加。

这也是《冶金流程工程学》理论体系的一次扩展和充实。此后，国家层面对钢铁企业能量流及能量流网络的研究和应用倾注了大量资金和力量。2012年，“973”计划课题“钢铁流程系统的能耗排放特征及其广义热力学优化”正式立题。2013年，国家科技支撑计划项目“钢铁流程重点工序能源与资源减量化技术工程示范”正式立项。钢铁企业关键界面物质流、能量流协同优化技术与工程示范，钢铁企业固体废弃物资源化高效利用技术工程示范，钢铁企业长型材直轧技术工程示范等一系列示范工程，为钢铁制造流程能量流优化起到了巨大的推动作用。基于第356次香山会议的研讨，2009年财政部及工业和信息化部印发《工业企业能源管理中心建设示范项目财政补助资金管理暂行办法》，2015年工业和信息化部再次发文要求钢铁企业推广能源管控中心，以进一步加强钢厂的节能减排，促进了钢铁企业能源管控中心的建设。2016年国家重点研发计划项目将“钢铁生产流程工序匹配与系统节能”纳入主要研究内容，将钢铁制造流程流程重构与新的系统节能提到国家研究层面上。

三 制造流程集成理论与方法[1]

时光荏苒，岁月如梭。从殷瑞钰1993年发表第一篇涉及流程整体优化的标志性论文开始到2010年，岁月走过了近18个年头。在这段时间里，殷瑞钰完成了冶金流程工程学理论体系的建立，中国钢铁企业也经历了转型升级的蜕变式发展。具有里程碑意义的首钢京唐钢铁工程经过设计建设顺利投产，殷瑞钰所提出的钢厂“三个功能”及新一代可循环钢铁流程理念，逐步被冶金界所接受。其中京唐钢铁联合有限责任公司的“2-1-2”结构体系、多功能铁水包、铁水“全三脱”炼钢、海水淡化-碱化工链接，以及唐山钢铁公司小方坯连铸—棒材连轧机之间的高温热装界面技术等进入工程化应用并取得显著效果。建立起冶金流程工程学的理论体系之后，殷瑞钰满怀炽热的钢铁情怀，以极大的热情继续投入到相关理论的深化研究和工程实践中，其间诞生的代表性成果就是理论专著——《冶金流程集成理论与方法》。

21世纪以来，殷瑞钰呼吁中国冶金工业不仅是全世界的生产中心和消费中心，更应是全球冶金教育和冶金研发的中心。出版《冶金流程工程学》（第2版）之后，殷瑞钰又集中精力在流程工程（过程工程）和工程哲学方面进行学习和探索。60年的冶金生涯让他深感在不同岗位工作和学习，应该有更宽广的视野和发散的思维方法。他认为中国应该在冶金工程实践和冶金理论上引导国际钢铁业。在不脱离资源、能源和市场的情况下，冶金一定要和信息、环

[1] 殷瑞钰. 冶金流程集成理论与方法［M］. 北京：冶金工业出版社，2013.

境、生态结合起来，和资金流动、金融活动结合起来。未来的钢厂不只是考虑出钢材，而是要解决钢厂生产、科技、投资、设计、销售和服务等过程中的诸多综合性问题。这是建立在工程科学基础上、工程哲学视野上的理论体系，面对的是一个相互协调、制约的大系统，不只是某个具体问题上、局部问题上的局部改进，更为需要的是与资源、生产、科技、产品、环境、生态、销售、服务等相关的全系统的理论支撑和战略眼光，所以，他提出未来的钢厂要向绿色化、智能化、产品质量品牌化的方向去发展。同时要关注信息技术和全球环境对冶金行业的影响，理论要适应形势的发展才能发挥作用。这是构思《冶金流程集成理论与方法》的出发点。

时代呼吁工程科学的发展与创新。殷瑞钰针对不同情况、不同需求，撰写了 27 篇文章，分别以学术论文、专题报告、咨询报告等形式出现，研究思路和方向在《冶金流程工程学》的基础上，进行深化和拓展。2006 年，基于冶金流程工程学理论研究的逐步深入，殷瑞钰提出了新一代钢铁制造流程的思路，特别是其理论框架中钢铁制造流程的三个功能，被纳入国家“十一五”科学技术发展规划之中，被列为“十一五”国家科技支撑计划项目。随着研究的推进，他的视野更加广阔，思维更加深邃。他觉得冶金流程工程学理论需要进一步深化，特别是需要补充和完善开放系统、耗散结构理论与冶金流程的对接，钢铁制造流程中的能量流行为和能量流网络研究，新一代钢厂动态精准设计和流程动态运行优化研究，新一代钢铁制造流程工程化技术集成，工程思维与新一代钢铁制造流程的关系描述等问题的理论研究和阐述。就这样，一部关于《冶金流程集成理论与方法》的著作逐步成形。将冶金流程工程学亟待深入思考的理论问题与工程设计、企业生产运行问题结合得更紧密，使钢厂以崭新的面貌实现品牌化、绿色化、智能化。

以往的冶金学是将钢厂的生产流程用还原论的思维方式分割成

炼铁、炼钢、铸锭（坯）和轧钢、热处理等工序，并分别从孤立的或是封闭系统的方法加以局部的研究。毋庸置疑，就各个装置或工序过程的化学反应和物理形变、相变的局部而言，需要有经典热力学的定向指导，但是这种微观的、孤立的、静止的思维方法，对于现代化钢铁生产流程解析与集成运行是不适应的，其结果往往造成不同工序、各种装置之间的各自为政、互不协调。正因为此，不得不在许多连续生产的工序（烧结机、高炉、连铸机、连轧机组）与间歇式生产的装置（炼钢炉、初轧开坯机等）之间设置不同类型的“缓冲器”，如混铁炉、钢水保温炉、均热炉等，更有甚者，当分厂、车间、工序因各自以不同的运行逻辑、不同的生产节奏运行而发生混乱与矛盾时，不得不通过设置中间库（钢锭库、钢坯库）等措施，相互等待或者调度员来进行人为的干预和“仲裁”。但是，就钢铁生产流程动态运行的宏观物理本质和规律而言，贯穿始终的是物质流、能量流与信息流；这三个“流”的集成、合理配置与协同作用的结果，不但完成了钢铁产品的高效生产，也必然影响到整个流程的协同程度（生产节奏的快慢与劳动生产率的高低），还体现出各种要素的利用效率（物耗、能耗、土地、资金投入），乃至产品质量和对环境的影响。殷瑞钰在深入研究钢铁生产流程中“三流”的动态交集、合理转换的理论研究基础上，推导出了新一代钢铁生产流程应具有三个功能，即优质钢铁产品高效率低成本制造功能、能源高效转换和及时回收利用功能、社会大宗废弃物处理-消纳和再资源化功能。钢铁冶金制造流程中的诸多问题，都可凝练、提升到流程中物质流、能量流、信息流的合理配合、集成运行的高度来加以分析、解决。而这一新的工程思维逻辑不但可应用于流程优化控制，还应贯穿于钢铁冶金工程的规划、钢铁厂设计与建设、冶金生产的动态运行和管理，以及用于钢铁工业全生命周期的评估方法，从而更加科学、合理地评价其对自然、社会环境的影响。

殷瑞钰重视冶金制造流程整体动态运行的物理本质和运行规律研究，认识到其理论基础不仅包括牛顿力学、经典热力学、化学热力学、系统学，而且尤其要重视普利高津（I. Prigogine）的耗散结构理论和哈肯（H. Haken）的协同学理论的应用、移植和转化。由此得出开放的冶金流程动态运行过程的物理本质是“流”在耗散结构中运行的耗散过程，并从中提炼出冶金流程动态运行过程中的基本要素是“流”、“流程网络”和“运行程序”，流程运行优化的规律是朝着动态-有序、协同-连续运行的方向发展，进而提出了冶金制造流程的动态-精准设计理论与方法。从本质上看，是要通过构建合理的流程网络和运行程序，从而得到一个合目的、合规律性的耗散结构，使“流”在流经这个耗散结构的过程中产生的耗散“最小化”；从工程设计的视角上看，钢铁厂设计实际上是对新一代钢铁制造流程的概念研究和顶层设计，不仅要设计静态框架，而且要设计动态运行的合理网络和程序；从钢厂全厂性的整体优化运行角度上看，这是钢厂制造流程动态运行过程的基础性框架建构。

四　交相辉映的姊妹篇

殷瑞钰的理论研究不仅针对生产企业、科研单位，而且面向工程设计和冶金学科新领域。鉴于市场的竞争看似产品的竞争，究其根源实为设计的竞争，特别是概念研究、顶层设计的竞争。其中，顶层设计优化尤其重要。应该有新的设计理论和方法来指导顶层设计，并以优化的顶层设计来指导工序、装置等工艺要素的选择和优化设计。顶层设计应包括工序/装置等要素的优化选择与整合、流程总体结构的形成和优化、流程功能的拓展和合理安排，流程动态运行效率的超越等内涵。从另一视角上看，他希望能够促进工程设计的理念、集成理论和方法的更新。注重动态-精准设计的理论和方法，其中包括了“流”“流程网络”“运行程序”的具体概念和内涵，包括了动态运行甘特图的编制原则和方法，“界面技术”的创新和设计等。其主要思想是：工程设计不仅是为基本建设提供所需的图纸，同时也必须为生产企业提供运行优化的前提条件和规则。

注重新建或已有钢铁制造流程动态运行的动力学研究。在流程整体动态-有序、协同-连续运行的原则指导下，殷瑞钰概括出了钢铁制造流程动态运行的六条规则，这些规则对于工程设计、生产运行、企业生产管理、技术管理等方面，都是有指导意义的。换言之，这意味着工程思维的转变和创新，也就是从“还原论”思维方法所暴露出的缺失中，找到解决问题的切入口和新思路。

基于上述系统性的思考，结合 10 多年理论联系实际的工程实践，经过长达 5 年多的写作，2013 年 8 月，《冶金流程集成理论与方法》由冶金工业出版社正式出版，这是《冶金流程工程学》的姊妹篇，冶金流程工程学理论体系得到深化与完善。

书中的内容主要包括了总论性、思维方法性的绪论，流程动态运行的概念和理论基础，钢铁制造流程动态运行的基本要素，钢铁制造流程动态运行的特征和分析，钢厂的动态精准设计和集成理论，案例分析，工程思维与新一代钢铁制造流程等七章。经过深入研究钢铁制造流程动态运行的特征，认识到为了钢铁制造流程整体水平的再提升和钢厂企业结构优化，必须高度重视钢铁制造流程中物质-能量-时间-空间-信息的动态集成研究，必须跨越冶金反应或物理形变/相变的“点空间”科学问题和装置/工序的“场空间”科学问题的已有门槛，进入破解钢铁制造流程的“流空间”科学问题的层次，才能得到新的认识、新的概念、新的动态运行的规律。

第十届全国政协副主席、时任中国工程院院长、著名冶金学家徐匡迪院士为《冶金流程集成理论与方法》作序，高度评价了这部著作对中国钢铁工业理论的发展水平做出的贡献。他说：

“殷瑞钰的突出贡献之一是在20世纪90年代担任冶金工业部主管科技和生产的副部长时，紧紧抓住连铸技术在中国的推广应用，仅用了十年时间就使许多大、中型骨干企业实现了全连铸化，全国的连铸比从25%猛增到87%以上。缩小了我国钢铁工业与世界先进水平的差距，也大大提高了钢铁的收得率，还使整个生产流程发生了革命性的变化。”“殷瑞钰院士本着上述的理念与精神，在近十年里，对冶金流程的集成理论与解析方法进行了前瞻性的、缜密的思考与研究，并在此基础上提出了流程动态运行的概念与理论基础，钢铁制造流程动态运行的基本要素与特征分析，钢厂的动态精准设计和集成理论。还结合实际进行了若干案例分析、提出新一代钢铁制造流程。”“毫不夸张地说，此书是他对21世纪中国钢铁工业发展的一个新的重大贡献。”

许多知名教授学者也给予这本书高度的评价。北京科技大学曲英教授说：

“《冶金流程集成理论与方法》是《冶金流程工程学》的姊妹篇，是作者长期从事冶金领域的理论研究和工程实践工作耗费心血所作的理论总结，是我国冶金学领域的又一个重大贡献。冶金流程工程学这一学科是在我国首先形成的，是中国学者对国际冶金学领域的贡献，已经受到国际冶金学界的关注。”

时任中国金属学会专家委员会主任仲增墉教授说：

“新世纪钢铁工业的时代命题已经不能主要依靠基础科学和技术科学来解决，而要通过流程工程学方面的学问，从整体上来解决。《冶金流程集成理论与方法》是在《冶金流程工程学》的理论基础上，突出了开放系统的理论体系，研究、叙述了流程动态运行的有关概念和基础理论，动态精准设计的理论与方法以及生产流程的动态运行和控制，也描绘了未来钢铁企业的功能。《冶金流程集成理论与方法》是一本原创性、高水平的著作，具有很高的出版价值，对于其他流程工业的制造流程研究也具有十分重要的参考价值。”

仲增墉教授在一次祝贺新年的短信中这样评价殷瑞钰：“您为冶金工业工艺的重大发展，冶金流程的优化，冶金理论的重要创新，以及工程哲学研究的开拓取得了骄人的成绩！”

同时，《冶金流程集成理论与方法》也引起国际冶金界的广泛关注。2016 年 10 月《冶金流程集成理论与方法》英文版由国际著名学术出版公司 Elsevier 出版。同时，《冶金流程集成理论与方法》被列为新闻出版署“十二五”国家重点图书出版规划项目。2018 年，《冶金流程集成理论与方法》荣获国家新闻出版广电总局第四届中国出版政府奖图书奖提名奖。

五　关于制造流程智能化的香山科学会议

命题的时代性发展，是殷瑞钰持续思考的动力：能否推动形成流程制造业信息物理融合系统的共识；能否深入研讨流程制造业物理系统本构特征；能否确定流程制造业智能化发展目标、思路和任务；能否提出相应的顶层设计、关键技术和突破点；能否理清流程型制造业智能化与绿色化的关系，讨论战略举措等，为此，殷瑞钰与袁晴棠、干勇、曹湘洪、王国栋和毛新平 6 位院士共同策划，于 2020 年 10 月 21~22 日在北京香山饭店召开以“制造流程物理系统与智能化”为主题的香山科学会议第 682 次学术讨论会。来自全国钢铁和石化系统大型企业、设计院所、高等院校、科研单位以及相关部委的专家、学者共55人应邀出席会议，这也是与冶金流程工程学相关的第三次香山科学讨论会。

会上，殷瑞钰作了题为《制造流程耗散结构的建构与智能化》的会议主题评述报告。他指出，制造流程作为开放、复杂系统，是由相关的、异质异构的自复制单元通过一系列的“界面”技术（群）链接组成的，为了使制造流程在动态运行过程中实现智能化——即实现智能化工厂，必须要建立一个数字物理融合系统。这个动态开放的数字物理融合系统要将异质异构的自复制单元以同一逻辑关联起来。因此，要用“流”的概念，以“流”通过“节点”—“流程网络”—“运行程序”等概念的组织下，以同一逻辑来实现制造流程动态-有序、协同-连续运行。

他强调，流程工程的逻辑一致性首先应该是建立在流程物理系统自身内在的自组织“流”和人为输入信息指令的他组织“力”相互融合的信息-物理系统。也就是要以人为输入信息指令的他组织力（信息流）来提高物理系统内物质流、能量流的自组织有序度，达到物质流、能量流、信息流的融合，使异质异构的自复制单元以统一的逻辑进行动态-有序、协同-连续运行。其物理意义在于使这个信息物理系统（制造流程）运行的耗散过程优化。

他认为，实现流程制造业的工厂智能化，需要通过物理系统一侧和数字信息一侧相向而行，相互适应、相互融合，形成一个开放动态的集成系统。这意味着在物理系统一侧，要从“流”的概念出发构建一个动态-有序运行的耗散结构，这个耗散结构将有利于流程运行的耗散过程优化，同时有利于人为输入信息流的导入和优化。在数字信息一侧则应适应制造流程的本构特征和运行规则，通过自感知、自学习、自适应等手段来构建一个信息流系统，不仅能输入人为的调控信息，而且能及时、有效地获得物理系统和外界环境的各类信息，进而通过模型优化、算法优化和信息网络化产生相应的他组织力——智能调控信息能力。两者结合起来，通过物质流/能量流/信息流协同、“三网”融合的路径，推动流程型工厂本质智能化的达成。就流程制造业而言，智能化将涉及“两链一流”，即供应链—制造流程—服务链。其中制造流程智能化对工厂而言是内在的本质智能化，供应链、服务链的智能化是外延智能化，两者紧密相关。

此次会议的一个鲜明的特点是，由钢铁、石化两个典型的流程制造行业共同发起并探讨制造流程物理系统及其智能化，与会专家充分认识到了流程制造业内不同行业的共性和个性特征，针对流程制造业智能化的关键问题进行了深入讨论，深化了对流程制造业工厂智能化的理论基础的认识，充分认识到流程工程学实际是构成流程制造业智能化的理论基础之一。流程制造业工厂智能化，实质是要构建一个耗散过程优化且易于信息流导入的物理系统；使流程运行的自组织信息与人工输入的他组织信息协同融合，得以高效发挥智能调控作用。为此，需要从物理系统一侧和数字信息系统一侧共同努力，相向而行，相互适应，相互支撑。

此次香山科学会议是由殷瑞钰为主发起的继 1999 年主题为“钢铁制造流程的解析与集成”的香山科学会议第 125 次学术讨论会、2009 年主题为“钢铁制造流程中能源转换机制和能量流网络构建”的香山科学会议第 356 次学术讨论会之后的第三次以冶金流程工程学为理论基础的学术讨论会。通过这三次香山会议，可以看到，冶金流程工程学的理论在不断深化和扩充，并可以拓展到流程工业的不同行业，发展为流程工程学。流程工程学是以工厂制造流程作为研究对象，以实现制造流程整体功能优化为目的，研究制造流程的内涵、结构，制造流程动态运行的物理本质、本构特征及其动态运行的规律和规则；对制造流程的动态运行特征和运行规则及其信息内涵进行物理侧的系统研究；是以新的概念、新的术语、新的模型来阐述制造流程整体运行问题，并采用新的方法和工具对流程功能进行多目标优化的新学说。流程工程学作为一个从制造流程整体优化为出发点而出现、发展和逐渐成熟起来的学科分支，已经形成了从工程应用、科学研究、高等教育等较为全面的学科新分支。其基本概念、理论框架、研究内容、工具方法和学术交流平台等奠定了深入探索流程制造业智能化的基础。这一领域的研究成果实际是构成流程制造业智能化的理论基础之一，这也充分验证了师昌绪先生早在2004年为《冶金流程工程学》作序时提到的“作者在书中对钢铁制造流程物理模型的描述，将有利于引导信息技术高度集成地进入钢铁制造流程的整体调控和智能化”的论断。

六　学科分支　水到渠成

学科分支的形成

春节前夕拜访大学期间的恩师是殷瑞钰多年来一直坚持的习惯。就在《冶金流程工程学》出版后的新年前夕，殷瑞钰按惯例到大学时代的老师、著名冶金学家魏寿昆院士家拜年，其间谈及许多往事，也向魏先生汇报了冶金流程工程学的思考和基本观点。魏先生敏锐地指出：“看起来，你的那些理论像是一个新的冶金学科分支。”大师的提示更加洞开了殷瑞钰进一步开拓冶金学科新分支的信心和决心。

冶金学有着悠久的历史发展过程，追溯到青铜器、铁器时代，冶金术就开始发展了。从1925年英国法拉第学会在伦敦召开“炼钢过程中的物理化学”会议开始，冶金学就跨入了现代科学的发展进程。然而，冶金学有别于物理学、化学、生物学、地学、天文学等以研究自然物理现象为主要目标的基础科学。从根本上看，冶金学不仅是只来源于基础科学，它属于研究人工物世界的技术科学、工程科学范畴，重在研究发展现实生产力的工程知识、技术知识和工程科学知识。其知识的来源是多元化、多层次、集成、综合性的。冶金学知识着重对各类要素、各类知识集成起来，并转化为现实的、直接的生产力，发明、集成、综合、转化是其特征。殷瑞钰认为这是新工科发展过程中应该给予重视的。

有鉴于冶金生产过程的实质是在开放、动态的流程系统中，通过输入/输出“流”在耗散结构中动态-有序、协同-连续运行并实现多目标优化，冶金科学与工程的知识必须要将微观层次的基础冶金学的知识、介观层次的专业工艺冶金学的知识和宏观层次的流程动态冶金学的知识相互嵌套、集成综合起来，形成一个集成化、工程化的知识体系。这个知识体系，既要面向工程科学、工程技术、工程设计，又要面向工程决策、工程管理、工程评估甚至关联到工程哲学等。这是观察研究当代冶金科学与工程应有的视野和思路。殷瑞钰于2004年、2009年出版的《冶金流程工程学》和2013年出版的《冶金流程集成理论与方法》即属此范畴。当代冶金学的战略目标除了制造新一代产品以外，还要聚焦于冶金工厂的绿色化和智能化发展。

他认为，冶金学应该上升到以“流”观化的观念，发新论。新的冶金学理论应该是微观基础冶金学（原子/分子层次的）、专业工艺冶金学（工序/装置层次的）和宏观动态冶金学（制造流程层次的）三个层次的冶金学，通过信息、数字化路径集成、融合构建起来的工程科学。以此推进钢厂三个功能的实现——优质钢铁产品高效率低成本制造功能、能源高效转换和及时回收利用功能、社会大宗废弃物处理-消纳和再资源化功能。进而促进钢铁企业（冶金工厂）的绿色化、智能化。

2012年，中国金属学会组织编写《2012—2013冶金工程技术学科发展报告》，专家们经过讨论，将冶金流程工程学作为学科新分支纳入报告中。中国科协、中国金属学会将冶金流程工程学学科方向纳入《冶金工程学科方向预测及技术路线图》。2019 年中国金属学会编写的《2018—2019 年冶金工程学科方向预测及技术路线图》进一步强调了冶金流程工程学的学科方向，并将其定位于：总体集成的冶金学；顶层设计的冶金学；宏观动态运行的冶金学；工程科学层次上的冶金学。其意义在于：（1）创新性地进行了冶金学理论的层次性开拓；（2）提出了冶金流程网络化、结构化集成；（3）阐述了冶金过程群程序化、协同化运行。

作为学科发展重要方式之一，已有一批高等院校将“冶金流程工程学”纳入教学大纲。在国家高等教育启动“一流大学，一流学科”建设之际，冶金流程工程学被纳入国内主要冶金院校“双一流”建设的内容中，成为冶金工程学科的重要组成部分。2017 年，北京科技大学提出冶金工程新版培养计划。2018 年，北京科技大学在新出台的《北京科技大学一流学科高校建设方案》中提出，冶金工程专业围绕冶金全流程的智能化、信息化、绿色化、国际化，建立以“冶金+”为特色的冶金工程“新工科”学科体系。“冶金流程工程学与智能制造”设置为冶金工程新工科建设专业核心课程，2020 年起定为本科生必修课程。同时，东北大学、中南大学、重庆大学、安徽工业大学、华北理工大学、辽宁科技大学、昆明理工大学、上海大学和西安建筑科技大学等冶金类高校也都将冶金流程工程学纳入本科生培养方案。在推动“冶金流程工程学”教学的过程中，殷瑞钰的脚步遍布祖国大江南北，到北京科技大学、东北大学、中南大学、华北理工大学、安徽工业大学、上海大学、苏州大学、重庆大学、辽宁科技大学、内蒙古科技大学、武汉科技大学、西安建筑科技大学、昆明理工大学、江西理工大学等大学，到宝钢、首钢、武钢、鞍钢、唐钢、攀钢、莱钢、包钢、沙钢、三钢、涟钢等钢铁企业，到钢铁研究总院、冶金自动化研究院、冶金工业规划研究院、中国科学院金属研究所、北京钢铁设计院、中钢集团、北京首钢国际工程技术有限公司、重庆钢铁设计院、武汉钢铁设计院、包头钢铁设计院、洛阳耐火材料研究院、鞍钢集团设计研究院等科研院所，呕心讲学，传播学说，培养人才，建立队伍，乐此不疲。

同时，殷瑞钰还应北京科技大学《冶金流程工程学基础教程》编写组的邀请，不顾工作繁忙和80多岁高龄，担任书稿审定人。从2016年开始，《冶金流程工程学基础教程》编写研讨会先后召开了5次，殷瑞钰都亲自参加会议，给予指导，并向编写人员讲授冶金流程工程学新的研究进展。经过一年多时间的编写、讨论和修改，教材得以定稿。2019年，徐安军教授主编的《冶金流程工程学基础教程》由冶金工业出版社出版。为了加快课程建设，中国金属学会倡议并联合多家单位共同主办的冶金流程工程学学科发展及教学研讨会，于2019年6月29日至7月1日在马鞍山举行，殷瑞钰在第一天上午的会议上做了历时3个小时的“冶金流程工程学的认识思路、内涵和创新”的主题报告，并全程参加了研讨会。在7月1日下午他又做了闭幕发言。他指出，这次会议是冶金流程工程学学科发展和教育研讨的一次重要会议，是一次盛会，会议涉及面宽，涉及了大学教育、工程设计、研究开发、工厂生产和管理，甚至包括规划、咨询等方面的内容。自1993年以来，在师昌绪先生的提示和启发下，在徐匡迪院士、张寿荣院士、陆钟武院士、干勇院士等学者的帮助支持下，经过20多年的努力、交流和实践，冶金流程工程学作为一个新的冶金学科分支已有了相当的共识，具有中国的特色。作为一门学科分支，它的建立和成长对大学教育具有基础性作用。此次会议除了《冶金流程工程学基础教程》发布以外，还具有师资培训的意义。在这一方面，北京科技大学、重庆大学、钢铁研究总院、华北理工大学等单位的教授、学者们作出了重要的贡献。通过此次研讨会，将会有更多的冶金类大学开设这门课程。这门课程除了具有开拓宏观动态冶金学学科新分支的意义之外，是培养学生综合思考问题能力的课程，是为了推进冶金工厂和智能化、绿色化、品牌化相结合的课程，也是培养高层次科技人才和卓越工程师的课程。此次研讨会还有首钢、宝钢、马钢、河钢及山东泰山钢铁公司等专家介绍了他们在生产实践过程中应用和开发与冶金流程工程学相关的技术以及取得的效果，既有经济意义、环保价值，又有学科发展的意义。自 1993 年以来，中国在冶金流程工程学方面得到了逐步的发展和深化，已经积累了许多与此学科相关的新知识，建立了学术梯队，体现了中国冶金学发展的特色，今后应该以滴水穿石的精神持续努力，久久为功，强调理论联系实际，理论指导实践，重视冶金学与信息知识、环境生态知识的交叉，扩大视野，凝聚新方向，并且要定期研讨、交流，不断拓展队伍，取得新的进展。最后，殷瑞钰勉励大家："中国学者们、工程师们奋起吧！"

经过 20 多年的探索和开拓，一个研究冶金制造流程层次上的学科新分支已经在中国成长壮大起来了。

引领研发方向

一个学科分支的出现和发展，国际化和工程应用是不可或缺的重要组成部分。2012 年，在德国德累斯顿召开了第五届炼钢科技国际会议上，殷瑞钰应大会邀请作了题为《炼钢生产过程的解析与动态集成》的大会报告，回顾分析了炼钢生产过程的技术进步及其发展动向，从冶金流程工程学的视角，讨论了炼钢过程的本质及动态集成的特点，引起了国际同行的高度评价。

随着冶金流程集成理论研究的深入发展，带动了我国一批研究项目和战略咨询项目的立项。2016 年，国家自然科学基金项目"基于能源分布式利用的钢铁流程能量流多尺度建模与动态仿真"正式立项，中国工程院、国家自然科学基金委“中国工程科技中长期发展战略研究”项目——流程制造业本质性研究及创新发展战略正式立项，“十三五”国家重点研发计划项目“化工冶金流程系统优化与节能技术”正式立项。2017 年，国家自然科学基金项目“面向工序装置尺度的钢铁制造流程一体化智能调度建模与仿真”正式立项，“十三五”国家重点研发计划项目“钢铁流程关键要素的协同优化和集成应用”正式立项。2016~2018 年，殷瑞钰继续深入研究，提出冶金制造流程要以“三流协同”与“三网融合”为纽带，建立数字物理融合系统，以此来推进钢厂智能化。

开拓、完善、丰富学科体系

冶金流程工程学学科分支的形成，意味着冶金学的研究开拓了一个新的层次，新的领域。当代冶金学（冶金科学与工程）已逐步形成了由三个层次的知识集成构建而成的框架体系，即：（1）原子/分子层次上的微观基础冶金学；（2）工序/装置层次上的专业工艺冶金学；（3）全流程/过程群层次上的宏观动态冶金学。其中，宏观动态冶金学是以耗散结构理论为基础，解决开放-动态系统中的复杂问题，针对的问题是冶金企业生产流程中的整体优化命题，包括冶金制造流程静态结构框架优化和宏观运行动力学优化以及两者的有机结合；解决制造流程内工序功能集合的解析优化、工序/装置之间关系集合的协同优化和生产流程中工序/装置集合的重构优化，涉及全局性、全流程的结构-功能-效率优化；以冶金工厂物理系统优化与信息工程、环境生态工程交叉，解决冶金工厂的绿色化、智能化等全局性的战略命题。鉴于冶金生产过程的实质是在开放、动态的流程系统中，通过一组输入/输出“流”在耗散结构中动态-有序、协同-连续运行并实现多目标优化，冶金科学与工程的知识必须要将微观基础冶金学的知识、专业工艺冶金学的知识和宏观动态冶金学的知识相互嵌套、集成综合起来，形成一个集成化、工程化的知识体系。

学科分支的形成充分体现了殷瑞钰敢于创新，敢于突破传统领域的勇气和决心。具体体现在[1]：

（1）不守旧摊子，不囿于经典热力学的孤立系统观念，迈向探索全流程的开放系统的过程群和宏观过程结构，即进行变层次、变轨道探索思考；

（2）聚焦新目标——聚焦于冶金工厂的绿色化、智能化，着眼于战略层次，具有时代性、前瞻性；

（3）扩展理论基础：冲破孤立系统观念的束缚，认识耗散过程，明确要适应开放、动态、复杂系统的实际和规律，提出新的概念（流程动态运行的物理本质及其本构特征，提出流程动态运行三要素："流"、"流程网络" 和 "运行程序"）；

（4）扩大应用领域：既指引全流程中过程和过程群的自组织结构和他组织调控过程中共同形成的耗散结构和耗散过程优化的研究，又引导新的工程设计理论和方法研究，即动态、精准设计理论和方法；

（5）探索、开拓新的冶金学科分支：在微观基础冶金学、专业工艺冶金学等基础上，探索建立宏观动态冶金学。也就是说，学科建设要形成知识体系，即建立起从原子/分子—工序/装置—物质流/能量流/信息流全流程融合的、工程化集成设计和生产运行等不同过程、不同层次相互关联的知识体系。

作为一个新兴学科分支的创立者，回顾冶金流程工程学从提出、创立、完善到应用的过程，殷瑞钰有感而发，写出了关于冶金流程工程学的基本思路，归纳出了创新点[2]：

（1）联系实际开境界——研究的对象从原子/分子层次、工序/场域层次，开拓到流程/过程群层次；

[1][2] 殷瑞钰．冶金流程工程学［M］．北京：冶金工业出版社，2004.

（2）三流一态一基础——制造流程中的物质流、能量流、信息流处在动态-有序、协同-连续的状态，其理论基础是耗散结构理论；

（3）三个要素表本质——制造流程动态运行的要素是“流”、“流程网络”和“运行程序”；

（4）流程拓展三功能——钢铁制造流程的功能应该拓展为钢铁产品制造功能、能源高效转换功能、社会大宗废弃物处理-消纳和再资源化功能；

（5）动态运行六规则——对钢铁制造流程动态运行制订了6条运行规则；

（6）动态精准搞设计——制造流程的整体设计应该是动态的、精准的，相互衔接、动态匹配的，要重视工序装置之间“界面技术”；

（7）绿色智能是方向——21世纪冶金制造流程的共性发展方向是绿色化、智能化；

（8）探索学科新分支——以“流”为本体，以“流”观化的视野出发，拓展出冶金流程工程学学科新分支。

七　冶金流程工程学分会成立

积沙成塔，聚木成林。学术的发展离不开领域内研究人员的充分交流与合作。随着冶金流程工程学研究队伍的发展壮大，创立全国性的学术交流平台提上了议事日程。在殷瑞钰院士的倡议和组织下，经团队学术骨干的积极筹划，中国金属学会批准成立中国金属学会冶金流程工程学分会。

2020 年 12 月 20 日，对冶金流程工程学学科分支而言，是一个特别值得纪念的日子。这一天，“中国金属学会冶金流程工程学分会成立大会暨学术研讨会”在北京科技大学召开。来自高校、科研院所、相关学术组织和企业的多名院士、领导、专家以及分会委员共 100 多位代表齐聚一堂，庆祝分会成立。时任中国金属学会理事长、中国工程院院士干勇，钢铁研究总院名誉院长、中国工程院院士殷瑞钰，中国石化集团公司科学技术委员会顾问、中国工程院院士袁晴棠，北京矿冶研究总院原院长、中国工程院院士孙传尧，北京科技大学钢铁共性技术协同创新中心主任、中国工程院院士毛新平，东北大学副校长、中国工程院院士唐立新，中国有色金属工业协会党委书记葛红林，中国钢铁工业协会副会长骆铁军，中国金属学会常务副理事长赵沛，中国金属学会副理事长兼秘书长王新江，中国钢研科技集团有限公司党委书记、董事长张少明，北京科技大学校长杨仁树等领导和嘉宾出席会议。

中国金属学会冶金流程工程学分会成立大会暨学术研讨会

（第一排左九为殷瑞钰，2020 年）

干勇院士宣布中国金属学会冶金流程工程学分会成立并表示祝贺。他在致辞中指出：

“成立冶金流程工程学分会对于我国钢铁冶金行业发展历程来说是一件大事。在钢铁冶金的研究和学习中，在开拓新的钢铁产业结构和模式的过程中，在高质量发展和绿色化、智能化、数字化的过程中，由以殷瑞钰为首的工程院院士团队和冶金行业中的各位精英，特别是北京科技大学和钢铁研究总院做了大量的工作，通过钢铁冶金企业的长期实践，殷瑞钰院士团队提炼发展了一个新的重要的学科分支——冶金流程工程学。成立中国金属学会冶金流程工程学分会标志着我国的冶金学科上了一个新的台阶，在研究理论构成上出现了一个新的高峰。”

赵沛常务副理事长宣读了分会委员名单，并在讲话中指出：

“冶金流程工程学是我国钢铁工业高速发展时期，由殷瑞钰院士创建的一门学科，属于冶金科学和材料科学范畴。这是由中国人首次提出和建立的冶金学科的分支，其相关的理论和实践得到了国内外专家学者和工程技术人员的高度评价，对推动我国钢铁工业的智能化、绿色化转型发展有着十分重要的作用。殷瑞钰院士是我国冶金科技界的领军人物之一，他经历了中国钢铁工业最重要发展时期的重大技术和工程实践、结构调整和发展决策的全过程，为我国冶金科技进步做出了重大的历史性贡献。在冶金流程的优化，智能化、绿色可持续发展理论和实践方面均做出了创造性的贡献。殷瑞钰院士通过多年的研究和实践，对冶金流程的动态运行物理本质进行了深入的诠释，阐明了钢铁制造流程当中物质流、能量流、信息流之间的相互作用和协同运行的关系，提出了建立新一代钢铁制造流程的理论框架和钢厂动态精准设计的方法，并在首钢京唐钢铁公司的设计、建设和运行中得到了成功的体现。中国金属学会干勇理事长和理事会全体成员一致同意建立冶金流程工程学分会，相信分会在殷瑞钰院士的指导下，在挂靠单位北京科技大学和广大会员的大力支持下，将有力推动冶金流程工程学学科的发展，引导冶金制造流程向绿色化和智能化方向转型发展。相信在殷院士和分会全体同志的共同努力下，在广大科技工作者的不断推动下，我国冶金学理论和工程实践一定会赶超国际领先水平，全面实现钢铁工业现代化。”

杨仁树校长代表挂靠单位对分会的成立表示祝贺。杨仁树校长在讲话中指出：

“冶金工程学科经过近一个世纪的探索和发展，已经在原子、分子层面和装置/工序层面，逐渐形成了较为成熟的学科知识体系。冶金流程工程学是在已有学科内容基础上，运用系统科学的方法，在不同尺度和层次上对冶金制造流程进行解析-集成，进行整体性和集成性研究的新分支。在冶金流程工程学的理论发展过程中，2001 年，北京科技大学冶金工程专业就开设了‘钢铁流程多维物流管制’‘冶金流程工程学’等专业课程。2018 年，学校将‘冶金流程工程学与智能制造’设置为冶金工程专业核心课程，并开设‘工程哲学’等支撑课程，支持出版《冶金流程工程学基础教程》教材。以冶金流程工程学为核心的科研团队也逐步成熟壮大，承担多项国家支撑计划和研发计划课题，推动冶金流程工程学基础理论和方法的研究不断深入。中国金属学会的炼铁、炼钢、反应工程、冶金物化、熔盐、电冶金等 6 个分会都挂靠在北京科技大学冶金工程学科，此次冶金流程工程学分会在北京科技大学挂牌成立，将为推动我国新时代的冶金工程人才培养，服务冶金制造流程向绿色化、智能化方向发展，搭建一个全新的平台。同时，将有助于促进北京科技大学冶金工程专业与能源、环境、信息、自动化等学科的交叉融合，建立复合型‘新工科’人才培养体系；将有助于学校冶金工程专业加速开拓新的学科分支，建立若干‘冶金+’新理论、新技术。”

张少明董事长讲话指出：

“冶金流程工程学是中国冶金学者根据钢铁工业的发展进程和趋势，对冶金学科的研究新方向，经过不断深入思考和研究，进而提出的一个新的学术领域。冶金流程工程学是新的冶金学分支，拓展了冶金学科的新层次，完善了冶金学的学科体系，并指导冶金工厂整体动态运行和工厂的动态精准设计和管控，必将引导冶金学发展的新方向：绿色化、智能化和品牌化。今天在此成立中国金属学会冶金流程工程学分会，非常及时和必要。冶金流程工程学分会作为平台，可以凝聚起领域内的全部智慧和力量，促进冶金流程工程学的教学、科研、生产，尤其是要将冶金流程工程学理论在钢铁企业落地生根，为我国钢铁行业转型升级，实现高质量发展提供理论指导、方法引领和技术支撑。”他在讲话中同时表示中国钢研作为秘书长单位，有责任和义务做好分会支撑，落实好各项工作，将冶金流程工程学思想发扬光大，为我国钢铁行业的转型升级和高质量发展做出应有的贡献！

孙传尧院士对冶金流程工程学分会成立及冶金流程工程学应用谈了3点体会：

一是冶金流程工程学作为学科新分支具有划时代、里程碑意义。他评价殷瑞钰院士是“战场上杀出来的将军”，是战略科学家。殷院士从企业实践到冶金部行业管理、到钢铁研究总院和中国工程院承担学术课题与咨询项目，几十年孜孜不倦，通过艰辛的探索与努力，首次提出冶金流程工程学理论，足见是“战场上杀出来的将军”和战略科学家的水平。二是通过多年的实践，深深体会到流程工业与离散工业是不同的，流程的连续性，前后工序间的衔接是非常重要的，其中有深奥的理论。自己以前多是从工艺制度和装备上去研究和思考，从未从流程工程学层次上思考问题，冶金流程工程学则是提出了新的思考层次，从更高的高度指导工艺设备的研发。

他表示会将此新的理论向同行们推荐并深入学习。三是冶金流程工程学不仅是钢铁工业的理论，有色金属冶金、矿物加工和选矿，也都应当整体纳入冶金流程工程学的范畴，相信有了冶金流程工程学理论的指导，这些领域的研发、生产和工程转化会有新的进展。”

袁晴棠院士指出：

“冶金流程工程学分会的成立将有助于冶金流程工程学科进行系统研究，推动冶金流程工程学持续发展。冶金流程工程学历经理论与方法的研究与探索、认识创新、理论建立、实践与发展，形成了比较完整的理论系统，成为冶金学科的新分支，正如殷瑞钰指出的冶金流程工程学将拓展冶金学科的新层次，完善冶金学的学科体系，指导冶金工厂的整体动态运行和工厂的动态精准设计与管控，并引导冶金学的新方向：绿色化、智能化和品牌化。相信冶金流程工程学的形成与发展，将对钢铁工业的转型升级和高质量发展起到引领和推动作用。

同时从石化工业是典型的流程工业，石化工业与钢铁工业是‘表兄弟’的关系出发，指出石化工业取得了显著的成就，整体规模跻身世界前列，但与世界石化强国相比，石化工业发展质量还不够高，存在规模效益未充分发挥、总量过剩与结构性短缺矛盾突出、企业竞争实力存在差距、两化融合制约因素较多以及绿色低碳安全环保压力大等挑战，迫切需要转型升级、提质增效，向绿色化、智能化方向发展。从本质上讲，首先最核心的是需要整体优化石化的生产全过程，流程工程学作为流程制造业制造流程及其智能化的理论基础，在2020年10月21~22日第682次香山科学会议上，得到了钢铁冶金和石油化工界有关院士与专家的广泛认同。冶金流程工程学作为一个以制造流程整体优化为出发点而出现、发展和逐步成熟起来的学科分支，对石化制造流程整体功能优化将起到重要的理论指导作用。冶金流程工程学的形成与发展不但对冶金制造流程整体优化起到理论指导作用，而且也将对石化工业流程整体功能的优化起到重要的借鉴和指导作用。”

袁院士再次祝贺冶金流程工程学分会的成立，并祝愿冶金流程工程学取得新的、更大的发展。

葛红林书记从自身工作历程讲述了冶金流程工程学应用的体会：

“第一阶段是1998~2001年在宝钢担任副总经理兼任宝钢研究院院长时，始终坚持将连续化作为钢铁流程优化和再造的‘根和魂’，并融入紧凑型和近终型制造理念，取得不少成功经验。他表示以他在宝钢工作的实践经验和体会来看，冶金流程工程学是非常重要和必要的。第二阶段是2001~2014年在成都担任市长的阶段，将冶金流程工程学中关于‘连续’的理论探索性地应用到政府审批流程再造，2004年，在全国率先创建了政府政务服务大厅，将分散于各委办局的审批事项进大厅，将离散的服务过程予以链接，进行连续化的改造，实现了政府服务一站式创新，提高了效率，深受企业和市民的欢迎。第三阶段是2014~2019年，在中铝集团当董事长，感到应当加快冶金流程工程学推广应用到有色金属行业，在有色流程的连续化上补短板，做文章，可以率先在连续铸造、连续轧制上突破，重点攻克相关的过程工艺控制和工程设计优化。第四阶段是2019年至今，在中国有色金属工业协会工作，感到应进一步加强钢铁和有色金属行业间的科技交流，两个行业本属冶金大行业，二者的基本流程有着许多的共性，应互相借鉴经验，互相应用渗透。此外，还应加强同一区域内的钢铁厂和有色金属企业之间的流程整合、互融、互通的研究，从企业流程优化迈向区域优化流程，将进一步提高生产效率和节能降耗，很值得关注。冶金流程工程学学科是具有系统性、整体性的，除了对钢铁行业人才培养有意义外，对于其他学科和领域都具有一定的指导意义，因此，冶金流程工程学学科也应有拓展性思维，拓展到其他流程、甚至拓展到社会科学领域。”

骆铁军副会长指出：

“冶金流程工程学分会成立是我国钢铁科技领域的一件大事，符合中央经济会议要抓紧制定实施基础研究的精神。冶金流程工程学发展到今天，殷瑞钰院士及其团队付出了艰辛的努力。经过近30年的探索、开拓和发展，冶金流程工程学已成为包括科学研究、工程应用、高等教育等在内的一个较为全面的、新的冶金学科分支。冶金流程工程学分会的成立，必将为钢铁行业科技进步提供技术支撑。”

唐立新院士指出：

“殷瑞钰院士在生产实践的基础上挖掘科学问题，上升到规律总结，创立冶金流程工程学理论，分会的成立将为学术界、工业界和教育界建立长期的、稳定的、持续的交流合作平台。这一平台对于当下复杂国际形势下促进高质量发展具有赋能作用。冶金流程工程学从科学层面、教育层面和实践层面有再认识的过程，从科学层面‘三流’协同、‘三网’融合，打破了原有孤立的、分散的、从单一的物质转换、动力环节、控制环节孤立化研究的现状，从集成的高度看待问题，打开了从全链条、全流程开展研究的视角；同时冶金流程工程学沟通了多尺度、多层次间的联系，可以促进实现集成优化。冶金流程工程学对科学思维、系统思维及工程思维等方面都有重要的指引作用。”

原济钢集团常务副总经理、总工程师温燕明在讲话中表示：

“自己从事钢铁行业工作50年，深受殷瑞钰院士的影响。2020年中国年产钢量超过了10亿吨，这是标志性的成果，是钢铁流程从无序到有序，理论孕育、成熟、引导的结果。当前我国钢铁工业钢材成材率达到96.3%，连铸比达到99.59%，都是与冶金流程工程学的理论引导有关的，流程工程学是中国对世界钢铁工业的巨大贡献。”

会上，殷瑞钰院士作了题为《论冶金工程学科的架构》的报告，报告指出，冶金工业是流程制造业，绿色化、智能化已成为2020年以后的战略性任务。面对冶金工业、冶金企业绿色化、智能化的战略目标需求，亟需形成一个“三个层次、相互嵌套、综合集成”的冶金科学与工程学科体系。要通过新发展的宏观动态冶金学（冶金流程工程学）将冶金生产流程中各类过程/各级过程整合起来，通过流程结构优化、功能拓展、效率提升的整体涌现性来推动企业的绿色化、智能化转型。冶金流程工程学是以冶金制造流程为研究对象的学说，是一系列过程群的集成，是一组相关的、异质异构工序/装置通过链接件（“界面”技术）进行耦合集成并实现有序运行的整体系统。冶金制造流程是在特定的开放系统中动态-有序、协同-连续运动的动态持续运行过程，其物理本质是：物质流在能量流的驱动和作用下，按照一定的运行程序，沿着设定的流程网络作动态-有序、协同-连续的持续运行过程。新的冶金学分支——冶金流程工程学，将拓展冶金学科的新层次，完善冶金学的学科体系，并指导冶金工厂整体动态运行和工厂的动态精准设计和管控，引导冶金学发展的新方向——绿色化、智能化、品牌化。

参会的其他领导和嘉宾也在热烈祝贺冶金流程工程学分会成立的同时，充分肯定了冶金流程工程学的重要意义，对于殷瑞钰院士的开拓性工作给予了高度评价和赞赏，认为冶金流程工程学分会成立必将进一步激励和帮助相关研究团队努力工作，开拓进取，在冶金流程工程学领域作出更大的成绩，在建设钢铁强国的征程中作出更多贡献。

作为冶金流程工程学学科的开拓者，看到冶金流程工程学分会成立，一批有志于冶金流程工程学研究的学者成长起来，殷瑞钰院士深感欣慰。在成立大会结束时，殷瑞钰院士以毛主席的诗词《咏梅》中的诗句“待到山花烂漫时，她在丛中笑”表达了自己的激动心情。

八 继续钻研 再著新作

笔耕不辍，功不唐捐。2015 年以后，殷瑞钰在《冶金流程工程学》《冶金流程集成理论与方法》两本专著及一些重大工程实践过程的基础上，对冶金制造流程的结构和动态运行理论深入探索、研究和思考。此间，形成的新认识他随时以短文的形式保留下来，逐步积累、集成编辑、整合，历经六年时光，最终再著新作——《冶金流程学》。

《冶金流程学》是在《冶金流程工程学》《冶金流程集成理论与方法》的基础上深化和提炼的系统研究成果。其理论基础之一是开放的、非平衡系统热力学，其特征是流程系统与环境之间不间断地进行物质、能量和信息的交换，换言之，系统结构在与环境的共生之中而存在。不断输入流程系统的负熵流可以抵消流程系统运行过程的熵产生。开放系统一定是动态的，动态运行除了具有物质、能量的含义以外，还一定具有时间、空间含义，当然，还有相关的信息含义；离开时-空概念来讨论动态运行是没有意义的，也是不可能的。

他指出，在钢厂内部碰到的过程问题主要有三类：第一类是分子和分子、原子和原子之间的过程，例如还原过程、氧化过程等；第二类是装置或工序的运行过程，例如高炉、转炉、连铸机等运行过程；第三类是车间或工厂运行的流程。这三类过程之间有层次关系、结构关系——体现为层次性、结构性、整体性。那么，要使得流程整体的动态运行能够实现多目标优化，必须建立在过程耗散最小化的基础上，要实现过程耗散最小化就应有一个合适的耗散结构。它一定是由物质、能量、时间、空间、信息五位一体所组成的。结构一定会涉及静态结构和动态运行的要素，即节点、流程网络、运行程序等，并涉及要素之间的作用关系和层次性，一定要有时-空观念。就静态结构而言，“时”的概念不明显，但“空”（空间）的概念还是有的，并且空间的因素往往因总平面图等的确定而被“固化”了。当然，在某些条件下，流程动态运行过程中的某些“空间”性的因素也可以间接地转化为“时间”的效果或价值。简言之，生产流程的结构体现着不同工序或不同节点之间的相互作用关系和动态运行的程序。

冶金制造流程是由相关的异质异构的工序/装置通过一系列“界面”技术按照一定的结构构成的、集成的动态运行系统，包括连续性/准连续性的操作方式和间歇性的操作方式。怎样才能把这些差别很大的众多单元工序/装置组织成协调一致的运动？必须把运动的重要参数之一——时间作为目标函数来分析处理。在耗散结构和自组织理论指导下，把看起来变幻无常的问题转变为动态有序的、逻辑一致的运动，也就是组织成为动态-有序、协同-连续运行的“流”。由于“流”的运动具有时-空上的动态性、矢量性和过程性，在“流”的动态运行过程中其输出/输入具有矢量动态特征，而“流程网络”实际上是“流”运行过程的空间-时间框架，为了减少运行过程的耗散，必然要求“流程网络”简捷化、紧凑化；优化的“流程网络”是十分重要的，否则就会导致“流”的运行过程出现无序或混沌。“流程网络”中的工艺流程图、总平面图等能直观地表达空间概念、空间因素，实际上也间接或直接地表达了时间因素，表达了某些时间程序性的规则。这一点在冶金工厂的生产运行和/或工程设计过程中应作为重要的指导原则之一。也就是说在思考制造流程的工程科学中，建立起“流”、“流程网络”和“运行程序”的概念是十分重要的，是制造流程动态运行的基本要素。

他强调，“流”的动态过程性质，必然蕴含着“运行程序”，流程的“运行程序”实际上在很大程度上是“他组织”的信息指令。“流程网络”优化和“运行程序”合理，会促进“流”进入动态-有序、稳定的状态；反之，如果“流程网络”欠佳，“运行程序”不合理或是失稳，将导致“流”进入混沌、失稳的状态。

为了实现开放系统中“流”的持续不断地输入/输出过程的优化，应该建立起优化的“流程网络”和合理的“运行程序”，这样可以使开放系统中的“力”和“流”之间通过非线性相互作用（这将体现为一系列“界面”技术——链接件），形成功能的、空间的、时间的自组织系统——动态有序化的运行系统。也就是说，通过构建一个合理、优化的“流程网络”（如平面图等），随着“流程网络”中各个“节点”运动的“涨落”以及各“节点”之间链接件（“界面”技术）的相干、协同关系，可以形成一个非线性相互作用的场域（动态结构），并通过编制一套反映流程动态运行物理本质的自组织、他组织调控程序，实现开放的流程系统中各运行工序/装置之间的非线性“耦合”，从而形成开放系统合理的“耗散结构”，使“流”在动态有序运行过程中耗散“最小化”。

如此，以开放复杂系统的整体论、层次论、耗散论思维为基础，探索冶金制造流程工程设计和生产流程动态运行的理论和方法，包括动力论、结构论、连续论、嵌入论、协同论、功能论等。在此基础上，《冶金流程学》以新的概念、新的术语、新的模型来阐述冶金制造流程整体动态运行问题，研究了流程型制造流程的共性特征，突出了“以流观化”和耗散以及耗散结构的概念，突出了流程物理系统的本构特征与耗散结构的关系，突出了流程的自组织性和人为输入的他组织“力”的关系，讨论了钢厂动态精准设计和集成理论，讨论了流程制造业智能化的内涵和推进方向，讨论了钢铁与低碳化发展的时代命题。

与前两本著作相比，《冶金流程学》内容上既有一以贯之的部分，如冶金流程动态运行的物理本质、钢铁制造流程三大功能、钢厂动态精准设计等，也有深化拓展的内容，如制造流程物理系统的本构特征、耗散是流程制造业的本质和本构特征、制造流程智能化、脱碳化发展路径的探讨等。

区别于前两本著作，该书重在讨论流程制造业的制造流程所涉及的理论问题，重在夯实理论基础，具体工程实例涉及较少。因此，从《冶金流程工程学》发展到《冶金流程学》，在某种程度上深入讨论了各类流程制造业的共性特征，深化了“制造流程动态运行的物理本质和本构特征”“开放系统与耗散结构”等方面的理论认识。

新著《冶金流程学》有如下特色：

（1）丰富了冶金学的理论认识层次，从冶金学和钢铁工业的发展历史进程出发，创造性地提出了微观基础冶金学、专业工艺冶金学和宏观动态冶金学三个层次冶金学的概念，并阐述了其相互之间的嵌套和集成关系，指出冶金流程学即属于宏观动态冶金学的范畴，而当代冶金科学与工程的发展，必须要将这三个层次的冶金学知识相互嵌套、集成综合起来，形成一个集成化、工程化的知识体系。

（2）明确了冶金流程学的定位，指出冶金流程学是一个新的冶金学分支，是总体集成的冶金学、顶层设计的冶金学、宏观动态运行的冶金学、工程科学层次上的冶金学，具有时代创新性。冶金流程学是大时-空尺度的、跨时-空尺度的、兼涉物质-能量-时间-空间-信息的整体性学问，并且体现着以动态-有序、衔接-匹配、协同-连续为特征的结构化知识，是多因子-多层次嵌套、集成、协同的冶金学；是开放-动态、集成一体化的冶金学；是面向制造流程自组织信息与人工输入他组织信息融合的冶金学；是直接面向绿色化、智能化的冶金学。

（3）深化了理论认识，特别是对冶金过程中的耗散现象、耗散过程和耗散结构的认识，深入阐述了冶金流程动态运行过程中耗散结构的工程化模型，深化了对物理本质耗散过程的认识，并揭示出制造流程的本构特征，进而联系到冶金企业的宏观运行动力学、钢厂动态精准设计理论和方法以及若干工程逻辑的思辨。

（4）以开放复杂系统的整体论、层次论、耗散论思维为基础，论述了包括动力论、结构论、连续论、嵌入论、协同论、功能论在内的冶金制造流程工程设计和生产流程动态运行的理论和方法；加强了理论、方法与生产运行过程的结合，采用虚实结合的思维逻辑，进一步促进了工程设计和工厂生产运行的结合，突出了“流”的概念，强调并揭示了开发“界面”技术的重要性和必要性，从而充实了本构特征的理论和实践内涵；指出流程制造业各类企业的工程设计核心概念是要构建一个整体协同-优化的制造流程，而制造流程动态精准设计的核心思路是“动态”和“集成”（包括物质、能量、时间、空间和信息等要素的集成与融合）。

（5）对流程制造业智能化的内涵及其推进路径、思路进行了探讨，指出钢厂智能化的核心是制造流程本质智能化，也就是要建立一个制造流程动态运行过程中的信息物理融合系统，这需要从物理系统一侧和数字信息系统一侧共同推进，相向而行，相互融合，通过物质流、能量流、信息流“三流”关联协同和物质流网络、能量流网络、信息流网络“三网”融合的路径，使之易于达到动态-有序、协同-连续的运行状态，即“三流一态”。

（6）在对国内外应对气候变化的形势及钢铁行业 CO_2 排放现状、碳减排策略分析的基础上，讨论了中国钢铁行业低碳发展的路线图设想和实现碳达峰、碳中和的思路与措施；指出钢铁行业的脱碳化发展在不同国家、不同情况下都将经历粗钢产出总量控制，生产制造流程转型，积极推进技术进步、技术创新以及实行相应的政策措施等过程。

干勇院士在该书的序中写道：

十九届五中全会明确提出要推动传统产业高端化、智能化、绿色化发展，就是深入推进全产线的高端化，全工序的智能化以及全产业链的绿色化，特别是全行业的低碳化。钢铁工业要实现这个目标需从多方面着手，而理论研究最先行。传统的冶金学研究主要集中在微观基础冶金学和专业工艺冶金学，前者以冶金过程物理化学、冶金原理、金属学等为代表，从原子/分子的微观尺度去观察问题，解释冶金工序中某些过程、机理等，用以解决工序功能集合解析-优化问题。后者以炼铁学、炼钢学、金属压力加工学等为代表，从工序/装置等专门场域尺度去观察问题，用以解决工序/装置的局部结构优化问题。这些理论推动了我国钢铁工业的巨大进步，然而在应对钢铁工业高端化、智能化、绿色化发展这样的全局性战略命题时，明显力所不及。因此，新时代钢铁行业的发展亟须针对冶金流程的宏观尺度冶金新学说。

作者长期在钢铁企业、科研单位和国家产业部门从事生产工艺、学术研究和科技管理工作，亲自主导和参与了很多重大的工程实践、技术开发、战略决策等过程，积累了大量不同尺度、不同层次的经验和认识。根据数十年的产业实践和学术研究，从工程科学高度开拓了冶金流程学的学科新方向，并撰写《冶金流程工程学》《冶金流程集成理论与方法》等学术著作。在此基础上，透过现象看本质，进一步对冶金流程的本质进行了深刻的思考和探索，经过多年的归纳提炼，著得新作——《冶金流程学》，实现了冶金学理论的层次性开拓。冶金流程学是一个新的冶金学分支，是总体集成的冶金学，是大时-空尺度的、跨时-空尺度的、兼涉物质-能量-时间-空间-信息的整体性学问，具有时代创新性。创造性地提出了微观基础冶金学、专业工艺冶金学和宏观动态冶金学三个层次冶金学的概念，指出冶金流程学即属于宏观动态冶金学的范畴。剖析了冶金过程中的耗散现象、耗散过程和耗散结构，研究了冶金制造流程动态运行的物理本质、本构特征及其动态运行的规律，认为要构建整体协同-优化的冶金制造流程。指出钢厂智能化的核心是制造流程本质智能化，并讨论了中国钢铁行业实现碳达峰、碳中和的思路与措施。

新著的另一特色是：在某种程度上深入讨论了流程制造业的共性特征，深化了“流程型制造流程动态运行的物理本质和本构特征”“开放系统和耗散结构”等方面的理论认识，因而对石化、水泥等流程制造业的工程设计、生产运行会有某些参考价值。

高端化、智能化、绿色化是新时代钢铁工业的主要任务，在实现过程中将涉及微观基础冶金学、专业工艺冶金学和宏观动态冶金学等多方面、多尺度、多层次的研究和发展。在钢铁工业新发展的关键时期，冶金流程学这一新学说的开拓，通过其对冶金流程本质的深入分析和深刻认识，为钢铁企业的高端化、智能化、绿色化转型提供了系统性的理论支撑。

博观而约取，厚积而薄发。以宽阔的视野审视学问，以博大的胸怀努力做事，这是殷瑞钰长期以来在工作实践中形成的风格。在研究冶金流程工程学的过程中，他认识到钢铁工业由技艺转向冶金过程物理化学的过程是一个认识升华过程，是使钢铁工业找到科学的基础，进而他又认识到冶金过程中的科学问题，应该是由原子/分子层次上的微观基础科学、工序/装置层次上的技术科学和生产过程全流程层次上的工程科学组成。这些对冶金学的认识进展，使殷瑞钰逐步由工程技术专家向工程科学研究学者转型。

第九章

拓工程哲学 立中国学派

马克思说：“哲学家们只是用不同的方式解释世界，而问题在于改变世界。”殷瑞钰研究的“工程哲学”就是着眼于如何合理地构建人工物世界，如何转化为现实生产力，工程哲学要指导工程思维和工程实践。他不仅是一个工程科学家，同时也成为一个跨界研究工程哲学的开拓者。

勤奋砥砺笔纵横，时代为助境千万。

——殷瑞钰

一　命题发论与学术联盟

当选　提问　发论

2000 年的一天，原冶金部周传典副部长给殷瑞钰打电话：

“老殷啊，中国自然辩证法研究会的理事会将要换届，我推荐你接替我去当副理事长，我觉得你最合适。”

“周部长，我不是学哲学的，我不懂啊。”殷瑞钰爽朗地笑着。

“你的文章就很有哲学味道嘛，相信你很快就能适应，这里特别需要像你这样的工程技术专家。”

“只要需要，我就会去努力。”

“我就知道你会同意，你就是学术上的孺子牛，哪里需要耕种，你就会全力以赴。”

“哈哈哈……”两人的笑声中融入了互相信任的情感。

2001 年，在中国自然辩证法研究会第五届全国代表大会上，殷瑞钰当选为中国自然辩证法研究会副理事长。

早在 2000 年中国工程院成立工程管理学部的时候，在一次学部常委会上，作为学部主任的殷瑞钰就提出要共同探讨关于工程管理理论的相关命题。特别是什么是工程？工程和科学、技术、产业、经济是什么关系？哲学上怎么认识工程师？什么是工程管理？工程管理和管理工程有什么区别？继而又提出要对工程哲学和工程管理论开展系统性的研究。总之，为了使中国工程院工程管理学部在理论上统一认识、使学部得到健康发展，殷瑞钰觉得应该加强对工程哲学和工程管理相关的理论问题进行专门研究，工程活动中必然存在着许多深刻重要的哲学问题，认识工程的本质、功能、特征和工程发展的规律，离不开哲学思维。

新中国成立后，特别是改革开放以来，我国的工程建设规模空前，是世界上工程活动最多的国家，对于工程活动中的丰富经验和一些教训，迫切需要从理论上，尤其是从哲学上进行认识总结和反思。作为工程科技专家的殷瑞钰于2002年在《中国工程科学》上发表了《关于技术创新问题的若干认识》一文，该文讨论了“科学、技术、工程、产业的本质及其相互之间的关系。”这是开创工程哲学具有重要意义的一篇论文，对认清工程的哲学范畴、经济意义、社会价值有很大帮助。与此同时，中国知名哲学家、中国科学院大学教授李伯聪出版了《工程哲学引论：我造物故我在》，观点有很多契合，大有相互启发、相互支撑的态势。

殷瑞钰认为，从实质上看，工程可以看成是以一种核心专业技术或几种核心专业技术加上相关的配套辅助技术所构成的技术组合应用的知识体系，是一种既包括技术要素又包括非技术要素的、系统集成为基础的物质性实践活动。其中包括确立正确的工程理念和一系列决策、设计、构建和运行、管理等活动的过程，其结果又往往具体地体现为特定形式的技术集成体。虽然工程的实质内涵之一是某种形式的科学应用，但是，由于工程是特定形式的基本要素集合、技术集成过程和技术集成体，在这种集合、集成的过程中，本身也蕴涵着科学问题——工程科学。因此，工程不应简单地表述为“科学的应用”，也不是相关技术的简单堆砌、拼凑，工程在技术集成的过程中存在着更大时-空尺度上的以及更多维度上的工程科学性质的学问。

智者的对话

2003年的一天，时任中国工程院院长徐匡迪院士和时任工程管理学部主任的殷瑞钰在会后谈起李伯聪的《工程哲学引论：我造物故我在》这本书。

徐匡迪院长说："这本书很好，在学术界和工程界应会引起很大反响。工程需要有哲学支撑，工程师需要有哲学思维。中央提出的'科学发展观''走新型工业化道路'要求我们在工程活动中树立正确的哲学观，迫切需要工程师和工程管理者运用唯物论和辩证法来指导工程活动。"

殷瑞钰说："是啊，以往的工程活动积累了丰富的经验，也存在一些教训，总结历史经验需要哲学思维。现实的需要和形势的发展都要求把工程问题提升到哲学高度来认识，要求对已有的工程进行理性的反思，要求对工程的本质和规律进行探讨，这是时代的要求，也是学者、企业家和工程师应该担负的责任。"

徐匡迪院长说："工程哲学很重要，工程院一定全力支持工程管理学部开展工程哲学的研究，把工程和哲学结合起来，推动中国的新型工业化道路。工程管理学部要把这件事抓起来，让其大放光彩。"

殷瑞钰说："工程与哲学只有相向而行，融合在一起，走'哲学界与工程界联盟'之路，才能行稳致远。工程哲学的发展不仅是哲学界的事，也是工程界的事。"

徐匡迪院长说："对呀，工程师要有哲学思维，哲学家要面向工程。推动工程与哲学融合在一起，共同研究发展，这是个难点，也是个重点，我看这个重任还要落在你身上啊！"

殷瑞钰谦逊地笑了笑，说："我一定会努力的。"

上面的谈话，像学者之间的探讨，更像两个哲人的对话。徐匡迪院长把深入研究"工程哲学"这一任务交给了殷瑞钰。对殷瑞钰来说，老骥伏枥，志在千里。只要能思考，就行不止、勇向前。

为推动工程哲学在中国的发展，迫切需要成立一个全国性的学术组织。为此，殷瑞钰领衔与李伯聪、丘亮辉、赵建军一起建议筹备和成立中国自然辩证法研究会工程哲学专业委员会，此事得到了第八届全国政协秘书长、时任中国自然辩证法研究会理事长朱训同志的大力支持。

2004 年 2 月，朱训理事长主持中国自然辩证法研究会五届六次常务理事会批准成立“工程哲学专业委员会筹备组”，确定由殷瑞钰牵头负责筹备成立工程哲学专业委员会的工作。

成立学术组织

2004 年 6 月 23 日，工程哲学专业委员会筹备组在北京中国科技会堂召开工程哲学座谈会。会议由殷瑞钰主持，徐匡迪院长出席并发表了重要讲话。会议主要议题是研讨工程哲学的作用与价值，工程哲学研究的主要方向和领域，推动开展工程哲学研究的措施等。殷瑞钰首先介绍了召开这次座谈会的缘起和目的。他说，中国自然辩证法研究会要成立工程哲学专业委员会，希望工程界和哲学界的专家都能关注和参与，建立起工程界和哲学界的联盟。这项工作刚刚起步，但意义重大，任重道远。对于工程，我们要进行哲学视野上的研究，要进行跨学科和多学科的研究，还要逐步开展国际学术交流，理论联系实际，使工程哲学在我国工程建设的实践中发挥作用，在建设小康社会的过程中发挥作用。徐匡迪院长在座谈会上说，工程哲学很重要，工程里充满了辩证法，值得我们思考和挖掘。我们应该把对工程的认识提高到哲学的高度，要提高工程师的哲学思维水平。在工程中，许多争论涉及哲学理念问题，不单纯是技术问题。他建议在第四季度由中国工程院和中国自然辩证法研究会联合举办工程哲学论坛，作为工程界与哲学界联盟的一种方式，推进工程哲学的研究。

2004 年 12 月，中国工程院、中国自然辩证法研究会联合举办了第 33 场工程科技论坛暨第一届全国工程哲学年会，论坛围绕“工程哲学与科学发展观”这一主题，殷瑞钰等多位中国工程院院士和李伯聪等多位全国知名的自然辩证法领域专家作了大会主题发言。

殷瑞钰在主持会议时热情洋溢地说：“我今天是以双重身份——中国工程院工程管理学部主任和中国自然辩证法研究会副理事长兼工程哲学专业委员会筹备组召集人出席并主持这次会议的。工程活动是社会存在和发展的基础，它深刻地影响着人类社会生活的各个方面；特别是现代人类的工程活动正在迅速地改变着现代社会的面貌。工程活动理所当然地应该成为哲学研究和跨学科研究的基本对象。工程哲学的提出不仅具有重大的理论意义而且具有重大的现实意义。工程实践需要哲学，哲学也需要面向工程实践。工程哲学是一个亟待开拓的新领域，开展工程哲学研究是工程界和哲学界的共同需要、共同责任。”

在会议期间，根据有关规定和程序选举产生了中国自然辩证法研究会第一届全国工程哲学专业委员会。选举产生了 68 位理事，殷瑞钰被推选为理事长。

工程哲学专业委员会的成立为工程哲学研究搭建了“学术平台”。殷瑞钰作为工程哲学专业委员会的理事长，不是挂名领导，而是一名潜心专注研究工程哲学的学者，他推动了哲学界和工程界形成牢固的联盟，促进并形成了中国工程师和中国哲学家相互学习、密切合作形成学术团体，持续地、有序地共同探索工程哲学研究新方向。

二　研究工程哲学——《工程哲学》出版

举办论坛

为了推进工程哲学研究，中国工程院工程管理学部自 2005 年起立项研究工程哲学，由殷瑞钰负责，目标是凝练和升华中国工程师、工程管理专家、哲学专家的智慧，合作探索研究，预期成果是撰写出一部能够比较全面、系统、深入地反映工程哲学领域最新成果的学术专著——《工程哲学》。

2005 年 5 月在北京召开了一次研讨会，专门研究《工程哲学》的研究提纲。这次会议由中国自然辩证法研究会工程哲学专业委员会、中国工程院工程管理学部、中国科学院工程与社会研究中心主办，中国航天科技集团承办。来自国内工程界、哲学界、教育界的 70 多位专家学者参加会议，开始组织起工程界与哲学界联盟的学说队伍。会议不但初步研讨了《工程哲学》的研究方向、原则、路径等问题，而且为计划在当年 8 月底召开的香山科学会议和 9 月下旬在上海宝钢召开的第二届全国工程哲学年会做了更具体的准备和筹备。

2005 年 8 月 30 日～9 月 1 日，主题为“工程创新与和谐社会”的香山科学会议第 259 次讨论会在北京举行，这次会议的目的是从工程哲学角度研讨“工程创新与和谐社会”这个主题。中国工程院殷瑞钰、汪应洛、张寿荣、陆佑楣、傅志寰等院士，全国十几所高等院校、研究院所的 20 余名工程与哲学方面的专家学者出席了会议。这次香山会议的执行主席是殷瑞钰和吴启迪教授、王树国教授、李伯聪教授。香山科学会议是科学技术领域权威性的学术论坛。把工程哲学、工程创新与和谐社会这些议题联系起来进行分析和研究，在香山会议上进行哲学高度上的研讨还是第一次。会议成果引起了中央有关部门与领导对工程哲学和工程创新的关注。

这次香山会议讨论了三个中心观点。第一，工程是科学技术转化为现实生产力的主要纽带，是创新活动的主战场。第二，工程塑造可持续发展未来，工程造福人民，公众理解工程。第三，建立工程界和哲学社会科学界的联盟，树立新的工程观和工程理念，开拓工程哲学和跨学科工程研究的新边疆。报告还系统地阐述了国内外工程哲学的发展状况和我国工程哲学研究的总体状况。

2005 年 9 月底，中国工程院第 40 场工程科技论坛“科学发展观与工程哲学”在上海宝钢宾馆召开，这是一次工程哲学领域高层次、高水平的会议。时任中国工程院院长的徐匡迪、上海市市长韩正，中国工程院院士殷瑞钰、傅志寰、王礼恒、汪应洛、郭重庆、张寿荣、王众托等，以及时任宝钢集团董事长谢企华等出席了会议。徐匡迪院长紧扣科学发展观和工程哲学的会议主题做了学术报告，提出要树立新的工程理念，走工程创新的道路，造就工程大师和工程人才，促进和谐社会的发展。殷瑞钰以“关于工程创新与落实科学发展观的认识”为题做了会议主题报告。

与中国工程院第 40 场工程科技论坛“科学发展观与工程哲学”相衔接，第二次全国工程哲学年会召开了。这次会议上，不但进行了关于工程哲学的学术交流，而且讨论了与《工程哲学》的撰写大纲有关的许多问题。

撰写《工程哲学》

《工程哲学》的撰写是一项有重大现实意义和理论意义的探索性、开拓性的学术研究工作。

中国丰富的工程实践给初创中的工程哲学提出了许多亟须回答的问题，也给工程哲学的发展提供了最好的土壤。工程需要哲学，哲学必须面向工程。工程活动是社会存在和发展的物质基础。工程活动中不但存在着复杂的人与自然的关系，而且必然同时存在着复杂的人与社会的关系，这就决定了在工程活动中必然存在着许多深刻的哲学问题。

《工程哲学》的撰写自 2005 年启动后，很快组织起了具有工程界和哲学界合作特点的高水平的作者队伍，在明确写作大纲后，迅速开展撰写工作。2006 年初，《工程哲学》项目组在分工写作的基础上又先后召开了三次讨论会，对初稿、二稿和三稿中的各种问题进行了逐字逐句的推敲。在这个过程中，作者们丰富了《工程哲学》各章节的内容，深化了对工程的认识。

2006 年 11 月，写作团队分为“两组”，分别在北京和西安两地召开了统稿会。之后，又召开了多次讨论会研讨文稿各章节的内容。殷瑞钰反复强调《工程哲学》不是“学术会议文集”，更不是“不同作者的论文集”，该书的研究和写作采用个人执笔、集体讨论、开放研讨、反复修改的方式，使其成为一本具有内在系统性的、体现开拓精神的学术专著。根据这个精神，许多文稿进行了 10 余次的修改。专家学者历时三年，备尝了研究和探索的艰辛与快乐。

2007 年 1 月，在宝钢的支持下，为期 5 天的《工程哲学》全书统稿会召开了，会上对书稿再次逐字逐句地进行了研究和讨论。统稿会期间，徐匡迪院长打电话问候参加统稿会的院士和专家们，他强调说：作为一本工程哲学的学术著作，在理论上必须有一定的深度和高度，但文风不能晦涩，一定要写得能够使工程师读得懂、感兴趣。中国自然辩证法研究会理事长朱训出席学术研讨会，对开展工程哲学的研究给予很大的关心和支持。3 月，在对全书进行逐章逐节地修改后，这本集中了工程界和哲学界智慧的开拓性著作交付出版。

殷瑞钰在《工程哲学》统稿会上作报告（2007 年）

殷瑞钰长期从事科技工作、工程管理工作，兼涉产业领域与学术领域，经历了丰富多彩的工程实践生涯，体悟到工程活动是人类在发展生产力过程中形成的一项基本活动，其中充满着哲理，可以说哲学无处不在。在生活中、学习中、工作中，工程哲学都内蕴其中。在《工程哲学》的撰写和研究过程中，作为第一作者，殷瑞钰除了统筹研究、撰写工作，多次组织统稿修改工作之外，还亲自撰写了一些重要章节。

例如，该书第一章第一节“认识工程，思考工程”，殷瑞钰首先阐述了什么是工程，指出工程是人类为了改善自身的生存、生活条件，并根据当时、当地对自然的认识水平而进行的有目的的造物活动，是物化劳动过程。工程活动不但塑造了社会的物质面貌，而且深刻地影响了社会的文化、精神面貌。我们不但必须努力认识自然、思考自然，而且必须努力认识工程、思考工程，认识和掌握工程活动的性质、特征及其运动、发展的规律。[1] 这不仅是工程哲学要回答的问题，也是工程实践必须把握的问题。广义的工程是把人类的一切活动都看作工程，包括社会生活的许多领域，如：211 工程、“五个一”工程、安居工程、希望工程、引智工程、下岗再就业工程等。狭义的工程是指与生产、建设活动密切联系、运用自然科学理论和现代技术原理才能得以实现的活动，如：“三峡建设工程”“神舟五号工程”“南水北调工程”等。当前所探讨的工程哲学中的工程，主要是面向狭义的工程。殷瑞钰强调，工程是现实生产力、直接生产力，工程活动是支撑人类社会生存、繁衍和发展的物质基础。在工程活动中，不但体现着人与自然的关系，而且体现着人与社会的关系。我们应该在“自然-人-社会”的三元关系中认识和研究工程活动，而不能仅仅把工程活动简单地归纳为“单纯技术活动”或“单纯经济活动”，更不应将工程简单地看成是“科学

[1] 殷瑞钰，李伯聪，汪应洛，等. 工程哲学（第四版）［M］. 北京：高等教育出版社，2022.

的应用”，[1] 需要对工程活动进行哲学层面上的专门研究。工程哲学是面向工程实践、面向现实生产力、面向工程思维、面向工程知识的哲学。工程是现实生产力，工程需要哲学思维。

殷瑞钰等院士在“三峡”宣讲工程哲学留念（右五为殷瑞钰，2005 年）

他指出，应该从“科学-技术-工程-产业-经济-社会”的“知识链”和“价值链”的“网络”中来认识工程的本质和把握工程的定位。工程的实施，一方面是以科学、技术的知识作为支柱群，经过集成优化成为集成的工程平台；另一方面是以一系列集成的工程平台作为推动产业、经济发展的支柱、支柱群，进而构成社会发展的平台。透过这样一个大尺度的认识和分析，也许可以较为准确地把握工程在人类实践活动中的定位。工程是将相关知识和相关资源、要素集成起来转化为现实生产力、直接生产力的枢纽和集成体。

[1] 殷瑞钰，李伯聪，汪应洛，等. 工程哲学（第四版）[M]. 北京：高等教育出版社，2022.

基本观点

在《工程哲学》一书的“前言”中，殷瑞钰明确提出了工程哲学的十个基本观点。[1]

第一，哲学与工程是任何社会不可或缺的两项基本活动，工程哲学就是沟通工程和哲学的桥梁。如果说哲学是时代精神的精华，那么工程就体现了人类赖以生存的物质文明。在推动和谐社会的建设进程中，哲学研究要着重在工程活动中反思并贯彻“人的全面发展”和终极关怀的精神；工程需要思考在哲学层面实现从“征服自然观”到“和谐工程观”的理念变迁。通过建立哲学界和工程界的联盟关系，共同研究工程哲学，有利于工程哲学学科在建设和谐社会中发挥独特的作用。哲学界和工程界应该携手合作，推动建设和谐社会。

第二，科学-技术-工程“三元论”是工程哲学得以成立的基础。科学、技术和工程是三类既有密切联系又有本质区别的活动。科学活动是以探索发现为核心，技术活动是以发明革新为核心，工程活动是以集成建构为核心。人们既不应把科学与技术混为一谈，也不应把技术与工程混为一谈。工程并不是单纯的科学的应用或者技术的应用，也不是相关技术的简单堆砌和剪贴拼凑，而是科学要素、技术要素、经济要素、管理要素、社会要素、文化要素、制度要素、环境要素等多要素的集成、选择和优化。科学-技术-工程“三元论”明确承认科学、技术与工程存在密切的联系，而且突出强调它们之间的转化关系，强调“工程化”环节对于转化为现实生产力、直接生产力的关键作用、价值和意义，强调应该努力实现工程科学、工程技术、工程管理和工程实践之间的有机互动与统一。

第三，从知识层面看，工程位于“科学-技术-工程-产业-经济-社

[1] 殷瑞钰，李伯聪，汪应洛，等. 工程哲学（第四版）[M]. 北京：高等教育出版社，2022.

会”的“知识链条”和“知识网络”中的重要位置，工程是知识转化为现实生产力过程中的关键环节。对于科学和技术来说，工程发挥集成的作用，而这种集成还有赖于工程科学的指导和支撑。对产业和经济来说，工程是构成单元，各类相关工程的关联、集聚就形成了各种不同的产业。因此，在现代工程活动中，需要在相关知识“网络链接”的大背景中，研究和总结工程活动中所遇到的各类事物和现象，揭示其中隐藏的带有普遍性的工程规律，发展工程科学。

第四，工程是直接生产力，工程创新是创新活动的主战场。工程架起了科学发现、技术发明与产业发展之间的桥梁，是促进产业革命、经济发展和社会进步的强大“杠杆”。各种类型的创新成果、知识成果的转化，归根结底都需要在工程活动中“实现”并据此检验其有效性与可靠性。工程创新的目标就是通过工程理念、工程决策、工程设计、施工技术和生产运行、控制管理等方面的创新，努力寻求和实现在一定边界条件下的集成和优化。可以说，工程创新具有广泛的关联度和综合显示度，工程创新的状况往往直接决定着国家、地区、产业、企业和有关单位的发展水平和发展进程。

第五，在工程实践中，既要重视突破性的工程创新，也要重视渐进性的工程创新。突破性的工程创新往往立足于基础科学层面的原创发现，体现着高超的才智和重大的突破，因而显得特别引人注目。然而，多数工程创新却并不依赖于基础科学层面的原始创新，而是通过知识、技能、经验等的渐进性积累、综合集成、逐步改进和加以完善来实现的；这类创新通过积累效应和集成涌现效应同样可以产生重大的经济社会效果和历史性影响。所以，在工程创新活动中，必须正确认识突破性的工程创新和渐进性的工程创新的意义和价值，正确评价和处理好两者之间的关系。

第六，要高度重视工程思维与工程方法的研究。与注重理性的理论思维相比，工程思维是构建性思维、设计性思维和实践性思维，体现的主要是实践理性。与注重想象和虚构的艺术思维相比，工程思维也具有想象性，但强调的是目标想象性和可实践的过程。工程思维也追求美、弘扬美，但这种美是通过工程活动变成现实后可以实实在在感受到的美。与科学思维和艺术思维一样，工程思维中也渗透着价值追求，但工程思维所追求的价值目标更加具有综合性，往往是知识价值与经济价值、社会价值、环境价值、人文价值等的融合。工程思维渗透到工程理念、工程系统分析、工程决策、工程设计、工程构建、工程运行以及工程价值评价等工程活动的各个环节之中，从而在很大程度上决定着工程的成败和效率。

第七，工程理念和工程观是人们关于工程活动所形成的总体观念和基本观点，它渗透到工程活动的全过程，并深刻影响着工程战略、工程决策、工程规划、工程设计、工程建构、工程运行以及工程管理的各个阶段、各个环节。只有从工程理念和工程观的高度重新审视各类工程，才能创造出更加美好的工程和世界。近代以来，工程往往被不恰当地视为人类“征服”自然、改造自然的活动，对工程活动可能产生的长期的、多方面的生态效应和各种风险估计不足，缺乏工程对社会结构的影响以及社会对工程的促进和约束作用的系统研究，因而不能全面把握工程与自然、工程与社会之间的互动关系。这种“征服自然”的工程理念已经对工程实践产生了严重的负面影响。新的工程理念和工程观要求工程活动要建立在遵循自然规律和社会规律的基础上，遵循社会道德、社会伦理以及社会公正、公平的准则，坚持以人为本，环境友好，促进人与自然、社会的协调发展。

第八，工程应该以为公众服务为目的，因而，公众应该理解和参与工程。工程直接关系到大众的利益和社会福祉，工程绝不是也绝不能成为一个被专家垄断的领域，工程活动必须得到公众的理解，也必须有公众的参与。公众作为重大工程创新的利益相关者，有权参与有关工程创新的决策和实施过程。社会应鼓励公众真正作为有资质的行动者，介入重大工程的决策、设计和价值评价过程，从而促成重大工程决策的科学化、民主化，从根本上将未来可能发生的利益冲突尽量解决在工程实施之前，并使可能产生的负面影响尽量消灭在萌芽之中。

第九，需要将工程哲学的新观念落实到工程人才的培养过程中。工程人才和科学人才是两种不同类型的人才，各有其特点和成长规律，绝不能简单地按照培养以自然科学中基础研究为目标的科学人才的思路和方法去培养工程人才，应该认识和掌握工程人才成长的特点与规律。与此相关，应高度重视并充分发挥工程师的作用，采取有力措施，提高工程师的社会声望和待遇，使工程师成为对青少年有吸引力的职业。

第十，理论联系实际是研究工程哲学的灵魂。案例研究在工程哲学研究领域有着特别重要的作用。案例研究可以成为直接沟通理论与实践的桥梁，它不但可以成为抽象理论的“落实”过程，同时又可以成为实现理论“起飞”的“基地”。

《工程哲学》出版

第十届全国政协副主席、时任中国工程院院长徐匡迪院士倡导中国工程界和哲学界携手共同研究哲学，对《工程哲学》的撰写和研究工作给予高度关注，并执笔撰写“工程师要有哲学思维”一文作为本书的代序，他指出：“反观历史，哲学总是在人类社会面临巨大困惑及冲突的时期和环节中得以诞生与发展的，因此我们有理由相信工程哲学是21世纪应运而生的产物，它将使工程界用哲学思维更好地解决工程难题，促进工程与人、社会、生态之间的和谐，为构建和谐社会做出应有的贡献。”

《工程哲学》于2007年出版后，在工程界、哲学界、教育界产生了较大影响，先后印刷8000册销售一空，这本探索性的学术著作，是国内外第一本工程专家和哲学专家共同研究、反复对话而撰写的工程哲学著作。作为 21 世纪兴起的新领域，工程哲学不但具有重要的理论意义，而且具有重要的现实意义。

《工程哲学》的出版也引起了社会广泛关注。2007 年 7 月 24 日，第三次全国工程哲学学术年会在西安交通大学隆重举行。年会由中国自然辩证法研究会工程哲学专业委员会主办，西安交通大学人文学院、管理学院、社会工程研究中心、哲学系以及西安理工大学人文学院承办。会议以工程哲学为主题，以贯彻落实科学发展观、促进和谐社会建设为根本目的，着重探讨了工程哲学与工程教育、工程哲学与工程伦理，工程意识和工程思维等几个方面的问题，弘扬了“工程师和哲学家的联盟”精神，深入推动了工程哲学的学术研究。

此次全国工程哲学学术年会与中国工程院第 64 场“工程哲学与和谐社会建设”工程科技论坛前后衔接举行。

在“工程哲学与和谐社会建设”的工程科技论坛上，殷瑞钰重点对工程哲学的研究方向和学术特色作了阐释，就《工程哲学》撰写的缘起、过程和特点向各位代表作了说明，对《工程哲学》一书的基本观点作了阐述，获得与会人员的好评。

三　研究工程演化论

拓展新命题

2007 年《工程哲学》出版后，在一次中国科学院研究生院的博士论文答辩会上，殷瑞钰灵感突现，意识到要关注工程活动的演化问题，值得集中、深入地探讨，这个观点得到了与会学者的支持。

于是，“工程演化论”这个学术新主题、新方向、新领域就成了工程哲学持续研究的新命题。

人类的工程活动经历了漫长的历史和复杂的演化过程，在人类文明发展的长河中，从本质、功能方面看，工程始终是现实的、直接的生产力；从历史、演化方面看，工程是不断演化、不断发展的。在工程哲学的学科理论体系中，工程演化论是一个必不可少的重要组成部分。在工程哲学的学科建设中，如果缺少了对工程演化论的研究，工程哲学的理论体系就会出现遗漏和缺失。探索研究并撰写《工程演化论》一书就成为又一新任务。开拓“工程演化论”这个学术新主题和研究新领域，使之成为理论研究和现实关注的新对象、新视野、新边界。

2008 年，殷瑞钰、汪应洛、李伯聪等学者们酝酿“工程演化论”的研究，并申报了中国工程院研究项目。这一年，他们就“工程演化论”研究的内容、方法、目的和意义以及写作提纲初稿等进行了热烈讨论。

2009 年 3 月，“工程演化论研究”项目在中国工程院正式批准立项。7 月 4 日，召开了第三次研讨会，进一步讨论《工程演化论》的写作提纲和研究进度，确定写作分工。逐步深入地理出了全书的基本思路、理论框架、篇章结构。2010 年又相继召开了三次研讨会，交流有关情况，研究讨论撰写过程中遇到的各种问题，加速研究进程，讨论各章初稿，提出不足之处，进行修改和补充，安排《工程演化论》统稿会等事宜。

2011 年初，举行了第七次研讨会，汇报《工程演化论》各章的修改情况，对各章再次提出修改、调整意见。2011 年 7 月，项目组成员最后一次集中统稿，会议详细讨论了书中各章的修改稿，逐章逐节地进行了反复讨论，研究各章本身所涉及的问题，及各章节间互相衔接、协调的问题，对工程演化的认识在写作和研讨过程中也不断改进、不断深化。

《工程演化论》出版

《工程演化论》于2011年出版，其主要内容是2007出版的《工程哲学》的延伸与深化。

《工程演化论》是一本“整体设计”和“系统构思”的统一主题的学术专著，是一本由工程专家、哲学专家组成的研究群体完成的学术性专著。其主要内容分为两部分，即理论篇和案例篇。理论篇除绪论外，其他各章分别讨论工程演化论的诸多理论问题：“演化、工程与工程演化”“工程演化中的动力系统”“工程的要素演化与系统演化”“工程演化的层次、机制与路径”“工程演化与文化差异比较”和“工程演化、社会文明与国家兴衰”；案例篇包括六章，分别研究铁路工程、冶金工程、航天工程、通讯信息工程、石化工程和水利工程的演化过程与规律。在研究、写作过程中，无论是理论篇还是案例篇都强调理论与实际相结合的原则，贯彻“史论结合”“史论渗透”的原则。在理论篇中，更突出了“论基于史”“论从史出”的写作思路，在案例篇中则着重体现“直面史实”“就史发论”的写作特点。其中，第一章绪论由李伯聪撰写，第二章工程与工程演化由殷瑞钰撰写，其余各章节分别由20位专家教授撰写。最后由殷瑞钰、汪应洛、李伯聪负责统稿，进行适当的删减或补充，形成统一的思路、统一的风格。

对于工程演化问题，殷瑞钰认为：诸事万物，不论是宇宙、星球、生物、人类和人类社会以及与之相关的事件始终是运动着、演化着的。存在与演化是不可分割的。演化是不能脱离过程的，实际上演化就意味着过程。演化过程不仅涉及物质、能量、生命以及相应的信息，还关联到时间-空间等因素。进一步讲，过程是有边界条件的。在边界条件（外界环境）发生变化并达到一定临界状态后，演化过程将加速、减慢或停止。因此，演化必然与环境有关。在边界条件相对稳定时，演化过程的形式大多是渐进式的，而在边界条件发生变化而达到某一临界值时，演化过程的形式有可能是突变式或跨越式的。演化可以理解为从一种形态向另一种形态的转化。演化是一种活动过程，演化源于万物诸事都有运动的本性，运动必然联系到一些要素（或基本参数），而且运动必然是过程，特别是以时空参数为共同特征的过程。运动过程在环境的促进/制约下，将各种相关要素集成（集合）起来，构成一种有序、有效的系统，这些具有特定性质的系统会发挥特定的功能、效果。由于功能、效果不同，这些系统必然要面对自然选择和/或人工选择，从而决定其生存、发展或淘汰。在演化的过程中，人们对演化的认识理念也随之发生演化。

对于工程演化的哲学认识，殷瑞钰有自己独到的见解：工程活动体现着自然界与人工界在要素配置方面的综合集成和与之相关的理念、决策、设计、构建、运行、管理等过程。工程活动特别是支配工程活动的工程理念体现着不同历史时期、不同文明传统、不同地域、不同国家的价值取向。工程活动的形式、内涵、范围是不断演化的，特别是随着技术进步和社会需求的扩大，其资源的投入量、技术的复杂性、知识的集成性以及产出的效率和对环境的影响都发生了巨大的工程和技术进步的影响（演化），以及环境、生态的变化，不断对哲学提出新课题，推动着哲学的不断发展（包括本体论、认识论、方法论等），随之先后出现了科学哲学、技术哲学、工程哲学和社会哲学等哲学分支的萌生和发展。哲学是理解和协调人与自然、人与社会、人与历史、人与文化、人与他人关系的学问。哲学因其对问题思考的总体性、根本性和普遍性而对工程和技术施加影响并产生作用，指导选择和构建，指导判断推理，反思得失、追求完美，促使工程和技术不断演化、不断创新、不断进步。

从不同视野、不同视角观察问题，认识的结果是有差异的。从恰当的视角和宽阔的视野出发观察研究问题，有利于对客观事物的洞察，有利于正确判断其内部机理和选择。从哲学的视野研究工程演化、技术进步，不同于只从自然维度出发来研究有关技术、工程的知识进化。从哲学视野研究工程演化和技术进步，对推动经济发展和社会进步特别是贯彻落实科学发展观，有着直接的现实意义。从哲学视野研究工程演化问题，必须从“自然-工程-社会”三元互动关系中加以展开。在研究过程中，不但要特别重视分析自然和环境对工程的影响和制约关系，而且要特别重视社会经济需求、制度创新、社会因素等对工程演化的影响和制约。

《工程演化论》不是分散的、文责自负的“会议论文集”。其理论基础是《工程哲学》一书中强调的科学-技术-工程“三元论”；书中研究的“基本立场”和出发点是“工程本体论”，或者说“工程主体论”。具体地说，就是以工程为“本体”，立足于“工程立场”来观察、研究、发论、归纳工程活动的演化过程及其动力、机制、规律等问题。在工程与技术的关系问题上，依据“工程本体论”就要强调工程对技术路线、技术方法、技术设备的“选择”和“集成”。

《工程演化论》在《工程哲学》的基础上，深化了对工程的性质、要素、系统特征的认识，在这个过程中，殷瑞钰提出并图解了关于工程的一般“模型”。他指出：工程要选择、集成各相关的、异质的技术模块，还要将其与基本经济要素甚至文化、社会等要素进行“技术要素”与“各种非技术要素”的“高阶”集成，经过复杂互动而形成整体工程的观点、思路和思想。从“工程本体论”的立场来看，工程的主要动态特征是选择、集成与构建，这与工程演化过程的历史事实是吻合的。工程演化过程虽然与技术、科学的演化过程有联系，但工程演化论、技术演化论和科学演化论三者并不是“一回事”，它们是三个独立的研究主题或课题。在工程演化论的研究中，突出了“工程本体论”的立场，贯彻“工程本体论”的思想。

工程演化论研究坚持理论联系实际的原则。所谓“实际”，对工程演化论这个“主题”而言，不但包括“历史的实际”，而且包括“现实的实际”和“未来的实际”。从演化观点看，工程不但在微观层次上而且在宏观层次上都是不断发展、不断演化的。从“微观和宏观统一”的观点分析和研究“工程系统”和“工程网络”的演化问题。工程演化是一个有规律的过程，探寻工程演化的规律，把对工程演化的动力、机制等理论研究与对工程未来前景、产业演化方向、产业结构调整的现实研究结合起来，会对未来前景展望提供有益的启示。

徐匡迪院士一直关心、支持、指导该书的研究方向，并亲自作序。他在序中写道：

21世纪初以来，我国在科学发展观指导下进行工程建设，在大型工程建设中强调资源节约与环境友好，大力提倡发展循环经济与建设工业生态园，已经有了生态化工程的具体体现与示范案例，而这些都在显示21世纪工程演化的一些新征兆和新趋势。工程本身确实是在随着人类社会的文明进步而不断演化，特别是最近200多年来，科学、经济、社会、技术的进步大大加快，与之相应的工程演化速率也比人类过去几千年文明史中的变化更加引人瞩目。为了阐明工程演化这一主题，阐释工程演化进程，分析工程演化特征，研究工程演化机制和规律，《工程演化论》是《工程哲学》的姊妹篇，是工程院有关院士及工程管理专家、社会科学家的集体研究成果。全书本着“论基于史”“史论结合”的写作思路和原则，在整体设计和系统构思的前提下，各章、节的撰稿人可在不脱离统一理论框架的同时，从不同角度、不同领域各抒己见。这里面的分析、论述中饱含了院士们在各自工程专业岗位上50年来付出心血的理论反思和工作体会，十分珍贵，不仅可为今天的工程科技人员所借鉴，亦是中国工程院值得珍惜的一份宝贵财富。

四　确立工程本体论——《工程哲学》（第二版）出版

自2005年研究工程哲学，2007年出版《工程哲学》，在2008年研究工程演化论，2011年出版《工程演化论》后，经过多年的研究历程，殷瑞钰及其组建的工程师-哲学家联盟对工程哲学的认识也在不断深化。

由于对工程哲学的内容、特征、意义和演化等问题有了一些新认识，殷瑞钰认为这些新认识需要补充到《工程哲学》的内容中。同时，社会各界对《工程哲学》也有了更高的期望和要求，提出了需要根据新进展和新认识对《工程哲学》进行修订。中国工程院工程管理学部于2012年初立项修订《工程哲学》，由殷瑞钰负责。修订的原则是在保持原书基本理论框架的基础上，充实、提高和完善其内容，要撰写出《工程哲学》第二版，使之成为一本反映中国工程哲学最新进展、最新成就的优秀著作。

《工程哲学》第二版与第一版相比，最大的理论进展是明确提出了工程本体论。

在完成了科学-技术-工程“三元论”和“工程演化论”的研究和撰写后，特别是在《工程演化论》中提出了工程的一般模型以后，凸显了人类活动中工程的本体地位，工程有其自身的本根性，殷瑞钰提出要高度重视研究工程本体论问题，指出只有确立工程本体论的立场、观点，才能夯实科学-技术-工程“三元论”的理论基础。把本体论理解为关于事物存在的本根的哲学探讨，把工程本体论界定为对于“工程本根”或“工程本体”问题的哲学探讨。他认为如果不能认识工程本体，不能从工程自身产生、发展、演变过程的事实出发，认识工程活动的本根、本源，那就不可避免地会出现种种误解或片面性认识，从而不能完整地、系统地、实事求是地认识工程和工程活动。

从工程本体论出发看问题，就是要承认：既不能否认工程与科学、技术有着紧密联系，又不能因此就认为工程依附于科学，从历史唯物的观点看，工程是先于科学出现的，因此不能笼统地讲“工程是科学的应用”。必须强调对工程而言，技术是其基本的内涵，科学是其知识性的重要支撑因素，工程有其不可否认的作为“本体”的地位，而不能把工程看作科学或技术的衍生物、派生物或依存物。工程本体论突出强调要从工程活动自身出发，观察、分析并确定工程活动的基本本质，旨在突出工程的“本体”地位。历史地看，工程活动先于科学活动的出现，工程活动的本根不属于科学或技术的衍生物，工程活动是人类有目的、有组织、有计划地利用自然资源、生产知识等各类要素，将之有效集成起来并转化为人工物的直接生产力。工程是人类生存、繁衍、发展的基本活动之一，工程作为直接生产力自有其“本体”地位。

《工程哲学》（第二版）的修订工作历时一年半，其间召开了10余次专题讨论会，深入地研讨工程本体论、工程思维、新增案例等问题，还集中举行了6次较大型的研讨会和“统稿会”，深化了对有关问题的认识，完成了修订工作，于2013年8月由高等教育出版社正式出版了《工程哲学》（第二版）。

与《工程哲学》第一版相比，《工程哲学》第二版中补充和修订的主要内容是突出了关于“工程本体论”的基本观点，强调工程是直接的、现实的生产力，在人类社会发展过程中，工程具有“本体”或“本根”位置，而非“派生”或“衍生”的位置，强调工程本体论是研究工程哲学的基本立场、基本观点，并在全书中贯穿和强调了这个观点。

殷瑞钰在鞍钢矿业公司宣讲工程哲学（2013 年）

五　研究工程方法论——《工程哲学》（第三版）出版

方法论与工程方法论

随着对“三元论”、工程演化论和工程本体论研究的不断深入，殷瑞钰和李伯聪发现对工程方法论的研究是一个新目标，在工程哲学的理论体系和现实的工程实践中，工程方法论具有十分重要的作用和意义。可是，国内外学术界一直还没有提出和形成一个比较完整、系统、深入的工程方法论理论框架。在现实的工程实践中，是否有正确的工程方法论思想和观念，是否能够恰当、合理、灵活地运用各种相关的工程方法，对各类工程系统、工程项目和工程实践的成败具有决定性的作用和影响。研究和认识工程方法论不但可以丰富和深化工程哲学的理论体系，而且可以对各类工程实践发挥方法借鉴和启示作用。

方法论就是关于人类认识世界与改造世界的方法的理论，方法论研究的对象是各类、各种方法的共性特征和应该遵循的规律。工程方法和工程方法论的重要性是显而易见、毋庸置疑的。迄今为止，只见到许多研究具体工程方法的著作，却未见研究“工程方法论”的系统性理论著作，在工程实践和工程哲学中，工程界和哲学界的许多人对工程方法论的理论体系都感到有些茫然，漫无头绪。有鉴于此，殷瑞钰及其团队又开始了对工程方法论的研究。

中国工程院工程管理学部自2014年起立项研究工程方法论问题，殷瑞钰是项目负责人。由于工程方法论研究属国内首创，没有可供参考的资料，殷瑞钰提出应该进行工程方法论的预研究。一年之后，才对工程方法论的基本理论框架有了比较明确的认识。继而，正式立项研究和撰写《工程方法论》。

工程方法论研究涉及工程方法的诸多视野——工程技术视野、管理学视野、社会学视野、经济学视野、伦理学视野等，工程方法论的研究丰富、充实和深化了其他领域中许多问题的认识。工程方法论研究的意义和重要性不但表现在理论方面，更体现在现实与实践方面。工程方法论不是象牙之塔中的摆设或玩物，而是工程实践者用于指导工程实践、解决工程实践中的各种现实问题的有力武器，这就是工程方法论强大的生命力之所在。

《工程方法论》是以研究各类、各种工程方法为基本对象，旨在改变工程方法论领域研究薄弱的现状，不断扩展和深化对工程方法论的认识。从 2015 年开始，课题组成员对《工程方法论》的理论体系进行了更具体、深入的分析和论述，共有 68 位专家学者参与撰稿。全书由殷瑞钰、李伯聪修改、补充并统稿。总论由殷瑞钰、傅志寰、李伯聪撰写，殷瑞钰还参与了第七章的写作任务。写作过程中，曾多次召开研讨会，进行了充分的学术交流和深入的学术研讨，努力达到虽分工写作，但主题和思路统一。

《工程方法论》于 2017 年出版，在系统梳理、概括和总结国内外已有研究成果的基础上，提出了关于工程方法论的总体性认识，形成了系统性、广泛性，工程实践感强烈、工程特色鲜明的工程方法论理论框架。在结构上分为“总论”“理论篇”“案例篇”三个部分。“总论”部分集中分析和阐述有关工程方法和工程方法论的基本概念与理论框架，是全书的灵魂。总论阐述了科学-技术-工程“三元论”、工程本体论、工程演化论和工程方法论之间的关系，阐述工程方法论研究的对象、内容和意义。“理论篇”中对于工程方法论的一系列重大理论问题进行了分析和阐述，共有六章，分析和研究了“工程方法的基本性质和通用原则”“工程系统与系统工程”“基于工程全生命周期的工程方法论”“工程管理方法论”“工程活动中的思维方法、美学方法和数学方法”“工程的社会性与相关方法问题”。各章着重于分析和阐述“一般性”的工程方法论问题，也涉及某些行业性的工程方法论问题。“案例篇”的撰写原则、宗旨和体裁特点与《工程哲学》《工程演化论》的“案例篇”既有共同之处，也有不同之处。殷瑞钰指出，工程是按产业、按专业划分的，不是按学科划分的，这是工程的重大特征。对于“不同行业的工程方法论”问题的研究，理所当然地成为工程方法论研究的重要内容之一。各章着眼于“一般性”工程方法论的案例研究，阐述和发挥对工程方法论理论观点的认识，在不同程度上、以不同的方式分析和总结“行业性（或类型性）工程方法”的内容、特色和特征等共性问题。

第十届全国政协副主席、中国工程院原院长、中国工程院主席团名誉主席徐匡迪院士又为《工程方法论》撰写了序言，给人以智慧的启迪。他在序言中写道：

“说到方法论，不能不提到中国自古以来妇孺皆知的一句谚语——‘工欲善其事，必先利其器’，这里所说的‘器’，不仅仅是指工具、物质的‘器’，还要懂得如何正确地使用它的方法。如果用一句当下流行的术语，所有工程中必须具备的工具、机械、动力这些是属于‘硬件’的‘器’的范畴，产品设计、加工方法、工艺程序、控制系统则是属于‘软件’的‘器’。没有‘硬件’保证，工程就是‘无源之水、无本之木’的空想，但是如果缺乏合理使用的‘软件’，没有正确方法论的指导，工程活动难免会带有盲目性、片面性、不协调和资源浪费，通常会造成‘少慢差费’的结果，严重时还会导致整个工程项目的失败。

“10 多年以前，中国工程院殷瑞钰等院士与社科界的李伯聪教授等一批先行者敏锐地感觉到，中国大规模的工程建设，既积累了丰富的宝贵经验，也曾发生过若干必须引以为戒的沉痛教训，为此而提出了‘工程界思考哲学、哲学界面向工程’的正确口号，力图避免工程技术人员囿于本专业技术，孤立、片面、形而上学地看问题。这一倡议引起了工程界热烈的反响和哲学社科界的瞩目。正是在这种互动的新形势下，在工程界、哲学界的合作中，工程哲学在中国应运而生，并引起了国内外的广泛关注。从而逐步深入、拓展到工程方法论。近年来，各个工程学科出版了形式多样的方法论专著，成果可喜可贺，但迄今尚未见到系统研究‘工程方法论’的总体论述，这显然与我国工程大国的地位不相适应。

“本书作者，在继往研究工程哲学的基础上，编著了《工程方法论》一书，全书以工程方法论为基本主题和内容，分别论述了‘工程方法论’的总论、主要理论和工程案例，具有本领域研究开拓者的勇气和探索精神。我深信本书的出版发行，将会引起中国上千万工程科技人员的关注，并参加到工程方法论研究、讨论的队伍中来，为中国工程科学研究的发展壮大而贡献力量。”

工程方法论与工程本体论

工程方法论就像一把工程实践的钥匙，能开启工程活动的大门。殷瑞钰等关于工程本体论的观点为研究工程方法论指明了方向。对于工程方法论的研究来说，殷瑞钰认为：以工程本体论作为基本立足点的意义，不但在于启示工程方法论必然是与科学方法论、技术方法论等并列的方法论领域，更为重要的它是研究工程方法论的重要理论基础和指导思想。

工程活动及其工程方法应是工程方法论最基本的研究对象。由于工程本体论揭示了工程活动的本根性特性，也就必然地成为工程方法论的重要理论基础，离开了这个理论基础就不可能把工程方法论建设成为一个有理论、有方法、有特色的学问。

演绎方法是一种重要的思维方法，它不但是科学方法论的重要内容之一，同时也是工程方法论的重要内容之一。但演绎方法在工程方法论体系中的位置和作用，与其在科学方法体系中的位置和作用相比，是不可同日而语的。在工程方法论体系中，工程本体论是指导思想，人们必须更加重视和强调综合、集成、协调、权衡，要注意这些方法在工程方法论中具有更重要的作用和位置。从理论上看，综合、集成、协调和权衡原则不是解决科学问题的原则，协调和权衡的方法也不是解决科学问题的方法。对于科学问题，必须依据科学方法给出科学的答案，在追求真理时科学家不能讲相互“妥协”，从而协调和权衡的方法也就无所施其技。可是，在研究、分析和处理工程问题时，其解决问题的路径和解决方案往往不可能是唯一的，特别是不同的方案（方法路径）往往又各有优缺点，运用综合、集成、协调和权衡的方法，得出在特定环境条件下相对优化的方案。在工程问题的诸多解决方案中，究竟哪个方案会“最后胜出”，往往都是通过综合、集成、协调和权衡得到相对优化的结果。在工程实践领域，工程从业者都对综合、集成、协调和权衡的重要性有切实体会，而综合、集成、协调和权衡原则及方法的重要性只有在工程方法论的视野中才会凸显出来，只有在工程方法论的整体结构所具有的共性中才会凸显出来。

工程方法论研究揭示了工程方法的共性特征和应该遵循的共性规律是：对工程系统的组成单元的选择—程序化、协同化整合—形成整体结构（结构化)—体现功能需求（功能化)—和谐化（包括环境、生态、社会、人文等方面)。

在《工程方法论》出版之后，为了使《工程哲学》得到持续的扩充、完善，又在《工程哲学》（第二版）的基础上，修订为《工程哲学》(第三版)。《工程哲学》（第三版）包括了“三元论”“工程演化论”“工程本体论”“工程方法论”等方面的内容。

第七次全国工程哲学学术会议（第一排右七为殷瑞钰，2015 年）

六　开拓工程知识论——《工程哲学》（第四版）出版

提出研究工程知识论

随着对工程哲学理论体系内容和结构认识的不断深入，在《工程方法论》出版后，李伯聪和殷瑞钰又进一步认识到工程哲学应该是一个包括“五论”（科学-技术-工程“三元论”、工程演化论、工程本体论、工程方法论、工程知识论）在内的“理论体系”。根据“五论”体系框架的构想，在《工程方法论》出版后，对工程知识论的研究就成为工程哲学研究的前沿领域。

工程活动离不开工程知识。任何工程活动都要以一定的工程知识为其前提和基础。没有相应的工程知识，就不可能进行工程活动。虽然人类迄今已经掌握了数量惊人的“工程知识”，但哲学界和工程界却未能从哲学高度对工程知识进行比较系统的“知识论”层次的研究。虽然国内外已经出版了许多研究“科学知识”的理论著作，但尚未见出版以研究“工程知识论”为主题的理论著作。研究、撰写《工程知识论》一书，又成为殷瑞钰、李伯聪、栾恩杰等研究伙伴再次进入哲学研究领域的一次远航，这时，他已经83岁高龄。

研究《工程知识论》这一课题，是以工程本体论作为基本立足点，结合工程方法论、工程演化论、工程知识链、工程一般模型等研究成果，深化研究涉及工程知识构成的全要素、全过程和工程知识群的结构体系。研究和阐述了“工程知识论”的内容、结构和意义；分别研究工程知识的本性、特征、意义，工程知识的形态与转化，工程规划、设计和评估知识，工程管理知识，工程知识的系统集成，“工程与自然互动”和“工程与社会互动”的知识；在工程知识的传承、传播、发展和演化的基础上，对“工程知识”这个研究对象在理论上进行整体概括和理论升华，形成一个具有一定理论深度的“工程知识论”的理论体系框架，并且要把理论研究和案例研究结合起来，使之相互促进，相得益彰。

两个核心观点，两个思想进路

2018 年 1 月，“工程知识论研究”项目正式启动。

殷瑞钰认为，工程活动离不开工程知识，工程知识和科学知识是不同类型的知识。他将认识工程知识分为两个思路，一是将其理解为工程与知识的交集，从工程和知识的不同本性及二者的相互关系中认识工程知识；二是把工程知识看作是知识的一个子集，将工程知识定义为一个具有自身特殊本性和功能的知识类型。

在工程知识论研究过程中，殷瑞钰提出了两个核心观点，即：地球世界是由自然物理世界和人工物世界两类物理世界构成的，要从自然物理世界和人工物世界两类不同的物质世界来区分基础科学知识和工程知识，并从中认识两者之间的区别和联系。

从工程知识的本性及其特征来看，工程知识是整合、配置各类要素进而转化为现实生产力的知识和知识群，是属于集成、构建、制造、服务和发展人工物世界的知识体系；工程活动具有很强的社会性，工程知识不但涉及人与自然关系的知识和关于人工物的知识，而且广泛深刻地涉及“人与社会关系”的知识和“人与人关系”的知识。从工程知识来源和结构上看，工程知识的源头是多元化、多样性的，这些知识经过选择—整合—集成—建构—运行—制造等过程转化为生产力，体现着价值产生；工程知识是一个在历史上不断发展的、开放的知识体系。在工程的历史发展进程中，工程实践和工程知识之间存在着相互促进、相互引导、不断演化、新陈代谢的关系。从工程知识的发展历史进程来看，不同时代有不同的“工程知识体系”。人类工程知识体系的内容和整体特征也在不断演化之中，大体而言，其发展演化经历了以下几个主要阶段：从“以经验为核心的工程知识体系”到“以技术知识为核心的工程知识体系”，再到“强调科学基础的工程知识体系”，再到“强调当代工程系统集成的工程知识体系”。在当代形成“强调工程系统集成的工程知识体系”的过程中，信息知识发挥了重要的推动作用。就一个特定时代而言，其特定的工程知识体系中都是既有其前沿部分（例如，在当代，信息科技知识、生命知识就是前沿部分），又有其中间或中坚部分和落后部分。在研究工程知识体系中，必须高度重视对其整体结构特征和对其前沿方向的研究。

从工程知识的形态和目的来看，一个关键问题是应该深刻认识各个发展阶段的工程知识都是价值导向的，工程知识的形态不但可以表现为“语言或图纸”等形态，而且工程设备、工程产品等工程实物和工程实践也可以成为工程知识的“基本载体”；从知识内涵及其生命周期过程来看，工程知识的内涵包括了工程理念—工程决策—要素选择—要素配置—优化整合—综合集成—实体建构—功能转化—价值实现与评价等认知过程，并体现为工程决策—工程规划—工程设计—工程建构—工程运营—工程制造与服务—工程评价—工程退役等实施阶段。在这些过程或阶段中，工程理念、工程管理始终贯穿在其中。

从知识定位的视角来看，工程知识是构建人工物世界的核心知识之一。工程知识应是不同于、独立于专门研究自然物理客观世界的基础科学的另一类知识体系。在探索和研究基础科学知识时，“好奇心”和“科学兴趣”是核心和关键。在研究和建构工程知识时，“工程价值”和“社会和谐”成为了核心和关键；在研究工程知识时，需要从“两类物质世界的区别和联系”“多种知识类型的区别和联系”以及“两类物质世界和人类知识的复杂互动关系”这“三重关系”中认识工程知识。动物和植物是两类生物，猴子和大象是两类哺乳动物。不要“猴子比大象”，也不要“猴子学大象”。自然物理世界和现实的人工物世界是两类不同的物质世界，是两类不同的研究对象；基础科学知识和工程知识是两类不同的知识。研究这两类不同的物质世界和两类不同的知识时要运用和涉及不同的研究方式、范畴、概念和方法论问题。观察、研究人工现实生活世界的焦点是研究以工程活动为核心的推动生产力发展问题。研究现实人工物生活世界和研究自然物理世界是两类不同的研究活动和过程，虽然二者也有共同点和密切关联活动，但工程活动、工程知识更需要“想”和“做”并重，“理念”和“目标”贯通，“愿景想象力”和“现实生产力”兼顾，“价值观”与“实践性”一致。

殷瑞钰认为，工程知识是服务于现实生产力和直接结合在现实生产力中的知识，是选择、配置、集成、建构、转化并创造价值的知识；工程知识是创造直接生产力的知识，工程智慧是创造生产力的智慧。他还概括了工程的特征：工程是有原理的。工程不是技术和装备的简单堆砌和拼凑，工程在集成过程中有其自身的理论、原则和规律，这往往是一类更大时-空尺度上的工程科学问题；工程是有特定目标、注重过程、注重效益的。工程项目都有其特殊对象、有明确的目标要求、有科学的设计步骤、实施阶段和合理的资金投入过程。工程的成本、质量、效率是工程的生命所在；工程是通过建造实现的。工程项目是要通过具体的设计、制造和建设等实施过程来完成的。工程是一个复杂的构建和运行过程。不论是建房、造船、修桥、筑路，都是要通过合理的工序、工艺和工期来完成的；

工程是要与环境协调一致的。工程的实施和运行，都会对自然生态系统产生一定的影响，工程和环境构成了互相作用的关系，必须充分考虑到工程活动可能引起的环境问题，以人为本，努力使工程与环境、生态协调一致；工程是在一定边界条件下集成和优化。一个工程往往有多种技术、多个方案、多种路径可被选择。这种选择，最终是由需求者主体的价值取向所决定的。如何利用最小的投入获得最大回报，取得良好的经济效益、环境效益和社会效益，这就要求工程通过工程知识群，努力实现在一定边界条件下的综合集成和多目标优化。

从 2018 年到 2019 年，在工程知识论项目研讨过程中，根据研究进展的需要，项目组多次召开研讨会，既有 10 多位院士和 30 多位专家学者参加，也有参加人数较少的小范围的研讨会，分步讨论了《工程知识论》的研究提纲和框架，确定写作分工和研究进度。

工程知识论研究也沿循了以往课题研究中理论研究与案例研究结合的方式。该课题对我国工程建设的一些典型案例，特别是一些大型和特大型工程中的工程知识进行了具体分析和研究。在案例选取时，尽力做到了覆盖面宽、时代性强，从建造业、制造业、交通运输业、信息通信业、航天业，乃至金融业等方面选择了 8 个典型案例进行了研究。

2019 年 6 月 18 日至 19 日，“工程知识论”项目组召开了阶段研讨会暨统稿会。对《工程知识论》前言、理论篇 8 章、案例篇 8 章进行统稿。其后，殷瑞钰又主持了最后阶段的小规模的“最终统稿会”，完成了《工程知识论》全部书稿的审定。该书于 2020 年由高等教育出版社出版。

《工程知识论》一书是与《工程哲学》（第一、二、三、四版）、《工程演化论》、《工程方法论》“成龙配套”的著作，该书的出版标志着包括“五论”在内的中国工程哲学的理论体系初步形成，具有重要的理论意义和现实意义。

两类物质世界　两类知识体系

殷瑞钰在书中提出，应该从“两类物质世界”和“两类知识体系”出发看工程知识。他指出：地球世界是物质的，然而仔细观察、思考，实际上存在着两类物质世界。一类是客观存在的自然物理世界，一类是人类出现以后才存在的人工物世界。“自然物理世界”和“人工物世界”是有本质区别的“两类物质世界”，与二者相应，又有“两种知识”——关于自然物理世界的基础科学知识和关于人工物世界的工程知识。在认识“两类物质世界”与“两种知识”的相互关系时，两点最为关键：第一，天然物质世界是“不依赖于人的认识而存在”的，甚至可以说它的存在是“无知识内蕴”的客观自然物质世界；第二，人工物世界是“有知识内蕴其中”和“依赖于人类认识而存在”的物质世界。

从程序和过程上看，“天然自然界”是“在先”的已存在的对象，科学是“在后”的认识过程，科学知识是科学认识过程的过程或结果；而对于人工物的创造过程来说，却是要“先有”工程决策、工程规划、工程设计，即工程知识“在先”，是工程知识“位于”工程活动的“起点”，而人工物“位于”工程活动的“终点”。如果没有在先的工程决策、工程规划和工程设计知识，就不可能有作为目的和结果的人工物存在。

从本性上看，科学知识是对天然自然界的反映性知识，而工程知识是关于人工物和人类行动的“设计-构建性知识”。如果使用哲学家常用的“实在”这个术语，可以说，科学知识是关于“已有的实在”的知识，而工程知识是关于人类头脑中的“虚实在”及其“现实化”的知识。应该说，工程知识在本质上就是设计出目前世界上“尚不存在的虚实在”并使其通过选择—整合—集成—建构—运行等工程活动过程转化成“现实实在”的知识。

在科学知识和科学知识论领域，由于科学知识在本质上必须是全人类共同的知识，这就使科学知识必须表现为语言文字形式或其他编码形式（包括数学公式等形式）的知识，而不能表现为不可言传的默会知识的形式，这就意味着科学知识排斥和拒绝了默会知识这种表达和存在方式。可是，在“工程活动”“艺术活动”“军事活动”等领域，在工程知识、艺术知识和军事知识等知识领域，默会知识不但广泛存在而且具有深刻意义和重大影响。对于所谓工程能力、艺术能力、技术能力、军事能力的构成和表现来说，卓越工匠、卓越工程师、卓越企业家、卓越艺术家、卓越军事家的默会知识往往要成为关键要素和内容之一。在研究工程知识和工程知识论时，工程领域的默会知识不可避免地也要成为重要内容之一。

现代工程知识的重要特征之一是跨学科、跨领域的知识的集成，具有多环节的复合性特征。工程活动必须保证安全。如果在安全上出现了问题，工程就不是造福社会而是危害社会了。可靠性原理告诉我们，环节越多，易导致可靠性降低，不同类型知识交叉作用的工程知识系统在现实运行过程中会呈现出结果不确定的特点。这就要求工程的知识群集成应体现出互相链接、互相包容、互相匹配、相互协同、相互制约等关系。从可靠性的角度出发来看，工程系统并非越复杂越好，相反，在满足功能要求的前提下，工程系统的集成环节越少越好。

工程知识主要表现为关于工程设计、工程结构、工程运行、工程操作、工程全生命周期、工程评估、工程系统管理等方面的知识，是关于“怎么办”的知识，是关于怎样发展现实生产力、怎样创造“人工物”以满足人的“生活需求”和生产力发展需要的知识。因此，工程知识必然是涉及实践的，包括工程活动中的决策、规划、设计、建构、制造、运行、管理、安全、服务等工程过程中所包括的可操作、可调控的知识。

七　持续创新开拓
形成工程哲学的中国学派

构建“五论”体系

回顾起来，殷瑞钰和他的工程哲学研究伙伴以科学-技术-工程“三元论”为出发点，通过长期的实践总结和理论研究，相继提出了研究工程演化论、工程本体论、工程方法论、工程知识论的研究动议和概念框架，发表了一系列引导性、框架性的理论文章，提出了工程的特征：选择—集成—建构—转化。工程的结构性内涵，工程系统的构成与结构，工程演化动力系统的“力学”模型和一般“解析”模型，工程方法的共性规律和应遵循的原则，工程知识的来源和特征等理论和模型，归纳了工程知识的范畴和基本特征。以殷瑞钰为领军人物之一的中国工程师和哲学家团队研究阐释了一个包括科学-技术-工程“三元论”、工程演化论、工程本体论、工程方法论、工程知识论“五论”在内的而以工程本体论为核心的工程哲学理论体系。

从2004年到2020年，殷瑞钰等人连续16年持续开展工程哲学领域的研究。他推动了哲学界和工程界形成牢固的联盟，组建了中国工程师和中国哲学家相互学习、密切合作、共同探索工程哲学新方向的学术团体。他还在企业、大学、研究机构等许多单位持续举办了一系列国内外学术交流活动和宣讲活动，并通过组织召开全国性质的工程哲学年会，将全国的工程哲学专家和研究学者组织、凝聚起来研究工程哲学，逐步形成了具有中国特色、中国风格工程哲学研究的中国学派。此外，他也在积极呼吁教育界特别是从事工科教育的人士重视工程哲学的发展进程，并积极推动工程哲学进入大学教育的课堂，指出工程哲学可以推动、促进工科教学的创新。目前，清华大学、西安交通大学、北京师范大学、东北大学、中国科学院大学、北京科技大学等多家高校都开展了工程哲学的课程教育，推动工程哲学学科建设。

马克思说："哲学家们只是用不同的方式解释世界，而问题在于改变世界"。工程活动正是改变世界的最重要的活动方式之一，在工程界与哲学界合作和互动中，中国出现了"工程界思考哲学，哲学界面向工程"的态势。工程师与哲学家的相遇并组成联盟，推动着中国工程哲学研究的巨轮。长期以来，殷瑞钰致力于工程哲学的开拓性研究，推动了具有中国特色、中国风格、中国气派的工程哲学的发展。客观地说，科学哲学和技术哲学都是西方学者开创的，并且都在20世纪成为了比较成熟的学科。可是，当21世纪之初工程哲学兴起时，中国工程师和哲学家没有再度落伍，时代的发展，工程活动的背景，使中国学者们并肩走在了国际同行的前列，并赋予了中国特色、中国风格。

工程哲学中国学派的形成

中国形成工程界-哲学界联盟是两大支柱、两股力量的集合，即中国工程院及其工程管理学部和中国自然辩证法研究会及其工程哲学专业委员会。其组织成员分别包括了工程专家、工程管理家、战略科学家和哲学家、社会学者、人文学者，分别供职于制造业、能源与矿业、交通运输、土木建筑、航空航天、水利、信息通讯、国防军工、医药卫生、金融、教育等不同领域。仅就参加"五论"撰写的成员而言，初步统计有中国工程院院士20人，哲学界、教育界学者30余人，工程界、企业界30余人。中国学派深刻地认识到工程界-哲学界必须通过“联盟”这一有效载体，相互学习，相互依靠，相互促进，协同创新，开拓一个工程哲学新领域。

工程哲学中国学派发展路径是以工程界-哲学界联盟为主体，目标是持续地以组织化的方式对工程哲学进行以“五论”为理论框架的系统研究，聚焦于研究人工物世界中的现实生产力和工程思维，阐述工程哲学新学说，旨在开拓一个新的学科分支。中国学派的研究风格是以工程本体论为基本立场，以发展现实生产力、直接生产力和工程思维为中心，强调理论联系实际，深入实践调查归纳，理论研究和案例研究并重，以有组织、团队化的研究方式推动研究，促进学术思想的持续交流和深化，达到学术研究成果共享。

工程哲学在东、西方同时兴起，中国学者和欧美学者分别独立地进行了探索、开拓，具有不同的形式、不同的过程、不同的特色，也形成了不同风格的学派。工程哲学中国学派特别重视对工程活动的本源、本质、特征、内涵、发展规律等方面的综合研究。

中国学派在工程思维方面是以生产力及其实践第一性为根本立足点，强调以工程本体论为基本立场和理论核心。中国学派开展工程哲学的研究过程形成了工程界-哲学界的联盟，并以组织化、持续化、系列化的学术研究，形成了以科学-技术-工程“三元论”、“工程演化论”、“工程本体论”、“工程方法论”和“工程知识论”五论为理论框架的新学说，强调工程活动是人类的一项基本活动，工程活动具有独立存在的历史本源、本根性。历史唯物地看，工程不属于科学、技术的衍生物，工程活动源于人类生存、繁衍、发展过程中的各类现实生产力、直接生产力。

求索攀登

殷瑞钰在冶金学领域进行了《冶金流程工程学》到《冶金流程

集成理论与方法》的研究，开拓了冶金学科的新方向、新分支；在工程哲学领域，他和研究团队一起持续开拓，完成了从科学-技术-工程“三元论”到工程演化论、工程本体论，再到工程方法论、工程知识论的“五论”研究，历时16年的研究，厚厚的著作彰显了他的睿智、辛劳和成就。他总是调侃自己：总有看不完的书，想不完的问题，写不完的文章，考不完的试（他觉得每一次的讲话、学术报告、发表文章都是一场考试）……他的全部身心都用在默默无闻的奉献之中，只要祖国需要，他一直都在努力。他用一首小诗《攀登》表达着自己的心境：

攀登历经九层台，
放眼致远意韵开。
勤奋砥砺笔纵横，
时代为助境千万。

英国著名科学家贝弗里奇说过：聪明的资质、内在的干劲、勤奋的工作态度和坚韧不拔的精神，这些都是科学研究成功所需要的条件。殷瑞钰长期遵循着博学之，审问之，慎思之，明辨之，笃行之的古训，持续地在工程哲学理论体系框架建构和诸多重要论点的论述方面起到了重要的开拓作用；在工程哲学组织化研究的过程中无形地起到了核心角色作用；在工程哲学的宣讲、传播的过程中起到了积极传播的作用。

徐匡迪院士这样评价殷瑞钰：对于工程哲学的探讨，是近年来中国工程界的一件大事，殷瑞钰院士在中国工程院很大的贡献是把中国工程院工程管理学部与中国自然辩证法研究会联合起来，组织一批有志之士多次召开研讨会，研究工程哲学，把工程问题上升到哲学层面来理解，对工程本质的认识更上升了一个层次，功莫大焉。

第十章

思行业发展 谋钢铁未来

殷瑞钰经历了产业与学术兼涉，理论与实践并蓄，由工程科技型专家转向理论开拓型学者和战略研究专家的角色转换，随着时代的发展，他不断思考着钢铁工业的未来。

从来好事多磨砺，贵在敢想又敢言。

——殷瑞钰

一　关注废钢资源　倡导电炉流程

关注废钢资源利用

作为一名从钢厂生产一线到冶金部主管生产技术的领导，再到从事战略研究工作的院士，殷瑞钰深知废钢资源与钢铁生产密不可分，意义重大。

从20世纪90年代开始，殷瑞钰就开始关注国内外废钢资源的情况。在中国工程院进行矿产资源可持续发展战略研究的时候，他关注国内外的铁矿资源，同时也关注废钢资源。他说，废钢是钢铁工业的绿色原料。废钢是与铁矿石一样不可缺少的主要铁素原料，而且是一种载能的可再生资源，可以替代部分铁矿石。利用废钢资源就是载能的铁素资源在社会生产过程中的循环利用，应该把各类废钢资源有效地用于钢铁生产之中。他预言，废钢的回收、加工、分类、配送、使用等问题，将成为中国钢铁工业绿色、低碳、循环发展过程中的大问题。

21世纪以来，全球都在关注着生态环境的变化，废钢利用与节约资源、节能减排、环境保护、气候变化等时代性命题都是密切相关的。他一直关注全国废钢铁应用协会的成立和有效开展活动，提出了不少指导性建议，在2017年中国废钢铁应用协会主办的废钢铁资源论坛上，殷瑞钰作了题为《废钢铁资源对中国钢铁工业转型升级的影响》的报告。他强调，废钢产业要向产业化、产品化、区域化的方向发展。

他认为，废钢产业化可以推进废钢加工利用的科技进步；促进企业管理、行业管理的升级；有利于我国钢铁生产的健康发展。废钢的产品化可以使废钢产业能按照炼钢生产的需要，提供有严格标准的，按等级、按规格划分的合格炉料。废钢产业区域化，可以实现废钢配送过程中的物流合理化，及时供应、降低物流成本，稳定供需渠道，减少资源的浪费和避免不合理流向，有利于社会资源的优化配置。这“三化”方向在中国废钢铁应用协会和相关企业得到了热烈反响，正在引导着废钢铁回收、加工企业的有序发展。

2018 年 4 月，在中国工程院工程管理学部和冶金工业规划研究院共同主办的“2018 第九届中国钢铁发展论坛”上，殷瑞钰提出了六点关于有效利用废钢资源方面的政策建议：一是建议国家将废钢作为战略资源纳入《国民经济和社会发展五年规划纲要》，加强顶层设计，促进废钢产业合理布局、规范管理。二是着力培育废钢加工配送龙头企业，提倡分区设点和提高加工、分类管理水平，推动废钢回收—拆解—加工—分类—配送—应用一体化。三是建议推动落实国家对于废钢作为再生资源的税收优惠政策，降低废钢回收—拆解—加工—分类—配送企业的税负水平，简化税收程序。四是完善国家资源统计体系，加快建立和完善有关废钢产业统计方面的政策和法规。五是电炉炼钢车间要加强对厂房内部的粉尘、噪声、二噁英等环保监测、监控制度与法规建设。六是研究制订鼓励钢铁企业充分利用废钢的工艺技术和流程结构现代化的相关政策，对全废钢电炉短流程钢厂的发展提前做出科学规划，又要防止一哄而起，在鼓励转炉适度多用废钢的同时，要特别加强绿色、智能型全废钢的电弧炉冶炼工艺的开发和电炉流程设计，使之体现中国特色并达到国际先进水平。

2018 年 11 月，由中国金属学会废钢铁分会主办，钢铁研究总院承办，河钢集团唐钢公司协办的 2018 年全国废钢铁学术研讨会在河北唐山召开。来自中国钢铁工业协会、中国金属学会、有关高校、研究院所、钢铁企业共 200 余位代表参加了此次会议。与会的领导和专家围绕废钢资源现状及其应用发展方向做了深入的交流。殷瑞钰作了题为《中国废钢资源状况及未来电炉流程发展趋势》的报告。他指出：从中长期发展来看，我国钢铁工业将利用更多的废钢，其中包括通过对转炉进行工艺优化，适度提高废钢比；特别是要发展以全废钢为原料（不兑铁水）的电炉流程为特征的城市周边钢厂。

对振兴废钢回收—加工—配送产业，他提出：在未来 20 年内，中国废钢资源将快速增长，钢铁工业生产流程结构、钢厂模式和钢厂布局将发生转折性的变化，将对铁素资源消耗、能源消耗和碳排放等方面产生重要的影响。因此，要加快废钢回收—加工—配送企业的产业化进程并合理布局。废钢在回收、运输、储存、加工、配送各个环节以及废钢的质量、规格都直接影响着钢铁生产的节能、减排、脱碳的指标和成本支出，建议在一些先期建起来的废钢铁加工配送企业的基础上，有关协会要做好协调、统筹工作，协助政府做好产业聚集和区域化分工的规划。最好能把一些骨干的、大型的废钢加工配送企业与钢厂有机结合起来，起到稳定市场，保证质量的作用，达到废钢资源回收—加工—配送的优化配置。

他认为，持续地开展废钢资源的调查分析、预测研究，是一项重要的工作。钢铁工业在制定生产及节能、减排、脱碳等有关技术经济指标时，需要掌握原料、能源的供应情况和冶金工艺路线的发展趋势等基础资料，摸清我国社会废钢动态产生量的家底及其折旧过程，这将涉及各行各业和各个地方，并具有经济、环保和社会就业等方面的意义。同时，要以多种方式、多种渠道，开发国际废钢资源，为我国钢铁工业的健康发展，特别是为节能减排、“脱碳化”、产业升级提供支撑。

倡导合理发展电炉流程

殷瑞钰多次强调，绿色、低碳、循环发展是钢铁工业实现转型升级战略发展的核心命题之一。要通过总量调整、工艺流程结构调整等措施来解决区域环境质量不平衡、区域产业发展不平衡、钢铁工业布局结构不平衡等问题，推动钢铁工业流程结构和布局结构的调整。

关于发展电炉短流程工艺，早在1993年，殷瑞钰就开始关注超高功率电炉技术以及电炉流程的发展。这一年，殷瑞钰和时任上海市副市长的徐匡迪共同主持召开了“当代电炉流程和电炉工程问题研讨会”。此次研讨会拉开了20世纪90年代中国电炉流程发展的序幕。

电炉流程是全球两大钢铁生产流程之一，全球约有1/3左右的粗钢是由电炉生产的，但不同国家（地区）、不同发展阶段电炉钢的比例是不同的。自20世纪90年代以来，我国电炉炼钢在技术结构调整的基础上得到了发展。电炉流程存在的基本立足点是大量利用社会废钢，发展电炉流程有利于降低整个钢铁工业的环境负荷，有利于推动循环经济和钢厂“脱碳化”。

1993年在上海，殷瑞钰作了题为《当代电炉流程的工程进展评价》的评述性学术报告。报告从资源、能源、环境和工程经济等背景分析出发，对比当代电炉流程和高炉-转炉流程的竞争性；讨论了电炉流程的产品领域和市场前景；对电炉流程从原料处理、电炉冶炼、钢的二次冶金、凝固成型、轧制加工以及车间布置等进行了综合分析，提出了不同类型电炉企业结构优化的参考模式。他指出，电炉流程在工艺技术、设备及整体工程等诸多方面的进步集中体现在电炉生产节奏的“转炉化”；钢的二次精炼的在线化；凝固成型过程的全连铸化；建立在连续轧制基础上的产品专业系列化。同时，他提出了我国的电炉钢厂要赶上国际先进水平必须走以连铸为中心带动炼钢—精炼—连铸“三位一体”和主要热轧机连轧化的综合工程优化的路子。电炉流程的工艺流程和装备水平逐渐向着一台大型超高功率电炉、一台与产品特征相适应的精炼炉、一台连铸机及一部主力热连轧机的“四个一”为主要生产流程的方向发展。这也是电炉流程钢厂发展的主要方向。

在此次会议的影响下，20世纪90年代，中国国内大型的超高功率电炉迅速兴起，在国内建起了16台大型超高功率电炉，淘汰了大量 15 吨以下的“老三段”小电炉。高效化电炉冶炼技术使冶炼周期降到 60 分钟左右，与连铸机的运行匹配起来，实现了多炉连浇，电炉的生产效率和能耗有了明显的改善。

21 世纪以来，殷瑞钰对电炉流程和废钢资源的研究，一直没有松懈。他看资料、看文献、做调研，同时去国外考察了很多电炉钢厂，对电炉流程的发展做出了高瞻远瞩的判断。2005 年，殷瑞钰和徐匡迪在上海又召开了一次电炉兑铁水的合理性问题的研讨会。这是中国电炉炼钢发展的又一标志性节点。殷瑞钰在报告中总结了我国电炉炼钢存在的问题，他指出：电炉是以利用废钢为主的冶炼装置，我国现阶段粗钢产量激增，造成废钢短缺，这一局面 10 年内很难解决，而进口废钢则受到价格波动等原因限制，很难大幅度增加。因此，采用适量铁水兑入电炉还是有其可取性。但是，要理性地对待合理的铁水兑入量问题，过高的铁水兑入量（例如，>40%）并不是发展方向，因为电炉毕竟是以利用废钢为主的冶炼装置。

殷瑞钰认为，就当前中国的国情而言，钢铁工业不是要无节制地增加钢产量，而是要高质量发展；不是要继续膨胀做大，而是要淘汰落后产能，甚至要适当理性地降低钢产量。总的发展方向是绿色化、智能化和产品质量品牌化。在这种情况下，我国如何健康有序地发展电炉生产流程？围绕这个问题，殷瑞钰分析了钢铁工业生产流程的发展规律，并结合实际国情，探讨了我国发展电炉流程的意义和必备条件。他强调：“我国发展电炉生产流程要统筹规划、合理布局、协调有序，要发展，但切不可一哄而上。”

殷瑞钰指出：在新形势下，发展电炉流程有四方面的意义。一是消纳城市产生的大量废弃物，特别是废钢，包括废家电、废汽车、落后的工业装备等。二是充分利用电网谷电时期的电能，提高全社会的能源利用效率。三是与城市和谐共存，提高生态环保效益，特别是在当前蓝天保卫战的大环境下，全废钢电炉流程的优势充分显现。电炉短流程没有炼焦、烧结和高炉炼铁，将有力地促进钢铁工业“脱碳化”。有学者研究指出短流程的吨钢废气排放量较长流程减少八成左右。四是发展全废钢电炉流程可以减少铁矿石进口量，从而有利于平抑国际矿价。

2018年4月，中国金属学会主办了2018中国电炉炼钢科学发展论坛。在论坛上，殷瑞钰应邀作主旨报告，他指出：在未来20年，中国废钢资源将快速增长，并对钢铁工业流程结构、钢厂模式和钢厂布局、铁素资源消耗、能源消耗和碳排放等方面产生重要的影响。发展电炉流程将对绿色化和生态和谐做出贡献。全废钢电炉流程的流程结构有利于加速钢铁工业“脱碳化”进程和全流程智能化运行，应该在全废钢电炉企业基础上进行示范性探索。殷瑞钰又一次提出并强调了中国发展电炉流程的战略意义和价值：其一，消纳社会大宗废弃物，调整中国钢铁工业铁素资源结构；其二，作为电网谷电时期的“大电容”器，充分利用电网的弃能，提高电能的社会利用效率；其三，电炉、LF炉逐步实现无包连接，使之从间歇操作走向准连续操作方式，推动电炉流程总体准连续化运行。

殷瑞钰还对未来的电炉流程的发展做了十大设想：一是未来全废钢电炉流程将在建筑用长材制造领域（螺纹钢、圆钢、线材等）逐步取代高炉-转炉流程。二是电炉流程将在一般用途的中板材制造领域取代高炉-转炉工艺。三是全废钢电炉将与近终型连铸-连轧工艺组合生产，规模在180万~240万吨/年，产品以薄规格、高强度热轧产品为主。四是电炉流程将继续与无缝钢管轧机组合生产。五是电炉流程将与结构用合金钢长材组合生产。六是电炉流程可以用于生产高质量锻材。七是电炉流程可以用于返回法生产不锈钢（板材、长材）。八是电炉钢厂可以布局在废钢产出多的大中城市的周边、重工业城市群（园区）和内陆地区。九是电炉钢厂要有废钢二次加工-分类场地，要有必要的废钢加工、分类手段。十是应该加快淘汰开盖加料式电炉，改善生产环境。

倡导合理有序发展电炉流程，殷瑞钰20多年来持续关注着，研究着，呼吁着……

二 探索钢厂智能化的路径

多年来，殷瑞钰思考着钢厂智能化问题，他说，智能化钢厂是要构建一个涉及全流程的数字物理融合系统，不是单一的工序/装置的自动化，那只是智能化的基础部分。

从2015年以来，殷瑞钰院士在不同场合多次谈论钢厂智能化问题，并发表了《关于智能化钢厂的讨论——从物理系统一侧出发讨论钢厂智能化》一文。他说，钢铁工业是我国的优势产业之一，为了推动钢铁企业结构优化、产业升级、增强竞争力和可持续发展能力，应该组织物理系统先进的钢厂、钢铁设计院、科研院所、高等院校等优势力量协同创新，在新一代可循环钢铁制造流程研究的基础上，在“十三五”期间，立项研究智能化钢厂。

他认为，钢铁工业是典型的流程制造业，制造流程是其物理系统。流程型智能化制造的物理系统要以动态-有序、协同-连续运行为其流程网络结构及运行程序优化的导向，并以此物理系统（流程系统）为本体与智能化信息网络系统融合，实现全厂性动态运行、管理、服务等过程的自感知、自学习、自决策、自执行、自适应。

智能化钢厂的建设，需要深刻理解钢铁制造流程动态运行过程的物理本质，构建起植根于流程运行要素及其优化的运行网络、运行程序的物理模型，进而构建全流程网络化、层次化信息流模型。钢厂智能化是构建一个数字物理融合系统（不只是数字信息系统），必须高度重视物理系统的研究（因为物理系统的缺陷会引起天生的缺陷），对于钢厂智能化制造流程而言，必须有物理输入/输出的物质流网络、有能量输入/输出的能量流网络和有信息输入/输出的信息流网络并关联起来，实现“三网协同”的信息物理融合系统。钢厂智能化既要重视数字化信息网络系统的研发，更要重视制造流程（物理系统）中物质流网络、能量流网络的结构优化和运行程序优化，应该通过以制造流程物理系统结构优化和数字化信息系统相互融合来实现钢厂智能化。

流程型制造流程物理系统的优化犹如构筑一个合理的物质流、能量流渠道及其网络，其核心思想是要设计、构建一个优化了的耗散结构实体。数字化、网络化、信息化犹如灌溉之水，利用一切相关的数字化、网络化、人工智能等手段，使之注入优化了的耗散结构实体之中，以水到渠成之势（而不是大水漫灌），形成具有自感知、自学习、自决策、自执行、自适应的动态-有序、协同-连续运行的、有效服务的智能化制造流程。为了促进流程制造业工厂智能化的发展进程，要特别重视厘清流程型制造流程的顶层概念架构（耗散结构和耗散过程），认清制造流程的本质以及物质流网络、能量流网络、信息流网络（“三网”）协同融合的概念，这对推动流程制造业的智能化具有科学导向性的意义。

他认为，对流程制造业而言，制造流程是“根”，是工程实体，是物理系统；数字化是“魂”，是信息系统，是他组织力；“魂”要附“体”，则充满活力，生龙活虎。

进而，他研究了推进钢厂智能化的路径：

（1）通过生产流程动态优化的精准设计，特别是生产流程中的“界面技术”优化等措施，推动物质流网络、能量流网络的协同优化；为智能化钢厂打好物理基础，并使物理系统（生产流程）的架构有利于信息流的导入与贯通。

（2）通过制造流程中关键信息要素（序参量等），例如表观流通量、温度、时间等参数的实时检测感知、分析处理、动态联网，构建工业互联网平台，完善并打通不同层次（PCS、MES、EMS，直至

ERP)，不同过程（例如，钢铁厂原料场系统、炼铁系统、炼钢系统、轧钢系统、钢材库系统）的信息流网络结构和模型，打通物理系统与生产管控系统之间的信息流，使“三流”关联、协同起来。

（3）通过物质流网络、能量流网络、信息流网络优化和“三网”融合，建立智能化生产管控中心、能源/环保中心、设备运维中心以及相关的数据库、知识库……形成协同优化的生产管控系统。

（4）通过建构产供销一体化、业务财务一体化的智能化经营管理平台，实现供应链、价值链与工厂智能化生产管控中心的协同运行。

（5）通过产品研发、销售服务、增值服务等产品全生命周期协同，拓展智能服务链并与智能化生产管控中心、能源/环保中心联网协同运行。

（6）通过智能化动态精准设计及动态仿真模拟，建立基于过程机理模型和流程运行规则的虚拟仿真工厂，以“数字孪生”的方式实现对实体“物理”工厂的控制、预判和持续优化。

钢厂智能化的涵义应包括两部分，即全制造过程运行的本质智能化和供销、服务系统相关的外延性的经营服务智能化。

进而又提出包括钢厂在内的流程型制造工厂智能化的核心是制造流程动态运行的本质智能化：

（1）对智能化工厂而言，实现生产流程整体运行智能化才是本质智能化。供应链、服务链信息化并不能代表工厂本身整体关联的本质智能化，而是智能化的外延或外延智能化。

（2）本质智能化工厂植根于其物理系统（生产流程系统）的结构优化及其自组织信息的可提取性和可导入性。物理系统及其结构优化是“本”，其中包括物质流/能量流及它们的网络。

（3）智能化工厂的灵魂是信息系统。信息系统是由物理系统内在的自组织信息、外部背景信息和（特别是）人为主动输入的他组织调控信息的结合和相互适应。

（4）物理系统内在的自组织信息主要来源于各个节点（工序/装

置）和链接件（“界面”技术）的信息自感知、自学习、自适应；人为输入的他组织调控信息主要来自于对物理模型（物理系统模型）的理解基础上的自学习、自决策、自执行、自适应。

（5）智能化工厂是数字物理融合系统——CPS，需要研究物理系统自组织结构优化的物理本质和本构特征以及耗散结构优化；旨在提升工厂物理系统的自组织性和自组织程度。同时，更为需要的是研究信息系统（包括外部背景信息、物理系统内在的自组织信息和人为输入的他组织调控信息）的优化，其中，人为输入的他组织调控信息是最为积极、最有活力的要素，包括信息的自感知、自学习、自决策、自执行、自适应。改进工厂物理系统的自组织性将有利于和他组织信息系统的协同融合，这是实现工厂智能化的有效路径。

（6）对流程型工厂而言（钢铁厂、石化厂、水泥厂等）要有效地解决工厂的本质智能化，应该通过物质流、能量流、信息流“三流”协同和物质流网络、能量流网络、信息流网络“三网”融合的路径，集成推进，使之易于达到动态-有序、协同-连续的运行状态，即“三流一态”。

对流程制造型工厂的数字物理融合系统而言，物理机制体现着因果关系：包括了“流”、动态协同运行关系，“流程网络”、有序衔接匹配关系，“运行程序”等；数字信息系统通过数据分析、算法优化、数学模型优化和计算能力增强等手段实现智能优化，两者应该结合起来。大数据分析、AI 等是工具性手段，是参与构建数字物理融合系统本质性智能运行的重要手段，但这些应是基于物理系统结构优化的基础上的。

在建设智能化钢厂的进程中，不少钢铁同行赞同殷瑞钰的见解，特别是他 2018 年在《中国科学》上发表了《“流”、流程网络与耗散结构——关于流程制造型制造流程物理系统的认识》一文，着重揭示了流程型制造业制造流程的本构特征。东北大学副校长、中国工程院院士唐立新曾对殷瑞钰说：“我在新余、韶钢等钢厂作报告和技术交流时，介绍了您关于‘界面’技术的内涵及其在钢铁制造流程中的重要性的论述，与会的钢铁企业领导和行业专家，一致赞同，纷纷表示要加强界面技术的研究与创新”。

概括地说，他对流程制造业智能化的认识思路是：为了达成信息化和工业化融合，对于研究流程型制造流程物理系统的冶金、化工、建材等方面的专业人士而言，要在理解制造流程系统的物理本质和本构特征的基础上，深入思考制造流程物理系统的耗散结构和耗散过程及其对智能化的影响。对于研究制造流程数字化、网络化、智能化等方面的专业人士而言，要高度重视与制造流程物理本质和系统本构特征相关的建模、编程、算法、人工智能等智能化他组织力命题的研究。在此基础上，相向而行，互相支撑，有效融合，实现物质流/能量流/信息流（即“三流”）以及物质流网络/能量流网络/信息流网络（即“三网”）之间的相互协同、融合，以期开发出一个反映流程型制造特征的数字物理融合系统。

第 682 次香山科学会议召开，殷瑞钰担任会议执行主席之一（主题——流程制造智能化，前排左起：曹湘洪、殷瑞钰、袁晴棠，2020 年）

三　氢能一梦十余载
循环经济新亮点

在长期与钢铁相伴的工作历程中，殷瑞钰还有一个梦想，那就是要高值化利用钢厂副产煤气，实现大规模、低成本制氢，让新一代钢厂的工业生态链更加完美呈现。

早在2000年，殷瑞钰就提出钢铁工业可以在某些区域内实现社会整体节能、降低环境负荷。例如，可以和发电行业结合，可以和建材行业等结合，甚至某些地区的钢厂可以利用焦炉煤气中的 H_2、CH_4与石油化工或某些化工厂结合，充分利用资源，这可能是未来钢铁工业发展的一种路径。这一想法，得到了化工、冶金与材料工程学部院士们的支持。为此，中国工程院专门立项研究“绿色制造和钢铁工业”，由殷瑞钰负责。

氢能作为清洁能源，在现代石油化工、交通运输等领域具有广泛的用途并且需求量将日益增加，大规模、高效、低成本地生产廉价氢气是发展氢能源的关键。

对钢厂的能源高效转换和及时回收利用功能而言，殷瑞钰特别关注焦炉煤气制取氢气等清洁能源的前沿性命题，认为钢厂有望实现大规模、低成本制氢。在钢铁联合企业中，副产焦炉煤气中含有55%~60%的单质氢，25%左右的 CH_4；转炉煤气中含有 50%~65%的 CO；COREX 煤气中含有 40%左右的 CO，18%左右的氢，都是非常好的制氢原料气，可以通过现已成熟的变压吸附、CH_4变换及 CO转换反应等工艺将氢提取出来。殷瑞钰认为利用钢厂副产煤气大规模生产氢能源为石化行业、化工行业、清洁动力汽车（H_2燃料电池）和氢冶金服务，有可能是中国使用氢能源的突破口之一。这一设想符合我国发展循环经济及可持续发展等基本国策的要求，对于钢铁工业向绿色化、生态化转型也具有创新意义。

2005 年，在殷瑞钰、张寿荣、王基铭、袁晴棠等院士的推动下，中石化武汉分公司为提高石油炼制的轻质油产率，拟与武钢合作，通过焦炉煤气制氢为石油加氢裂化提供原料气。院士们和相关科研人员，多次赴武钢、武石化现场调研，经多次讨论，确定了工艺方案。但最终由于煤气管网与煤气燃烧设备改造投资问题、企业间沟通不畅等原因而未能实现。对此，殷瑞钰深感遗憾和惋惜。

在曹妃甸首钢京唐钢铁基地规划设计期间，殷瑞钰再次提出首钢京唐钢铁公司的顶层设计应以实现钢厂三大功能为目标，并通过“钢铁基地”与“石化基地”的建设，实现“氢”的高值利用，为循环经济示范区提供示范。为此，针对首钢京唐钢铁公司新一代钢厂建设，他组织研究了焦炉煤气全部采用变压吸附制氢对钢厂能源平衡和工业生态链构建的影响。研究表明：对于年产粗钢 900 万吨的新一代钢铁联合企业而言，若全部焦炉煤气采用变压吸附制氢，每年可产生氢气约为 6.7 亿立方米，返回高热值解吸气 76842 万立方米，扣除每年钢厂内部使用氢气约 844 万立方米，每年可外供氢气约为 6.6 亿立方米（每年约 66000 吨）。焦炉煤气全部采用变压吸附制氢，高热值解吸气返回钢厂的情况下，对钢厂煤气平衡的影响仅 9%～10%。高热值解吸气替代焦炉煤气并与高炉煤气混兑后，每年可多利用低热值高炉煤气约 38687 万立方米（折合每年约 4.2 万吨标准煤）。焦炉煤气制氢这一煤气资源化利用模式，为新一代钢厂建设和以钢铁企业为核心的重化工业生态链构建提供了新的范式。令人遗憾的是，由于曹妃甸京唐钢厂与石化工厂未能实现同步建设、同步投资，钢厂制氢的梦想再度落空。

殷瑞钰对此梦想并没有灰心，2012 年宝钢集团要在广东湛江建设新一代钢铁基地，他又一次提出了钢厂与石化工厂一起以氢气为纽带建设工业生态园的建议，得到了徐匡迪院士、王基铭院士等的支持，也得到了宝钢和湛江市领导的肯定和支持。

宝钢湛江钢铁和中科炼化是坐落在湛江东海岛上相邻的两个大型的钢铁和石化基地。为了构造国内首个产业链接互动的国家级循环经济示范区，在湛江钢铁 1 号、2 号高炉系统投产后，中科炼化项目开工建设之前，中科炼化和湛江钢铁就氧气、氮气及氢气等能源需求及合作进行了多次交流并达成了一致意见。

2015 年 6 月，湛江经济技术开发区入选国家发展改革委《国家循环化改造示范试点园区》，湛江钢铁与中科炼化能源互供循环经济项目属于重点示范项目。项目于 2018 年 6 月 15 日开工建设，2020 年 5 月 19 日，正式向中科炼化供应氮气，满足中科炼化在开车期间大量吹扫用氮的需求，加快了装置开车进度；2020 年 6 月 15 日，正式向中科炼化供应氢气，节约了中科炼化化工装置的开车时间；2020 年 9 月 12 日，正式向中科炼化的 EO/EG 装置供应氧气（作为中科炼化的原料气）。项目分成供中科氢气（焦炉煤气制 H_2/LNG 站或大制氢工厂）和供中科氧氮设施两个独立部分，投产后每小时向中科炼化提供纯度不小于 99.8%的氧气 30000 立方米（标态），纯度不小于 99.99%的氮气 0~40000 立方米（标态），纯度不小于 99.9%的氢气 15000~20000 立方米（标态）。

可见，结合这两家企业的需求，由湛江钢厂向中科炼化厂供应氢气、氧气、氮气，可构建起钢铁和石化两个行业的产业生态链，相比焦炉煤气发电，湛江钢厂焦炉煤气制氢将获得更高的收益，而中科炼化也能得到较低成本的氢气。同时，该项目可实现两家企业的空分等装置设备共享，节约装备投资和运行成本，实现双赢：在正常生产时可提高中科炼化氧气供应的可靠性；在开工和检修期间，中科炼化厂引入湛江钢厂的氮气可节约大量的成本；该项目对湛江钢铁而言，可降低空分的折旧分摊及空分的运行成本。

2020 年 11 月 12 日至 13 日，殷瑞钰再一次访问了湛江钢厂、中科炼化厂，他欣喜地表示：湛江钢厂与中科炼化厂循环经济项目以先进的理念和勇于创新的魄力克服了种种困难，打破了行业壁垒，践行了循环经济理念，实现了如此大规模的钢厂焦炉煤气制氢工程和空分共享工程，实属开创了先河，感到无比欣慰。回京后写下了《氢梦——访问湛江钢厂、中科炼化》一诗：

二十年前一氢梦，
今日陈列在眼前。
钢厂制钢又制氢，
冶金石化一线联。

从来好事多磨砺，
贵在敢想又敢言。
成事未必靠谁人，
众志汇聚好梦现。

第十一章

育桃李芬芳 品恬淡生活

殷瑞钰是精益求精的学者，更是传道授业解惑的严师。他认为：师者，要遵循先哲传道授业解惑的教导，必须不断地提高自己的认知水平。一个优秀的导师，应该是专业领域的领跑者，更要做学生成长、成才的陪伴者。

做学问的人，最忌有一夜成名的想法。要有沉静下来做事做人的好心态。

——殷瑞钰

一 师生知友 桃李芬芳

北京大学第一任校长蔡元培说："弘奖学术启文明，栽桃种李最多情。"殷瑞钰遵循这种理念，一边做着钢铁事业，一边培育着园中桃李。殷瑞钰直接或间接地培养了许多业内冶金科技人才和工程哲学人才，他们在各自的工作岗位上发挥着业务骨干的作用。从 1989 年开始，他先后在北京科技大学、东北大学、钢铁研究总院和中国科学院大学、华北理工大学担任兼职教授或博士生导师，培养许多研究生，这些学生毕业后在各自的领域或成为知名学者、专家，或成为技术骨干，甚至成为院士。他的著作、文章及学术演讲，启发了不少学术研究和教育工作者以及很多现场工程技术人员，他们把他的理论、经验和方法应用在教学、研究和生产实践上，取得了很好的成果。殷瑞钰的同事、学生们诙谐地说：在学校接受他专门教育的学生属于院校培养型的，可以叫"家桃院李"。受他理论影响、启迪在现场学习的工程技术人员，就属于凿壁偷光型的学生，这样的学生也很多，这些学生可以叫"山桃野李"，"家桃院李"加上"山桃野李"就成了真正的桃李满天下。

严格要求 润物无声

教育是"仁者爱人"的事业，仁爱之心是师德的源泉，是滋养学生的活水，是激励学生的动力。殷瑞钰以这种"润物细无声"的影响，使学生们在未来的人生道路上走得更加坚定，也更具活力和创造力。他的学生们在这种“仁爱”之中“亲其师”而“信其道”。

殷瑞钰对硕士生、博士生的具体指导过程中始终保持科研民主的原则，既注重总体把关，方向引导，又鼓励青年学子独立思考。重在进行研究方向的把握和研究思路的指导，不希望学生完全按照自己的想法按图索骥，鼓励学生充分发挥自主性和创造力，广泛涉猎其他相关学科的理论和知识，以期取得多学科交叉的创新成果。

但仁爱之中却不乏严格、严谨。从选题到进入科研直至论文撰写、答辩等各个关键时间节点，他都给予认真细致的讨论、指导，让学生们掌握学习研究的主动权，从来不停留在直接灌输给学生一些局部的知识点，不局限在只传授知识这一层面，而是重在启迪心智，将学术问题一点一点渗透在谈话交流、研究思考、修改论文等过程中，让学生们自己去体会，引导年轻人在创新意识、创新精神和创新能力上不断升华，能以宽阔的视野看问题。他关注学生们的知识积累，更关注学生对科研课题的认知以及在思想方法上的领悟，引导他们自觉地接受学术文化的熏陶。比如对概念的理解是否到位、逻辑推理是否严谨、结论是否合理可靠、表达方式是否准确等。

在学生们的心目中，殷瑞钰是一位儒雅又有风度的先生，产业与学术兼涉，理论与实践兼长，既是精益求精的科学大家，又是传道授业解惑的导师，更是推心置腹的忘年之交。他经常告诫青年学生：“做学问的人，最忌有一夜成名的想法。在科技界，一个人往往需要几十年默默无闻的辛勤耕耘，才会有做出点成就的可能，要有沉静下来做事做人的好心态。”学生们对他的谆谆教导记忆犹新，许多年过去了，老师当年的每一句话都金子般闪光，老师一点一滴的指引成为今后工作中不灭的明灯。

他日常工作繁重，日程安排非常紧凑，还时刻关注着国内外钢铁工业发展的动态以及诸多相关领域知识的学习，研究生学业指导往往是穿插在他日常的学习和工作过程中。他尽可能让学生和他一起参加学术活动，科研项目立项论证、企业调研等，列席会议旁听他本人及领域内其他权威专家的见解，了解领域内学术动态和前沿思想，耳濡目染、言传身教，不断提高学生们的认知水平和学术素养。

殷瑞钰鼓励学生们到现场调研，并尽力给学生们创造有利条件，以便深入生产现场学习和实地考察，取得第一手资料，获得真实的生产数据，从而使研究结果更加客观和全面，也具有更强的可推广性。积极促进研究成果及时向企业反馈和交流，不断将研究内容向更深层次推进。他在解决某个具体问题时，往往是带着学生一起下现场，实地考察，现场教学。有时他强调，不要让厂里安排车，乘车参观，转一圈就结束啦，这缺乏细节实感，强调要亲自走，每一个环节、每一个工序都要亲自去，看现场、看过程，问情况，才有切实的体验。他经常带学生们去宝钢、武钢、唐钢、首钢、马钢、三钢、沙钢等钢厂考察，高高的高炉平台，每次都走上去，从高炉到转炉到连铸，要求一步步走，具体观察，不停询问，不时地讨论，宏观的、细节的问题都不放过，有时还即席发表一些看法。有一次到宝钢，他问厂里的技术人员："不同容积的高炉一批炉料从炉顶下来到形成铁水要用多长时间?"好多人都面面相觑，殷瑞钰却说："这是要思考的问题，还要计算啊……"

他也经常虚心地向现场的技术人员或操作员请教问题，他说："你别认为我是部长、专家，你就当我什么都不懂，给我讲讲"。每到一个车间的主控室，他会详细地问操作问题或者运行状况。比如到高炉，他会问高炉操作工：你放散几回煤气?炉况怎样；到转炉平台，他会问：每班出钢次数是多少?全车间用多少个钢水包?钢水含氧量如何；到了连铸平台，他会跟连铸工交流：连浇的炉数是多少?铸机的拉速是多少，是恒拉速运行吗?每一个问题都问到最细节的方面。提问本身就是在引导现场科技人员以及随行的学生去思考冶金流程工程学中的过程和过程群问题。从工艺技术、设备到生产流程，从生产流程到企业、行业，从不同的视野看问题，给了学生们不同的感受。陪同考察的各位厂长、工程师等都觉得很在理，并因此受到启发。实地考察后有时还要开会研讨，让大家谈自己的感受。殷瑞钰正是这样一位学者，他寓教于行、以身作则来引导学生学会提问、注重应用、知行合一，逐步体会和找到冶金流程工程学相关理论与钢铁企业生产实际紧密结合的切入点。

师者，所以传道授业解惑也，必须不断地提高自己的认知水平。一个优秀的导师，应该是专业领域的领跑者，更要做学生成长、成才的陪伴者。他培养硕士生、博士生，除了让学生增长学问，还教做事和做人。培养他们广阔的胸怀和辩证思维的头脑。注重他们思想素质的提高和家国情怀的培养，用自己认真踏实的工作作风影响学生。

徐安军于1993年9月至1996年10月在殷瑞钰院士研究课题组攻读博士学位，期间正处于中国钢铁工业快速发展的过程中，殷瑞钰行政、业务事务繁多，担任冶金工业部副部长的同时还参与筹建中国工程院。在繁忙的工作之余，作为博士研究生导师，殷瑞钰院士对徐安军的论文选题、研究过程和论文答辩给予了全过程的关注和指导。特别是在论文撰写和准备答辩等重要节点，殷瑞钰认真指导，且耐心启发和讲解，并逐字修改。时至今日，已成为北京科技大学冶金流程工程学学术梯队负责人、参与和见证了学科发展的全部过程的徐安军教授，回忆起跟随殷瑞钰院士学习的那段时间还记忆犹新。徐安军觉得有几件事对他的人生起到了重要的影响。

徐安军在进入课题组攻读博士学位之前，主要是在大学里从事教学和科研工作，本身的专业是炼钢，而且具体工作都是针对钢铁生产过程某个局部或者单体工序展开的，而冶金流程工程学研究是需要极其丰富的生产经验和现场工作经历，徐安军缺乏对钢铁生产全流程宏观层面的知识了解，殷瑞钰院士花费了大量心血和时间，给徐安军提供了充分学习和锻炼的机会，而且在关键点亲自讲解，保证了他博士论文的高质量完成。

1996年5月，徐安军原计划是在论文初稿完成之后再用2个月时间修改完善论文并完成答辩，然而这件事情远远没有他想象的这么顺利和简单，他度过了长达半年的论文修改过程，但那段时光也成为了他人生中最为珍贵的回忆之一。他深深地记得，若干个周末，殷瑞钰利用休息时间将徐安军叫到家里，对经他审阅过的论文文稿进行耐心解释和指导，往往都是时间过得飞快，不知不觉天色变暗。北京的夜很黑，于是先生又步行送徐安军回宿舍，一路上述说自己丰富的人生经历和做人的道理，身体力行地教导徐安军。在那段时间里寒冷的夜空中，路边灯光散发出的丝丝暖意，会同导师谆谆教诲，深深印在徐安军的脑海中，并影响着徐安军后来的事业和人生走向。

徐安军博士毕业后，追随殷瑞钰院士开创的冶金流程工程学事业，肩负导师的殷切希望，于是决定留在北京科技大学从事教学和科研工作。工作期间，受到当时的社会氛围和一些事件的影响，徐安军产生了思想上的动摇，有一段时间，大部分精力分散去创办公司，忽略了教学和科研工作。殷瑞钰知道后，没有严厉斥责，也没有报以失望，而是以极大的耐心和胸怀，一方面给予理解和宽容，另一方面又积极引导，终于在离开学校 5 年之后，徐安军又重新回到教学科研第一线。回忆自己的成长经历，徐安军深深感受到导师宽广的胸怀、对事业孜孜以求的精神和仁爱的人格魅力，没有导师的关怀、指导和影响，就没有自己在冶金流程工程学研究领域所做的一切。

毛新平的博士论文重点是研究含钛钢的全流程制造过程问题，要弄清楚全流程生产过程中不同状态下钛的热力学行为。由于钛是一种活泼元素，可以在不同条件下与氧、氮、碳等元素发生作用，形成不同的反应生成物，因此有必要深入研究在钢的冶炼、凝固、热轧、冷却过程中钛的不同行为及其生成物，以此为基础来研发薄规格含钛集装箱板的合理工艺流程及其工艺参数优化。这涉及大量的试验研究，论文图表中的每一个点都是试验、计算所得。有时候，限于时间周期、经费、环境条件所限，试验的次数少一些，也可得到趋势图。殷瑞钰强调："切记不允许用 3 个点去连一条自己想象的

访问日本合影（左起：田乃媛、殷瑞钰、徐安军，2006 年）

线，那是有风险的，有时可能要 10 个点、20 个点、30 个点甚至更多的点，才能把趋势、规律确切地揭示出来。一定要用可靠的数据才能做出符合事实真相的推断，这是实事求是的态度，也是一种科学精神。”这种科学严谨的态度深深地影响了毛新平。他继承了导师的这种严肃的科学精神、严谨的学风，逐步成长为领域知名专家、中国工程院院士，尤其是在他也成了导师带研究生做课题时，一以贯之地以这种精神来影响和启迪自己的学生。

作为导师，殷瑞钰从不质问学生，对于研究生所研究的问题，循循善诱，耐心辅导，不断地设立一些小目标，然后汇聚起来让学生实现大目标。殷瑞钰指导过的博士生都经历过一个特殊的环节，这就是在学位论文最终成稿时，被不断地追问，挑“毛病”，而在这一追问的环节中又会拓展或深化新的认识，再次激发学生们的潜能。他认为，适度的压力会将课题研究层次再提高一个高度，在趁热打铁的过程中，“点石成金”是有可能的。

殷瑞钰（左）与毛新平（右）在斯德哥尔摩合影（2007 年）

2000 年，郦秀萍成为殷瑞钰的博士生。正值新世纪，中国钢铁工业的发展方向、定位及重点技术等是殷瑞钰关注的问题，殷瑞钰已经敏锐地判断出炼铁车间和炼钢车间之间的界面技术的发展方向是“一包到底”。于是确定她研究的课题为《高炉-转炉界面的热能工程分析》，从热能工程、环境负荷的角度等来研究、论证这一判断。为弥补现场经验不足，殷瑞钰鼓励她到宝钢、济钢、唐钢、沙钢等钢厂去做现场调研，收集整理铁水鱼雷罐从高炉运到转炉的时间过程、温度及温降；统计铁水罐装多少量的铁水、倒兑几次，周转时间多长最合适等现场工况状态。她对铁水温降、运行时间统计的加加、减减的简单分析感到困惑、甚至怀疑时，殷瑞钰耐心地给予指导和分析：“这是工程科学问题，基础科学是用理论解释现象，我们是通过工程现象去分析和研究有哪些新的工程理论存在其中。不要小看这个过程，我们看到的是工程现象，你要把这个工程现象提炼成工程理论问题，从热能工程的角度去分析，能量耗散的环节在哪儿？通过每个环节温降的耗散分析，总结出不同工艺过程热交换、热损失过程，是设备本身吸热，输送过程散热，还是转兑过程的散热，这对于高炉-转炉之间的‘界面’衔接技术选择是非常重要的！”论文完成了，在郦秀萍以为要松口气的时候，殷瑞钰看完论文里关于转炉可回收能量的极限值分析后，又问：转炉可回收的能量的极限值是多少？可回收的能量的形式有转炉煤气的极限回收量和转炉蒸汽的极限回收量，这两个量之间是什么关系？掌握了特定条件下的结果后，能不能估算一下普适性的状态下是什么状况？转炉煤气燃烧得多，转炉蒸汽就回收得多。方向把握好了，每个细节也要联系起来并深入研究。在导师殷瑞钰那里永远有问不完的问题，他总是在不断地设立一个个小标杆，让学生渐渐迈向新高度。正是这种做学问精益求精的风范使得郦秀萍受益匪浅，至今也一直激励和鼓舞着她不断进取。

《冶金流程集成理论与方法》新书发布会
（左起：上官方钦、郦秀萍、殷瑞钰、张春霞，2013年）

有人说做殷瑞钰的研究生毕业时不好“过关”，马钢的刘国平就领教了导师治学的严谨。尽管北京到马鞍山相距很远，但殷瑞钰对刘国平的博士论文的指导没有丝毫懈怠，他多次到马钢，与刘国平反复探讨，不断要求创新改进。刘国平的论文改来改去，反复了十几遍。刘国平的爱人周俐印象最深的是那段时间刘国平天天在家改论文。后来殷瑞钰遇到他们时还幽默地说：“那个时候你可是被‘整’惨了吧。”已经是马钢炼钢厂厂长的刘国平说：“真正能学到东西是最重要的，现在可有效益了。马钢第四炼钢厂的年产钢量多年停留在600万吨的水平，经过博士研究过程的学习，特别是把论文研究的成果用到生产实践中后，很快就上升到年产钢700万吨以上，创造了很好的效益，导师指导得有价值啊！”

举贤提携　助力成才

在培养和提携科技人才方面，殷瑞钰不仅对学生、部下倾注了爱护和关心，对业内的科技人才也举贤爱才，极力帮助科技人员钻研成才、实现理想、取得成绩。

殷瑞钰曾主动提名推荐北京首钢国际工程技术有限公司的张福明参评光华工程科技青年奖。当时张福明在冶金设计界还是一位名不见经传的小辈，但自从接受冶金流程工程学动态-精准设计思路的影响与深入学习，特别是经过首钢京唐钢铁新基地设计的锻炼后，进步很大，使他从一个普通的工程设计师成为全国工程设计大师，并获得了中国工程院的光华工程科技青年奖以及贵州杯青年冶金奖。殷瑞钰多次叮嘱他：“你要努力，你们代表着中国钢铁冶金工程设计这个领域的青年后备。”张福明深受殷瑞钰的教诲，他说：“殷院士做人、做学问、为官都树立了很好的榜样，是我职业生涯的导师，生命中的贵人。殷院士多次和我说：福明，把眼光放长远点，放开阔点，要有更大的胸怀。做学问要不分门派，要不断地努力。”当时，张福明不太理解，殷瑞钰院士讲这些是什么意思，直到他成为北京首钢国际工程技术有限公司的副总之后，才慢慢地理解了殷瑞钰的意思是提醒和叮嘱他作为工程技术人员出身，不要丢了技术，也别忘了做学术，即使做管理工作，做学问也很重要。

钢铁研究总院张春霞教授回忆与殷瑞钰院士一起工作的日子，一路走来，感触最深的是殷瑞钰院士的人格魅力和学术修养。1998年11月在日本千叶举办的第8届中日钢铁双边交流会上，张春霞的发言思路清晰、见解独特，受到殷瑞钰的关注。在后来的科研项目合作中，张春霞从殷瑞钰的学术秘书、学术助理逐步成长为独当一面的行业专家。她说："这么多年，我一直很庆幸能遇到殷院士这样学术水平高、为人又特别好的领导。殷院士在行业内外甚至国际上都有很高的声望。"在很多学术交流场合，她都发现殷瑞钰院士很有涵养，当与他人意见不一致时，殷瑞钰院士轻易不直接反驳别人的观点，而是试图换个角度与对方讨论或引导对方思考。她回忆了在工程院做咨询项目的一次关于材料问题的讨论中，机械行业的一个权威人士说，是你们钢铁行业轴承钢材料不行，才导致我们轴承做不好。殷瑞钰院士没有直接回应他的质疑，而是耐心地说："钢铁行业一些钢材在性能上确实还是存在一些差距，不过您说到的这个问题，我们需要稍微仔细探讨一下。比如说轴承钢问题，兴澄特钢做的轴承钢就很好，瑞典的SKF做轴承钢很出名的，其实用的是兴澄特钢供应的轴承钢材，这说明我们的材料应该没问题。是不是在轴承设计上，还有加工、装配上有问题，而不仅仅是材料本身的问题？另外就是，敢不敢用国产轴承钢，你们敢用，我们就能做；你们不用，我们也就永远不会做了。"经过上述分析，那位专家说："噢，您说的还是很有道理的，我们真得好好分析……"，后来听说是在轴承的润滑问题上，还大有需要改进的问题。

北京科技大学冶金与生态工程学院原院长、现任北方工业大学校长的张立峰教授在研究钢中非金属夹杂物上很有成就，在一次研讨会上，殷瑞钰听完他的报告后指出："一般认为，钢只有在液态时才能把非金属夹杂物分离出来，因此要重视液态过程，这是对的。

然而，钢在凝固、加热、形变过程中，非金属夹杂物也会变化，甚至决定着夹杂物的分布、形态和尺寸；钢在运行使用的过程中，有些夹杂物也在变化。”这给张立峰提出了一个跨尺度、多状态的宏观动态冶金学的概念，在殷瑞钰的点拨下，他的科研课题延伸并拔高了一个层次。张立峰特别敬佩殷瑞钰坚持学习新知识，并感恩殷瑞钰对他科研成果的关注和给予的指导。

2004 年首钢搬迁，在曹妃甸建京唐钢厂时，杨春政得到了殷瑞钰院士的精心指导和传授，让他在建设及管理京唐钢厂的工作经历中受益匪浅。殷瑞钰在首钢讲冶金流程的精准设计体系理论时，让杨春政耳目一新却又觉得困难重重。实际生产中，平均冶炼周期、平均出钢温度、连铸浇铸周期，包括产量产能的计算等，各种数据时刻都在变化，而殷瑞钰讲的精准设计体系要从设计角度把这些因素充分考虑到，还要精准执行，这样的难度就给设计人员提出了挑战。杨春政按照殷瑞钰的思想把炼过的钢种、不同的工序时间做出甘特图之后进行分析，在提前预知许多数据后，知道了如何调整相关的程序。杨春政说：“在京唐钢厂界面设计的整个过程中，殷瑞钰非常关注，多次强调流程、工序的匹配关系，提出了很多前沿的观点，最典型的就是一罐到底，他要求高炉出来的一罐铁到转炉正好出来一炉钢，要动态有序地协同运行。”在殷瑞钰提出的新一代可循环钢铁流程理论中循环经济的理念指导下，杨春政提升了对流程的集成设计，集成运行的认识，并在京唐的实践中成为京唐钢铁公司优秀的科技专家，后成为首钢一级科学家。

切磋启迪　亦师亦友

殷瑞钰严谨细致的治学态度、精益求精的工作作风及对钢铁事业无私奉献的情怀，无时无刻不在感染并激励着他的学生们、伙伴们，并受到业内专家们的一致肯定。殷瑞钰虚怀若谷，乐于分享自己的见解，但从不以位压人、固执己见。他经常与业内同行共同切磋，他的勤思善学、真知灼见又往往启迪和引导他们进一步思考，不断提升各方面的能力。

李文秀曾任首钢的副总经理、总工程师。1964 年在东北工学院上学的时候，他的毕业论文是东工的教授和当时在唐钢工作的殷瑞钰共同指导的。殷瑞钰对他论文给予很多实践性的指导，当时他对殷瑞钰的印象就非常深刻。后来在工作中，他更加佩服殷瑞钰高屋建瓴的眼光。李文秀在首钢当副总经理时，殷瑞钰时任冶金部副部长，他的着眼大局、放眼世界的大格局，从其对首钢生产流程的认识并提出切中肯綮的改造建议中可见一斑。当时殷瑞钰认为首钢中板轧机宽度已经不足以支撑首钢发展需要，随着薄板坯技术推广，中板市场将缩小，应及时改造。在 1995 年广州连铸会议期间，殷瑞钰对他说："文秀，连铸工艺都发展起来啦，你们首钢 2.7 米的中板轧机再不改造，以后你们就得'死掉'了。"李文秀回到首钢，经过研究将此轧机改成了 3.5 米的中板轧机，获得了更好的市场竞争力。后来李文秀感激地说："这个提醒非常重要，它把这套轧机及其产品给救活了。对提升首钢的经济效益起到了很大作用。"至今，在涉及钢铁行业的发展问题，李文秀也都愿意请教殷瑞钰的意见和建议。

原济钢的常务副总经理、总工程师温燕明，在济钢工作时，曾冒昧地给殷瑞钰打电话问："济钢转炉的能耗很高，烟罩的蒸汽排放浪费太大，能不能把它弄起来发电？"殷瑞钰对于这个素不相识的同行的创新思想非常支持，在电话里就说："你的想法非常好，我支持你！"后来他多次亲自去济钢指导工作，并总结道："这就叫分布式能量流集成应用的装备和技术开发"，这个项目最后还获得了国家奖。温燕明感慨地说："当年济钢的发展有殷瑞钰院士的心血。"受到这一事件的启发，在后续的工作中，温燕明一直秉承着这种虚心求教的态度与殷瑞钰进行多番沟通与交流，尤其是接触了冶金流程工程学理论后，温总更是觉得受到理论的指引和帮助，对于冶金流程中能源价值的认识得到了大大提升。他在拜年短信中这样评价殷瑞钰："您是中国钢铁工业从小到大、从弱到强的见证者，组织推动、铸就辉煌的亲历者，中国钢铁工业发展理论的锤炼者，未来中国钢铁健康发展道路的指引者！”

东北大学原热能工程系主任蔡九菊教授是冶金行业系统节能领域的领军人物之一，殷瑞钰在东北大学任博士生导师期间，与他结下了亦师亦友般的情谊。在冶金流程工程学热能工程领域的研究方面，他们共同指导了多名博士生，在钢铁制造流程绿色化、循环经济方面共同开展了许多相关研究，从最初的七种流程能耗、环境负荷的计算到后来能量流网络的构建讨论等，殷瑞钰在冶金流程工程学学科分支的开拓与认识，让蔡九菊深受启发，尤其是冶金流程工程学以耗散结构理论阐述钢铁生产过程本质的理论方法，使蔡九菊在原有的系统节能理论的基础上有了很多新的认识，提出了很多新的见解，对于系统节能理论的应用也起到了促进作用。到现在，他们还经常就冶金流程工程学、能量流网络及耗散结构理论的应用等交换意见、切磋见解。在殷瑞钰 80 寿辰时，蔡九菊送上贺联表达自己对殷瑞钰的敬意与感激：“桃李园丁亦师亦友，铁钢国帅足金足玉”。

志同道合的老友合影留念（左起：蔡九菊、殷瑞钰、李文秀、温燕明，2016 年）

殷瑞钰与周围的同行们，不论是同辈的神交老友，还是学生辈的忘年之交，在研究课题、钻研学术的道路上，都是互切互磋互学习，亦师亦友亦知己。

严谨治学　勤做笔记

殷瑞钰治学严谨的作风是众人皆知的。常有人说老先生做学问太认真了，以至于有些刻板。殷瑞钰却说：做学问就是要严谨到刻板才对，一定要一丝不苟，并且要养成这样的习惯。早在 20 世纪 60 年代，唐钢就像冶金部的一个转炉试验基地，只要与转炉有关的试验研究任务，往往是交给唐钢完成。殷瑞钰作为唐钢的技术骨干之一，得到了很多学习、成长的机会。1962 年殷瑞钰调任到唐钢技术科炼钢专业技术组，担任技术组副组长，负责炼钢方面的技术工作，主要任务是新产品的试制、新工艺的试验等。有一天，在做完转炉炼钢试验后，正好碰到唐钢的总工程师肖来潮和他同桌吃饭。肖总问殷瑞钰："你平时看书吗？"

"看点儿。"

"都看些什么书啊？"

"有时候回过头来再翻翻以前的教科书，有时候也看看新出的钢铁方面的杂志。"

"很好啊，那你看书时做笔记吗？"

"不多，偶尔在书上画一画重点句子。"

"光画可是不行的啊，那样印象不深，记不住的。看书一定要做笔记！内容理解了，要把它用自己的语言记下来；不理解的，甚至要大段地摘抄，慢慢去琢磨……"

就是这么一次不经意的对话后，殷瑞钰养成了读书做笔记的习惯。正是肖来潮总工程师的谆谆教诲、及时提醒，使他在学习过程中注意、认真做手写笔记，不断深化理解，深入钻研，可谓获益良多。这是他在唐钢工作、学习过程中印象非常深刻的一件事。肖来潮总工程师为人正派、敬业奉献、钻研技术、为国贡献的品格对他有着很深的影响。

从那时起，殷瑞钰时时处处做笔记。养成了他持续思考、钻研细节的习惯；培养了他严谨治学的精神，让他受益终身，并影响和带动了身边的年轻学子。

虚怀若谷　切磋学问

谦虚是做大学问的基础。殷瑞钰对别人的意见和建议，总是与大家平等交流，从不武断。在翻译《冶金流程工程学》《冶金流程集成理论与方法》的英译本时，他召开了很多次的研讨会，为了不硬生生地翻译，理解透书中所阐述的思想，殷瑞钰总是谦虚地询问："你们是怎么理解的？""翻译完之后是不是觉得没写透？""这个地方表达不太好，换一个词怎么样？"就这样不断地吸纳别人的意见，不断地修改，使翻译后的文字更加真实地反映作者的本意。他的这种谦虚谨慎、严谨治学的品格，一直影响着他的学生及周围的人。

在 1999 年筹备第 125 次香山科学会议期间，殷瑞钰院士很谦虚地请会议秘书处的工作人员张春霞核对他的报告。里面有好多公式，张春霞对其中一个公式有异议，该不该提出来呢？她很忐忑，便委婉地说："殷部长，想和您探讨一个问题，这个公式是不是表达不太准确，还是我的理解不一样？"殷瑞钰院士不但没有生气，还很认真地分析之后，说："你说得有道理，我考虑考虑，看看怎么改，才能更准确地表达。"殷瑞钰的人格修养和学术涵养对张春霞的影响很大，使她在职业生涯和生活中都获益良多。

殷瑞钰礼贤下士，虚怀若谷，待人接物谦和有礼，令所有的学生都觉得殷瑞钰没有架子，那个学识渊博、曾身居要职、令人仰慕的人，就是身边这位平易近人的老师。每次去老师办公室请教问题的时候，他不是坐在办公桌的对面，而是一起坐在沙发上，平等地、面对面地谈问题，让学生没有距离感。

淡泊名利　甘于奉献

殷瑞钰的淡泊名利让学生们深深佩服。他倡导的“一包到底”的想法最早是在沙钢实施的。沙钢在扩建过程中因为场地的限制，用不了鱼雷罐，于是选择了“一包到底”的工艺路线。沙钢在实施过程中一度遇到一些困难，差点想不干了。为此，殷瑞钰曾专程去沙钢，鼓励他们坚持正确方向，进行改进。在殷瑞钰的指导下，沙钢克服了困难，顺利投运，后来运行得很好。沙钢因此申请了冶金科技进步奖。沙钢有的领导说：这个项目是殷瑞钰院士提出来的，又鼎力支持，这个奖要有殷瑞钰的名字。殷瑞钰说：不用，不用，是我提出来的不假，但你们是在给行业做贡献，这个奖要给实际做工作的人。我不用要这些名。他把荣誉让给了郦秀萍等参与了这个项目研究的人。

殷瑞钰对年轻人的关爱和提携不只是对自己教过的学生，而是对所有钢铁冶金专业的青年学者。张立峰在 2012 年初回国任教后，与殷瑞钰在工作中、专业上、课题上有若干来往，殷瑞钰觉得张立峰在国外工作 14 年，又是年轻人，所以经常和他在一起谈学院的发展，进行学术交谈，并在各种场合多次提名，甚至和校领导多次说起张立峰，希望他能给冶金与生态工程学院带来新的风气。有一天，张立峰在出差的途中，突然接到了殷瑞钰的电话：“立峰，你在钢中非金属夹杂物的研究很有水平，我提名你作为中国工程院光华工程科技青年奖的候选人。”张立峰特别诧异，对年轻人来说，这个奖就是个大奖了，含金量太高了。张立峰第一感觉是自己条件还不够，他觉得殷瑞钰身边的年轻人很多，这次恰是主动推荐自己，深切感受到殷瑞钰院士没有任人唯亲，对年轻人的鼓励、培养和扶持是发自内心、不求回报的，他非常感激。

殷瑞钰对学生的举荐也是非常严格的。他的学生毛新平申报过两次院士。2009 年广东省推荐院士候选人，当时他只有 44 岁。他征求导师殷瑞钰的意见。殷瑞钰说：你还年轻，应该积淀积淀。到了 2015 年，毛新平已经忘了这件事，殷瑞钰提醒他说：你可以来试一试了，我觉得你积淀得差不多了。殷瑞钰对学生的关心，是基于客观上给予他们正确的判断，在合适的时间及时给予提醒。

二　自发相聚　抒发敬意

时值殷瑞钰从业 60 年之际，2017 年 12 月 2 日，一场百余人自发组织的聚会在北京湖北大厦举行。会议出席人员以 AA 制的形式欢聚一堂，回顾殷瑞钰在学习、工作、生活中的难忘时光。

殷瑞钰院士的博士生毛新平院士主持了这个温馨的聚会。他充满敬意地介绍了殷瑞钰院士丰富的人生经历和卓越的学术成就。

大家的目光都聚焦在前排就坐的殷瑞钰身上。只见他精神矍铄，神采奕奕，面带和蔼的微笑，露出欣慰的表情。每一位与会者都感受并沉浸在崇敬与祝福的氛围之中，聆听台上毛新平院士述说着老先生与钢铁的不解之缘……

“殷瑞钰院士是冶金大家。六十年如一日在钢铁行业做了大量的工程实践和理论研究工作。在工程科学方面，率先开拓了冶金流程工程学新分支；前瞻性地指出了钢厂应具有优质钢铁产品高效率低成本制造功能、能源高效转换和及时回收利用功能、社会大宗废弃物处理-消纳和再资源化功能的新理念，为新一代钢厂的建设提供了顶层设计和若干关键技术的支撑；率先提出了钢铁厂动态精准设计的理论框架和方法；研究并提出了钢铁制造流程能量流行为和能量流网络构建的理论和设计原则；研究了钢厂清洁生产的模式，并提出了循环经济的工程实践方向。他还站在学科的角度研究新冶金学科的建设与发展，为创建新的学科分支做出重要贡献。著有《冶金流程工程学》（中英文版）、《冶金流程集成理论与方法》（中英文版）等代表性著作。

“殷瑞钰院士是战略大家。长期从事冶金科技和发展战略研究，在企业和行业的发展战略、投资战略、财务管理、技术管理等方面有着丰富的实践经验，提出并大力推动钢铁生产六项关键共性技术的开发和应用，全力促进连铸技术在全国钢铁企业的推广应用和薄板坯连铸-连轧技术的发展，以及新一代钢铁流程在曹妃甸京唐钢铁公司的成功应用。他在各个时期所做的工作都具有重大战略意义。殷瑞钰院士总是在中国钢铁工业发展的关键节点作出正确的判断和决策，在中国钢铁工业从落后到跟随再到进入世界一流行列的进程中发挥了重要作用。

“殷瑞钰院士是工程哲学的先驱和开拓者。他是中国自然辩证法研究会副理事长，组建了工程哲学专业委员会。21 世纪以来，他致力于工程哲学理论的开拓性研究，著有《工程哲学》（第一、二、三、四版）、《工程演化论》、《工程方法论》、《工程知识论》等专著，推动了工程哲学中国学派的形成和发展壮大。

“殷瑞钰院士常告诫我们，眼中要有大气象，胸中要有大气魄，要用哲学的思辨方法看待工作中的问题。他治学严谨、钻研理论、崇尚实践的科学态度和直面人生、乐观豁达的精神，值得人们学习。

“殷瑞钰院士取得的这些成就离不开夫人田乃媛教授的支持与奉献。在默默支持殷瑞钰院士的同时，田乃媛教授在专业技术和文学创作方面也硕果颇丰，她在北京科技大学率先为冶金系研究生开设了‘钢厂多维物流管制’的课程，促进了学科发展。”

接着，十几位学生、昔日的同仁争先恐后地和大家分享他们与殷瑞钰院士及田乃媛教授的交往，回忆他们曾经在生活上得到的关心、关爱，在学业及学术上受到的谆谆教导，情深意长，感人至深。

这时，一封工工整整的小楷书信把活动推向高潮。一幅遒劲有力、满含深情的书法作品，呈现在大家面前。

时年 90 岁高龄的张寿荣院士，得知这一难得的聚会，真心想前来参加，但由于腿脚不便，不能如愿出席，特意让他的秘书带来一份特别的礼物——张寿荣院士用毛笔书写的信函。

殷瑞钰院士，田乃媛教授：

值此殷院士从事钢铁行业 60 年和你们金婚大典之际，祝你们身体健康，白首相伴。我和殷院士相识于 20 世纪 80 年代，一见如故，殷院士学问精深，涉猎广泛，不光在钢铁领域，在工程管理领域、工程哲学领域，也堪称大家。

殷院士有家国情怀，很多工作都是站在国家的角度去考虑问题，为我国钢铁工业的发展倾心尽力。殷院士有国际视野，他和德国、日本、韩国、美国、意大利等钢铁的高层都有互动，把世界先进的钢铁技术和理念引入国内，我与殷院士合作共事近 30 年，每每交流，总有启迪。为有这样一位至交好友，甚感荣幸，预祝贤伉俪健康幸福，寿比南山。

殷瑞钰（左）与张寿荣院士（右）在苏州拙政园合影（2004 年）

信上的一字一句都倾注了张寿荣老先生的无限情谊。秘书朗读完毕并介绍，老先生写信时说：好多年没这么写信了，一定要坚持写完，送去最诚挚的祝福。

在场的人都感动不已。

会后，殷瑞钰院士欣然提笔，写下了《从业六十年有感》：

频频奔波下钢厂，
奋力推动全连铸。
千军万马破亿吨，
十年深思流程书。
实践思维再升华，
更将工程连哲理。
执着奋斗源一念，
追求真理追求美。

三　严格要求　真情关爱

严格要求身边人

殷瑞钰克己奉公，对身边的人严格要求，尤其是他的秘书们。殷瑞钰共有五任秘书，王斯勇、秦松、刘骁、张旭孝、上官方钦，他对每一任秘书要求都很严格，但严格之中又有亲情相伴。

殷瑞钰认真办事、严谨治学、精益求精是众所周知的，尤其是几任秘书都有深切的感受。每写文章都要一字一句翻来覆去地修改，仔细推敲每一个词每一句话，尤其是学术会议的论文更是认真。他告诉身边的人：不能想当然，不能“差不多”，一定要准确，尤其是数字，一定要调查核实。他对文字的要求，国外同行都非常佩服。2000 年中日双边的冶金精英学术交流上，日方的权威学者不破祐教授看到殷瑞钰组织的中方会议资料后，对他的学生们说：“看看中国的学术报告，水平提高有多快，又是多么认真，你们应该注意。”

秦松从 1993 年开始跟随殷瑞钰多年，他印象最深刻的是殷瑞钰对工作非常严谨，一丝不苟，对身边的人员要求也很严格。殷瑞钰常说：“没有发生的或没有成为现实的事或数据，一定不能说，不能想当然。”那时候，他们都很年轻，殷瑞钰经常告诉周围的年轻人：要把业余的时间利用起来，多学习。这种严谨细致、勤奋好学的工作态度一直影响着秦松，使他在成长的路上受益良多。

刘骁第一次把文稿交给殷瑞钰，共 2 页纸几乎修改了 10 多遍，包括错别字、标点符号、语句语病、主谓宾结构等。修改的过程中殷瑞钰始终和颜悦色、不厌其烦。他严谨细致的工作作风，使刘骁养成了仔细认真的习惯，这以后凡是文稿自己不看几遍都不敢给他。刘骁深深感觉到：老先生在一遍一遍耐心的改稿过程中，不生气、不批评、不烦躁、不怪怨，如润物无声的春雨，如轻扶额头的清风，慢慢拂去年轻人的浮华、急躁和轻狂。他用这种言传身教的方式来培养身边的人。这是一种“大家”的育人方式，培养出很多优秀的人才。

张旭孝当秘书的时候，是个毕业不久的大学生，殷瑞钰找他谈话的时候说，我对秘书的要求有三点：第一工作要认真；第二可能经常要出差；第三一定不能吃拿卡要，不能打着我的旗号，去找别人办事，只要让我发现，你的秘书生涯就终止了。张旭孝严格遵守“戒规”，在事务性的工作中，不断提高自己的能力。有一次到唐钢，殷瑞钰问：什么行程？张旭孝说：厂里安排开完会参观。又问：去看啥？他说不知道。殷瑞钰心平气和地说：怎么能只听从厂里的安排呢？你是秘书，应该知道这一次的全部行程安排。从那以后，每逢各种会议或者出差，张旭孝都会详细地询问行程，时间、地点、谁作报告、报告内容等，甚至衔接的过程都安排得很妥帖。

有一次在出差途中给领导修改报告中的文字，由于走得急，开会用的第三稿改在了第一稿上。殷瑞钰看了一会儿觉得不对劲，就去问他：旭孝，稿子我改过了，怎么没改啊。张旭孝一看，是在一稿上改的三稿，新稿在办公室的电脑里，走的时候没换盘。殷瑞钰没批评他，又拿去重新改好，只是说："这样马虎可不行，必须要认真，否则，以后干不成大事。"这件事给张旭孝留下非常深刻的印象。殷瑞钰经常教导他：不能光看眼前这点事，工作中会遇到各种事，平时要多积累；机遇是给勤奋的人准备的，给踏实肯干的人准备的。

现任秘书上官方钦从 2006 年起就在殷瑞钰的团队从事科研工作，参与过不少项目。2014 年成为他的在职博士生，在确定研究方向后不久，2016 年又成为他的秘书。在担任秘书的头一天，殷瑞钰先是同他详细讨论了博士论文的研究思路，分析研究的重点和难点，叮嘱他要注重相关方面的知识积累，包括钢厂流程设计、电炉炉型的设计、计算机编程等，甚至具体到某个参数的计算或小装置的开发，之后又教导他平时要多看资料，一定要做笔记，遇到精彩的观点，要整段摘抄，理解了，要用自己的语言表达出来。要主动去接受和思考各类信息，开阔眼界，增长见识，提升格局；陪同开会时，千万不要以为这些会议与自己不相关，就不去听，不去学习。没有"没有用的知识"，主要看你会不会用和有没有机会用。

严格要求不刻薄，一言一行总关情。殷瑞钰身边的人，不仅跟着他做学问，更是沐浴着他品德的芬芳更快地成长起来。

真情关爱

殷瑞钰在生活中是个性情温厚之人，非常关心体贴周围的同志。有一年，冶金部在密云云湖度假村开会，殷瑞钰和干勇同去参加会议。其间，干勇椎间盘突出的毛病突然犯了，压迫坐骨神经，走不了路、下不了楼，殷瑞钰就给他打饭、送饭，让干勇倍感领导的关怀与温暖。

香山科学会议期间，会务秘书张春霞突发眼疾，殷瑞钰非常关心，从发病到恢复正常，半年多的时间，经常劝慰她：眼睛很重要，不要太累，多休息。悉心的关怀、宽慰的话语让张春霞很温暖。

刘国平和周俐分别是殷瑞钰与田乃媛的学生，夫妻俩教夫妻俩，这样的缘分是少有的。周俐1989年入学后，她发现自己怀孕了，按当时的规定，在研究生期间是不能生孩子的，让已经27岁的她很纠结。田乃媛、殷瑞钰非常理解她的苦衷，在两位恩师的关怀之下，学校允许她休学一段时间，生完孩子后再继续学业。这件事让她终生难忘。

殷瑞钰的博士生伊炳希结婚的时候，老两口像家长一样，倾尽自己所能，操持婚礼，举办庆典，又拿出珍藏多年的好酒招待来宾。亲人一样的关怀和爱护让学生铭记在心。

大约是2008年，有一次，随殷瑞钰到上海开会的张旭孝严重腹泻，叫了120急救车送去医院。殷瑞钰知道后，一直等他从医院回来，送他到房间，烧好开水，又给他吃过药，宛若一位慈祥的老父亲对待自己的儿子，安顿好之后已是凌晨时分。当时殷瑞钰已经70多岁了，第二天一早还要作报告……

点滴小事，数不胜数；真情关爱，情义绵长……

伊炳希博士论文答辩会合影（右四为殷瑞钰、右五为伊炳希，1995 年）

四　读书著书　诗意生活

读书，一生的爱好

下了一夜雨，窗外的树木洗刷一新，地上湿湿的。清晨，殷瑞钰打开窗户，凉风习习，清爽的空气扑面而来。

“空山新雨后，天气晚来秋。”王维的两句诗瞬时浮现在他的脑海中，这脑海中的风景，仿佛尘世间的一切嘈杂都随着秋雨渗入泥土里，一切安谧且幽静。他尤其喜欢王维的诗，随口就能吟咏出来。

他喜欢“大漠孤烟直，长河落日圆”的苍茫；喜欢“明月松间照，清泉石上流”的恬淡；喜欢“行到水穷处，坐看云起时”的悠然。王维就是唐诗里的一股清流，王维诗中空灵的禅意、高远的意蕴，让他享受着“心似白云常自在，意如流水任东西”的平淡生活。

正好是个星期天，难得的蓝天，难得的宁静，他沏了一杯清茶，捧出一捧书报杂志，浏览品读。他爱读杂志和报纸，《光明日报》的“光明文化周末”，《文汇报》的“笔会”，《人民日报》的“大地”，还有《作家文摘》等刊物都是他爱看的栏目。他常说：报纸、杂志都益于开阔胸襟，尽可捧来一饱眼福。通过读书看报，汲取人生的真谛，使人性情豁达，心神怡然。

读书，是他生活中的必需品，也是他终生的爱好。即使在吃不饱的困难时期，在下放劳动“三班倒”的劳累后，在冬冷夏热的简易棚中，都是与书为伴。夫人田乃媛对他读书有一句经典的话：“唯有读书不让人”。古今中外，他事事有兴趣；著书立说，他乐在其中。魏寿昆先生、师昌绪先生、邵象华先生、柯俊先生、张寿荣先生、曲英先生等学术界老前辈是他崇拜的智者，而“爱学习”则是他们对殷瑞钰中肯的评价，前辈们的鼓励也助推着他一步步攀登学术新高地。以至于93岁高龄的张寿荣院士说：“殷瑞钰是我认识的人中，唯一一位当了官，还一直想着钻研学术的人。”

他家的书房有整整一面墙的书柜，资料丰富，种类繁多。房中唯一的装饰是窗台上的钟表，时时提醒他，光阴似箭，要分秒必争地赛跑。他不喜欢别人进他的书房，即使是家里人。也不喜欢别人为他整理书房，只有他自己知道每本书的位置，每部文稿的分量。在撰写《冶金流程工程学》《冶金流程集成理论与方法》的时候，他一再告诉夫人：不要碰我桌子上的书，也别动我的纸。再乱也不要收拾，动了，我就找不到随时需要的资料了，平时擦擦灰就行。

他的办公室也有一面墙的书柜，摆满了各种专业的书籍和资料，办公桌像是在书山里扒开了一个办公的小区域，旁边有一个小会议桌，桌上堆满了各种资料和书籍，足有一尺多高。桌子底下也是各种资料、文集。殷瑞钰说：虽然有点乱，但乱中有序，用哪方面的资料都好找。

他的生活中，每天读书、看资料的时间是最长的。20 多年间，他写出一本又一本专著：《冶金流程工程学》（第 1 版、第 2 版、英文版、日文版）、《冶金流程集成理论与方法》（中文版、英文版）、《冶金流程学》（2023 年出版）、《工程哲学》（第一版）、《工程演化论》、《工程哲学》（第二版）、《工程方法论》、《工程哲学》（第三版）、《工程知识论》、《工程哲学》（第四版）等。书中的每个篇幅、每个章节都凝聚了他从事钢铁事业和工程哲学研究的心血，展现出创新思维的学术新成果，承载了一位辛勤耕耘学者的苦心。

步入高龄的殷瑞钰大多数时间都在读书、研究与著文写书中度过。他以读书为乐，孜孜不倦地走在求知的路上。他学术著作等身，而且跨行业跨领域，许多思路不仅是来自于长期实践的体悟，更是来自他对不同学科孜孜以求的钻研。他从来没有停止过思考，严谨治学，博览群书，刻苦钻研，求真务实，勇于开拓。

写书之余，殷瑞钰还爱读唐诗，游弋在唐人优美的意境里，觉得自己的思绪也自在逍遥起来。赏天上云卷云舒，去留无意；看庭前花开花落，荣辱不惊。这是唐诗里的意境，更是他一生追求学术、淡泊名利的境界。

他不仅读诗，闲暇的时候偶尔也写诗。写诗是他研究学术之余的另一种休息。他的《读书》不仅怡情，而且言志。

读书吾家事，
书香满庭芳。
明理知章时，
豪志胸中藏。

宁静能致远，

报效不可忘。
时时惜寸阴，
养德且韬光。

殷瑞钰还喜欢饮茶。午后，阳光洒满斗室，窗外绿色依然，树梢轻轻摇曳，独坐书房，冲一杯不淡不浓的苏州碧螺春，那是他的最爱。端起沏好的茶，闻一闻，清香入鼻，那可是有家乡的味道。然后轻啜一口，芬芳直入肺腑，再潜心读书。他说，饮茶可以驱散心中的烦闷和杂念，慢慢品茗，心绪沉浸在宁静幽远之中……

散步　休闲养生经

科学的养生之道是“天人合一”，遵循规律，实现人与自然、人与人、人与自身的和谐共处。殷瑞钰生活规律，起居有常。他认为，好的生活习惯就是最好的养生方式。虽 80 高龄仍坚持每天健步而行，保持旺盛的精力，思维敏捷而性情笃定。

他有每天散步的习惯，即使是出差在外，也是每天晚饭后看新闻联播，然后散步半个多小时，这是他喜爱的锻炼方式，也是他的养生之道。散步是锻炼，亦是思考。在散步期间会讨论工作中的事情，文件、报告、讲座、会议的资料准备，时间、地点、人员安排等，事无巨细，反复斟酌。他们是在散步，又似在处理着工作；他们是在工作，却又享受着散步的轻松。宾馆大楼、门前马路、民居小巷、山间小道，都是他们散步的地方。天空之下，大地之上，情满于山，意溢于水。曾和他一起出过差的同志都佩服他十足的体力、过人的精力，不曾想从不间断地散步就是他养生的法宝。

在家的时候，他住的这栋楼就是他散步的中心，他一步一步走出健康的体魄；一圈一圈量出生命的价值。月明星稀的夜空，万家灯火的窗口；路边树木花草的阵阵清香，树上的蝉鸣，都诗意地陪伴着他，日日夜夜，充满了只争朝夕的求索……

殷瑞钰生活简朴，淡泊明志。生活中不吸烟、不喝酒、不打牌。勤俭节约的传统美德融入到他生活的细节之中。穿破的袜子，他会恳求夫人给他补一补。夫人田乃媛看着他那副老顽童一样的表情，既可气又觉得挺可爱，虽不情愿也就给他补了，但会留下一句话：下次再破了，可别找我了。其实，家里有新袜子，他只是觉得因一个小小的洞，就扔了一双袜子，有点可惜，半丝半缕，当恒念物力维艰，这是他的习惯，跟有没有新的没关系，这是对传统美德的传承。

风景，一直在路上

虽然殷瑞钰的脚步遍及祖国大地的各个钢厂和高等院校，甚至近 30 个国家的著名学府或钢厂，但他很少有时间专门去欣赏风景名胜。每次出差，日程被他安排得满满的，甚至晚饭后的时间都不放过，要进行当天考察的思索。凡是和他出过差的同志，都体验过这种没有风景的旅行。其实，他也是一个懂风景的人，只是责任与使命在肩，他不得不擦肩而过。最近几年，他那看风景的心情，在一首首小诗中流露出来。

他的风景一直在路上，在 2012 年 9 月去山西出差途中，他感慨路上风景壮丽，却念家中孙儿们，写了诗歌《雁北行》，以表示此地来过：

平明发朔州，
应县木塔游，
更登悬空寺，
雁北半日够。
返程恒山中，

畅意不胜收，

遥念两儿郎，

他日环球走。

2018 年 11 月下旬，北方已入冬，万木萧瑟，寒风劲吹；殷瑞钰从北方转入江南，又飞厦门，暖温带尚处温和宜人之季。由厦门驱车赴三明，参加全国连铸会议，高速公路、隧道在山丘间穿行，已不同于 20 世纪 90 年代的情景了。他深感改革开放政策之成就，犹感祖国河山之壮丽。写一首《福建行》留记。

簇簇山丘连绵现，

氤氲雾霭飘渺间。

长短隧道洞复洞，

八闽大地绿海连。

如今，已经耄耋之年的殷瑞钰，依旧每天按时上下班，老朋友笑他：出勤率真高啊。他乐呵呵地说："没有人考勤我，只是感到时间不够用，歇不下来。"老之将至，他却越来越不服老，却从不以"老"自居，堪称自己是个"八零"后。

85 岁高龄时，在去钢厂讲学之余，乘兴游历泰山，偶得小诗一首《八五登泰山》：

朝发莱芜城，

快意泰山行。

缆车乘好风，

直上南天门。

艰辛攀登后，

朗日寰照明。

五岳独尊处，

当有自立人。

八五登泰山（2020年）

“老骥伏枥，志在千里”的励志之言激发着他，这几年，外出讲学的时候，他迫切地想尽快地将先进的技术、成熟的思想、全新的理念传送给年轻的一代，虽耄耋之年，不顾路途劳顿，乘着高铁、飞机奔忙在祖国的大地上。

如此繁忙而有序的节奏，不少人问他：你累不累啊？他会痛快地回答：“一个人干自己喜爱的工作，又是国家的需要，就不会有苦和累的感觉。我觉得日子过得挺充实，人过八旬，更要只争朝夕，倍加努力，才不负人民的期望，才不辜负党和国家对我的关怀。不能忘了要为国家争口气！”

五 仁爱之家 惟德惟明

孝悌仁爱

自古忠孝难两全。为了中国的钢铁事业，殷瑞钰不能陪在母亲潘雪珍的身边尽孝，但他对待母亲及弟妹也是竭尽所能的孝顺和关爱。他是家中的长子，每逢出差顺路回家乡苏州看妈妈时，总是深情脉脉、饱含泪水，仔细观察老人家的神态，问寒问暖问生活，问

母亲潘雪珍90岁生日，兄弟姐妹与母亲和姨妈的合影

（第一排左二为殷瑞钰、左三为潘雪珍，2004年）

吃问睡问健康，母子深情在久别重逢之际，更是表达不尽，每一个眼神，每一个动作，都倾注了对母亲浓浓的感恩之情。父亲 50 多岁早亡，感恩之情更为专注于母亲身上。从他第一次挣到工资开始，就一直给父母亲寄生活费，直到母亲 96 岁去世，寄了 50 多年。老邻居们都说："殷家有孝子！"老母亲 92 岁后生活逐渐不能自理，由妹妹弟弟们照顾，他不能在床前尽孝，只能更多的从经济上资助他们，是一个标准的好大哥。他在宁波开会时，得知母亲去世的消息，禁不住泪如泉涌……为无法常在母亲身边服侍尽孝而愧疚不已。

在料理完母亲的丧事后，殷瑞钰召集全家人开了一个对母亲的感恩追思会，兄弟姐妹们饱含热泪一一发言，感念母亲养育之恩，铭记老人家正派、仁爱、善良的品德和勤恳、节俭的风格，倍感老人家的亲情。随后，殷瑞钰作为长兄，在和弟妹们分别谈心的基础上，分配母亲一生节俭留下的遗产。殷瑞钰主动提出放弃继承遗产，分文不要。同时，又按照对母亲晚年照顾所付出的贡献，合理地进行了分配，得到弟妹们的一致认可，真是公平、克己、仁爱的好大哥。

祖孙三代北京合影（左起：殷瑞钰、潘雪珍、殷之雄，1989 年）

相濡以沫

1967 年 12 月 21 日，殷瑞钰与田乃媛喜结良缘。

殷瑞钰（右）与田乃媛（左）结婚纪念照（1967 年）

“久处不厌的包容，相濡以沫的珍惜。”这是殷瑞钰与田乃媛真实生活的写照。他们已相守 50 多年，夫妇二人将大部分精力奉献给了祖国的钢铁事业，这对伉俪从未后悔过，在他们心里永远是“国为重，家为轻”。

殷瑞钰几乎把所有的精力、时间都用在工作、读书、学术研究上，夫人田乃媛为了让他更好地工作，几乎承担了全部家务。她身为一名大学教授，还承担着繁重的教学任务，在家庭与事业之间，她像一个陀螺，不停地转着，转着……面对这样一位贤内助，殷瑞钰在金婚纪念日时，深情地表达了对妻子的感恩：

“我们相依相伴 50 年了，我们没有花前月下，只有共同奋斗。我们是患难夫妻，一起经历了‘文革’，经历了唐山大地震，唐山大地震中我们非常幸运，全家安好。灾后搭建地震棚时，我掉到了一个地基坑里，踝骨骨折，田乃媛陪我到天津治疗，每天早早起床排队给我打牛奶，希望我的脚踝骨快点长起来，她陪我走过了这一劫难。

我们是奋斗的夫妻，一起建立家庭，白手起家。我一心扑在工作上，她更多地支持我。我们曾经一起搞连铸，也一起开拓冶金流程工程学。我在写，她在教，同时也帮着写，一起在北京科技大学、钢铁研究总院建立研究队伍，培养学生。不仅关心同学们的学习，而且关心他们的生活，甚至必要的经济、生活帮助，一起为事业奋斗。”

在这个特别的日子里，夫人田乃媛教授也按捺不住内心的激动，写了一篇文章《金婚纪念日》：

“毫不夸张地说，50 年来，几乎没有一次认真、隆重地过过结婚纪念日。两个人仿佛都不在乎是否纪念这个日子。牵强的纪念可以免去，50 年相守的婚姻生活在人生旅途上却是个漫长的过程。50 年的生活总会有起起伏伏，有快乐有痛苦，有相聚有别离。人生中十分重要的内容就是相依为命，对于一生相伴的夫妻来说，相依为命才是真正的爱情。

我们经历了马拉松式的恋爱，我决定嫁给他，一切都是那么简单、那么自然，单纯地认准一个标准——事业型。茫茫世界人无数，能选对伴侣不容易。好的婚姻就是选对了人，不敢说天长地久，懂得珍惜就好。好的婚姻给彼此的生命带来一个永久的爱人，一个可信赖的、真诚的，肯陪着你一起变老的亲人，这就足够了。

事业上成功的他无论多么风光，多么辉煌，也从未取代在另一个平行空间里平常的他。如寻常男女一样，有爱恨情仇，有喜怒哀乐，有悲欢离合，纵然历史变迁，山河巨变，我俩的命运也和尘世里的众生一样，一日一日地过下去，从未有特殊的要求。他不要求我十全十美，我不希望他百分之百。”

82 岁的殷瑞钰站起来，捧起早已准备好的一束玫瑰花，走到田乃媛教授面前，恭恭敬敬地献给她，深情地说：“献给你，我的爱人田乃媛，50 年辛苦啦！”田乃媛接过鲜花，有些哽咽地说：“在我的记忆中，这是他第一次给我送花！”伴随着美妙的音乐，空气中弥漫着玫瑰花的芬芳。殷瑞钰拿出一个精美的吊坠，情深意切地看着田乃媛，亲自给她戴在脖子上。老人家慢慢的动作，诉说着 50 年最长情的告白！

他们的爱执着、深沉而热烈。田乃媛在殷瑞钰 80 寿辰时写道：“有一种‘心中藏之’的隐忍之爱，虽无数次在心中徘徊往复，却由于种种原因，不能行之于色、宣之于口，于是千回百转，至今不悔。人生最难得的不是发生一段烈火烹油式的情爱，而是将这烈火克制下去，隐忍成清明的星光，照亮各自的生命。很多时候关爱一个人，比热恋一个人更加久长。”

50 年过去了，历经坎坷和辉煌，他们在嘈杂喧闹的尘世为自己营造恬淡的精神空间。至今他们仍崇尚“黎明即起，洒扫庭院，内外整洁；晚昏便息，关锁门户，亲自检点”的生活方式。更力行“一粥一饭，当思来之不易；半丝半缕，恒念物力维艰”的古训。以谦虚为先，恭敬为贵，能勤能俭的中华传统美德来塑造自己和后人。

陪伴是最长情的告白。每当他们相依相伴时，不由得会发现彼此一点点儿变老了。白发出现了，皱纹增多了，牙齿松动了，步态蹒跚了……年龄越大就更加细心地、认真地互敬、互爱、互助，善待自己的老伴，从中自会得到真正的幸福。一起慢慢变老，你仍然是我手心里的那块宝。

50 年相濡以沫爱如歌，50 年风雨同舟情相依，他们相敬如宾，比翼双飞，浇灌出桃李芬芳春色满园，那些相濡以沫的情节，那些同甘共苦的画面，依然那么清晰地在脑海里映现，在夕阳下，在晚风里，在子孙绕膝的幸福生活中，在曲折多磨的艰苦岁月里……一路走来，生活赋予他们的日日月月，都充满了温暖的岁岁年年……

"田记小铺"

"一年时光半在外，贤妻戏称家中客。"由于工作繁忙，殷瑞钰常被夫人戏称为家中的"旅客"。最忙的时候，殷瑞钰一年中有多半年在外面出差。开会、讲学、做学术报告，考察、调研、交流，从国内到国外……说起这些，殷瑞钰有愧疚也有自豪，他说："我夫人也习惯了，她也很忙。里里外外'一把手'，真不容易。"

夫人田乃媛是北京科技大学的教授，学术上颇有造诣，工作也非常繁忙。同时，她又是一位"上得厅堂、下得厨房"的"田大厨"。工作之余，厨房是她"钟爱"的地方，烟火缭绕数十年，甘为家人下厨忙。心中充满爱，碟碗都关情。无怨无悔地为家人做出可口的饭菜。殷瑞钰给起了一个温情的名字"田记小铺"。

一家三口在北京科技大学合影留念

（右起：殷瑞钰、田乃媛、殷之雄，1992 年）

“田大厨”常得到两个孙子的赞赏：“奶奶烧的菜真香呀！”这种肯定无形中激发了她下厨的积极性，不时地要动动脑子，琢磨一下怎样会做得更好。凡是品尝过“田大厨”手艺的人，都异口同声夸赞：“好吃！”这是她乐在其中的收获与欣慰。

“田记小铺”的凉菜种类不太多，但都有出处。每逢节假日，亲朋相聚，喝点小酒，对凉菜情有独钟，一些“有来头”的凉菜，比如“稻香村”的素什锦、“天津卫”的小酥鱼、“月盛斋”的酱牛肉、“天福号”的酱肘花、“广味”的叉烧肉、江南糯米藕、苏式熏鱼、“上海邦”的糟毛豆，这些凉菜都在选择之列。

“田记小铺”的“田大厨”做的家常菜更是种类丰富，食物搭配得色、香、味俱全，几代人用餐，可满足不同口味。所烧的菜均是居家可做的清蒸鱼、油面筋包塞肉、红烧鱼、黄焖鸡、番茄虾、红烧排骨等。许多道菜，看上一眼，都口舌生津。

“田记小铺”每日中午均有汤。冬瓜丸子汤、红菜汤、蛋花汤、白菜豆腐汤等。每天换一样，喝起来舒服又爽口。打蛋花时，“田记小铺”还有小妙招，一定要在碗中加些香油调匀后再加入汤中，打出的蛋花又松又大，甚是好看。

有了这样的“田记小铺”，殷瑞钰很少在外面吃晚饭，只要回家，就有夫人爱意浓浓的饭菜。外面的山珍海味再好，也不如“田记小铺”的菜根香，这是“家的味道”。

天伦之乐

年过古稀时，家里有了两个活泼可爱的孙子。自此，他才开始将倾注于工作的全部心思和精力，稍稍做了调整。一周中，抽出一天的时间，放下手中的工作，推掉各种应酬，围着孙子们忙乎一天，尽情享受含饴弄孙的快乐时光。每到周末，冷清了一周的家中伴随着两个小孙子的到来，就会笑语不绝，气氛热烈。儿郎们的出现让家里充满了坦荡的笑声，大快朵颐的就餐声，奔来奔去的欢闹声，孙子们享受着幸福的童年，老两口也享受着两个宝贝给予他们的无尽的幸福感。

全家福合影（第一排左起：田乃媛、殷惟明、殷瑞钰、殷惟德，第二排左起：沈婷婷、殷之雄，2014 年）

都说隔辈亲是无与伦比的。那是一种不由自主的想念，那是一种甘为孺子牛的付出。在孙子们小的时候，每天忙得不可开交的殷瑞钰，也不会忘记在晚间打电话问问孙子的情况：吃得香吗？睡得香吗？拉臭臭了没有？无形的亲情牵系着他们的心。不时要给孩子买纸尿布，买30多元一斤的大苹果，若是为他自己，节俭的他无论如何是舍不得的。

每到开饭的时候，两个孙子惟德、惟明一左一右排开，坐在老先生的对面，像两只饥饿的小老虎，狼吞虎咽，一副家中主人的样子，老先生风趣地问："你们两个小家伙怎么这么不客气地大吃大喝啊？"

大孙子惟德说："我是我爸的儿子，我爸又是你的儿子，还用客气吗？"调皮的回答让老两口倍感欣慰，理所当然的答案让人无可挑剔。亲情悠悠无限，欢乐融融无处。

家中有了惟德、惟明两个小活宝，爱清洁与整齐的夫人田乃媛降低了要求标准。孙子们把沙发靠垫放在地上踩来踩去，在地上打滚，满屋子奔来奔去，比着吃饭，比着展示自己，无论怎么翻天覆地，他们的心中都荡漾着浓浓爱意，享受着人间幸福的天伦之乐。

大孙子惟德周岁生日到了，老两口思来想去不知道送什么。既能开发智力，又能教育孩子；既有无限期望，又有衷心爱护，最后老先生写下了"戊子示孙"的20个大字："仁者大爱，博爱者智，智达高远，高远惟德，惟德为乐。"也许孙子惟德、惟明不会懂，但长大了，自会明白爷爷的一片深情和厚爱。这20个字，是他一生的写照，更是传于子孙的教导。

20个字中，第一个字"仁"，殷瑞钰对这个字有更独到的认识。他结合《论语》的开篇之语，"学而时习之，不亦说乎；有朋自远方来，不亦乐乎；人不知而不愠，不亦君子乎。"将夫子所言与自己的生命结合起来，仔细体会涵养，用生活证悟，用生命践行。道出自己对“学而时习之”的深刻理解。随手写小诗《学习》，表达对“仁”的体悟：

学而时习之，始得知。
学而时习之，再得能。
学而时习之，更得觉。
学而时习之，又得悟。
知、能、觉、悟归于仁。

夫人田乃媛则每年给孙子们每人写一篇纪念性的文章，当孙子们长大的时候，这些文章就是一部融满柔情的成长史。这是永远的纪念，更是无价的生日礼物。

殷瑞钰有时候会带孙子们散步、踢球，每当此时，他也好像回归了童真岁月一样，作儿童诗《庭院》和孙子们一起吟诵。

小草，安静地躺着，
自由地呼吸着空气。
大树，笔直地挺立着，
蓬勃地伸向天空。
蓝天，万里无云，
阳光照耀着万物，
孩子们，跳跃着，奔跑着，
多么欢乐多么舒畅。

又一周日，儿孙回家团聚，午间携长孙惟德散步于花园，时值深秋，喜鹊、暖阳、赋诗，童心、天真、有豪气。幸福感油然而生，于是，赋儿童诗《散步》。

深秋花园静悄悄，
祖孙散步共逍遥，
喜鹊喳喳叫，暖阳在照耀，
多么幸福，多么美妙。

枝上鸟儿在跳跃，
少年灵感忽开窍，
赋得喜鹊诗，
童心天真表，
老者欣慰，少年自豪。

古语有云“几百年人家无非积善，第一等好事只是读书”。殷瑞钰也一样，对孙子们的教育从不松懈。他写诗寄语孙儿们，要《励志》：

少年读书蕴豪气，
点滴凝聚方寸间，
会当大海帆扬起，
长风劲吹十万里。

他们的家规是“励志、勤奋、简朴、孝顺”。只有清正的家规才能熏陶出积极向上的价值观。他们既享受天伦之乐，又言传身教于孙儿。在共同读书、游戏、运动中，常常寓教于乐，让孙儿们健康成长。在读书的时候，也把这种耕读传家、立志报国的殷殷情怀示于孙儿们。他的小诗《书香——示孙儿们》：

书香书香，
明理知章，
熏陶培植，
气雅质强。

书香书香，
励志飞扬，
报效家国，
天下和畅。

第十二章

漫漫人生路　钢铁报国情

殷瑞钰说：做人做事做学问，要为国家争口气。即使是耄耋之年，也不能无所事事，不能固步自封，不能自以为是，要不断为国家工作，所研究的东西要和时代发展潮流一致。学术和认知水平要有新的境界，不断的研究、不断的思考、不断的学习。真所谓：学术当随时代，认知当开新境。

我的学习、工作生涯经历了三次选择、两次升华，为了能实现“钢铁报国”的志愿而孜孜以求。

——殷瑞钰

一 三次选择

殷瑞钰在总结回顾自己80多年以来走过的历程时，感慨万千。有励志勤奋读书，有轰轰烈烈的艰苦劳动，有丰富多彩的实践体悟，有不断刻苦钻研，有深入细致的理论思考。有丰硕的奋斗结果和荣誉，也曾经历过被人误解乃至忍受屈辱的境遇。可谓曲折多磨，锤炼意志，老而弥坚。进入耄耋之年，回顾人生道路中最重要的三次选择，让他坚定地走上了钢铁报国、钢铁强国的奋斗之路，进而绽放出他事业中的两次升华之花。

一次选择：江南少年励志学钢铁

出生江南水乡，幼居姑苏小巷，
故乡湖山滋养，先贤格言教诲，
有温润斯文，更有壮怀激扬，
“先天下之忧而忧，后天下之乐而乐”
“天下兴亡，匹夫有责。”
曾经家乡沦陷，日军欺压，
更历旧日落后贫穷，中国何日富强？
少年郎，当励志，
学钢铁，别家乡。
进入北京钢铁学院，
勤奋、认真学习，
“学习第一，独立思考，
到祖国最需要的地方去。”

这类似座右铭般的警句，深深植根脑海。
不管“主流”与“小支”，选定氧气转炉目标，
这是未来方向，坚定不移为之奋斗。

他出身于平民之家，江南水乡纯朴的乡风孕育了他忠厚、朴实、孝顺的性格。日军侵华战争爆发后，家乡沦陷，在外敌横行之下，一个积贫积弱的旧中国，深深地印在了他童年的脑海里。少年时期的他生活于乱世之中，贫穷与屈辱之感，使他自幼萌发报国之志。要为国家争口气！

青少年时期，他在家乡受到了良好的基础教育和家乡文化、乡贤宏志的熏陶，励志奋发，印下了家国情怀。新中国成立之后，举国欢腾，他从心底里歌唱亲爱的祖国，种下一颗希望祖国“从今走向繁荣富强”的种子，立下为祖国“争口气”而读书的志向。10余年间，认真地学习，在高考的时候，他完成了人生道路上的第一次重要的选择——考北京钢铁工业学院学习冶金。

新中国建国初期执行的第一个“五年”计划的重要任务之一是发展重工业。发展重工业是工业化的重要路径，而钢铁工业则是重工业的基础，因此，他选择了学钢铁、学冶金。在大学期间，又面临具体专业的选择，当时炼钢是以平炉为主流，氧气转炉刚刚起步，殷瑞钰认识到了氧气转炉炼钢的重要性及其对钢铁工业的革命性影响，选择了当时被认为是“小支”而实际上是新生的、先进的生产方法和发展方向。

二次选择：到唐钢，干转炉

中国转炉发祥在唐山，
干转炉，最宜到唐山，
从头学起，从基层做起，
头戴柳条帽，身穿帆布袄，
炉前值班，一炉又一炉炼钢，
上班一身汗，心中却自豪，

最接地气的实践。
实践出真知，学问在转炉里燃烧，
侧吹、顶吹、底吹、复合吹，
丰富的实践，认真的思考，凝练出内在规律，
镇静钢、沸腾钢、半镇静钢，各有诀窍，
二十六年锻炼和钻研，理论与实践兼修，收获累累硕果。
第二大学毕业，第二故乡生根。

火红岁月，苦干实干，
实干中思考，思考理论，思考方向，
期待钢铁梦在唐钢飞扬，
虽艰苦辛劳，却青春无悔。

大学毕业后，到唐钢，干转炉是殷瑞钰的第二次重要选择。他不仅要学转炉，而且要干转炉。当时中国还没有氧气转炉，他从空气侧吹碱性转炉开始，独立进行了转炉设计，包括侧吹涡鼓型转炉的设计、氧气顶吹转炉的设计；开展了丰富多彩的转炉工艺技术研究，包括氧气顶吹转炉工艺技术、氧气底吹转炉中间试验、氧气侧吹转炉工艺技术与装备、氧气顶底复吹转炉工程技术开发；研究了转炉冶炼中磷、高磷生铁的工艺，用转炉提取铌或钒的工艺；研究了转炉冶炼镇静钢、沸腾钢、半镇静钢（工业批量生产），用转炉生产低碳钢、中碳钢、高碳钢等不同产品；也研究了转炉内炉渣与炉衬之间的作用关系，指出某些粘渣有可能熔接在炉衬表面，形成保护层，从而提高转炉炉衬寿命。

一路不断奋斗，一路艰苦跋涉，从值班技术员一直干到总工程师，高级工程师。

三次选择：长缨缚苍龙　志在全连铸

不选市长选总工，
“壮丁”闯进冶金部，

看似内行，却是新手，
辽阔舞台考验多。

虚心学习多请教，
先学后干行从容，
反复思考出战略，
潜心探索觅长缨，
长缨就是全连铸，
意在缚苍龙。

千军万马共一呼，
更联六项关键共性技术，
八载有序推进，
冶金流程展新容，
神州产钢破亿吨，
跃居钢铁第一国，
长缨缚得苍龙。
胸中夙愿渐舒，
他在丛中笑。

到冶金部当总工程师，要为中国钢铁工业尽份力、争口气，年产钢破亿吨是殷瑞钰的第三次选择的核心任务。

20 世纪 60 年代以来，他在唐钢接触过连续铸钢这一新工艺，当时对连铸的认识是有限的，把它看成模铸和连铸在凝固功能方面的简单置换关系，不能从全流程动态运行的层面上研究问题，当时也曾认为连铸不能很好的取代模铸，其原因是没有搞清楚连铸与炼钢炉的关系和模铸与炼钢炉的关系之间的差别，停留在连铸要服从于转炉冶炼的认识。到了 20 世纪 80 年代改革开放以后，他的认识逐步转变，到了 90 年代，对连铸有了更新、更深入的认识，开始从生产流程动态协同运行的视野上分析问题，有了战略思维，目标拓宽、思路扩展，认识到发展连铸不仅要搞好连铸技术和装备本身，而且必须要认识到连铸对上下游工序之间的协同优化关系的战略重要性，认识到全连铸作业线的战略意义和价值，进一步认识到发展全连铸钢厂的重要性，这就是冶金流程结构优化。殷瑞钰作为冶金部的总工程师选择了以连铸为突破口的钢铁工业技术进步战略，即全国钢厂要以发展连铸为中心，发展全连铸钢厂；集中精力“以连铸为中心”，先后带动了六项关键共性技术的开发、集成与优化，使中国钢铁工业的技术结构在较短时间内得到升级。20 世纪 90 年代，中国钢铁工业得到快速顺利发展，并于 1996 年突破年产一亿吨钢，成为世界第一产钢大国。

“今日长缨在手，何时缚住苍龙？”在中国钢铁界，各条战线、各方面人士心中都有一个夙愿，何时突破年产一亿吨钢？这就是一条苍龙——大目标。缚苍龙要用长缨，不可能没有战略就可缚住，对中国钢铁工业来说，这长缨就是以连铸为中心的六项关键共性技术，实现全连铸钢厂。循着这一路线，八年奋斗，1996 年中国产钢突破一亿吨，成为世界第一产钢国，为国家争了口气！

中国钢产量突破一亿吨（1996 年）

二　钢铁报国

殷瑞钰的三次选择源于一念——钢铁报国！在高考前夕，他就思考如何报效国家，为国家出把力，争口气。“中国何时能强大，中国的强大一定要走工业化之路，重工业是工业化的基础，钢铁则是基础的基础。”这是他当时的答案，于是报考了北京钢铁工业学院冶金系。在北京钢铁工业学院学习期间，他认真读书、独立思考。学习钢铁冶金专业让他的心海波涛万里，迸发出持续奋斗的活力，像一艘扬帆远航的巨轮，在1953年起航。

到唐钢干转炉，开启了他献身钢铁的远行。坚实的实践，越发激励起他对钢铁事业的热爱，这种热爱竟如乡愁一样沉迷。下定决心要为祖国钢铁事业的发展出把力，争口气。这是他钢铁报国的根本动力。

钢铁报国的路上，他经历了在火红的炼钢炉前锤炼，在复杂的生产现场播种着不忘初心的梦想，流淌着满腔报国之志。踏踏实实从值班技术员开始，与工人师傅一样“三班倒”。累了，靠在栏杆上歇一歇；饿了，啃一口玉米面窝窝头。守炉餐，伴炉眠，在炼钢车间里，夜晚与夜晚相连，白昼与白昼相接，曾连续工作60个小时，持续艰辛的劳作，锻炼了坚强的意志，积淀着奋斗报国的精神。

大地震后重建的唐钢徘徊在技术转型的路口，他站在现代先进技术的高度提出建议：摒弃模铸大钢锭-初轧/开坯的传统技术路线，走连铸机-连轧机的技术改造路线。从此唐钢走上了技术结构调整的高速路。他钢铁报国的梦想又进了一步。

26 年的钢厂生涯，青春在唐钢闪光。他钻研冶金技术，研究新工艺，研发新产品；他不忘学习，进行理论探索，理论联系实践，学到了真本领，为钢铁报国蓄积了潜能。

他期待的钢铁梦，总是在春天里飞扬。1988 年 5 月 8 日，他奉命调到冶金部任职，被时任冶金部部长戚元靖戏称为“壮丁”，被召进了钢铁工业的“司令部”。既熟悉，又陌生，更兴奋！他认真地再度学习，再度实习，再度思考。经过调查研究，认识到作为冶金部的总工程师应该站在钢铁工业科技进步的战略高度思考中国钢铁工业的发展方向。他以宽阔的视野、坦荡的胸怀来认识钢铁事业发展的大局，找准了以关键共性技术为切入口，形成了以连铸为中心的技术路线，作出向全连铸钢厂进军的战略判断，构思出一系列战术安排，推动中国钢铁工业走上了快速崛起之路。

针对 20 世纪 90 年代中国钢铁工业技术进步的战略选择、有序推动和实施，他开展了大量工程技术和理论研究工作。主持并持续参与了 90 年代以来中国钢铁工业技术进步的战略路径选择和决策，组织推动了连续铸钢，高炉喷吹煤粉，高炉长寿，棒、线材连续轧制，转炉溅渣护炉和以流程工序结构调整为目标的综合节能等六项关键共性技术，分别实现了全国性的大突破和六项关键共性技术的有序集成，全连铸钢厂相继实现，使中国绝大多数钢厂的生产流程产生了结构性的变化，为冶金生产流程的结构升级找到了科学之路。

他奔波于各地钢厂，推行“以连铸为中心、炼钢为基础、设备为保证”的生产技术方针和冶金流程结构优化，推动从连铸技术到连铸-连轧，从连铸-连轧到全连铸钢厂。六项关键共性技术如一股强劲的东风，突破传统工艺流程瓶颈在全国钢厂普及。1996 年，中国产钢超过一亿吨，成为世界第一产钢大国，实现了中国钢铁界几代人的夙愿。全国连铸比由 1988 年的 14.7%（871.9 万吨/年）提高到 2000 年的 87%（10522.35 万吨/年），2016 年达到了 99.66%（80486.4 万吨/年）；全国高炉平均吨铁喷吹煤粉量由 1990 年的 50 千克提高到 2000 年的 117 千克，2016 年达到了 140.43 千克；全国转炉平均炉龄由 1988 年的 374 炉提高到 2000 年的 3500 炉，2016 年达到了 12034 炉；全国钢材的综合成材率由 1990 年的 83.21%提高到 2000 年的 92.48%，2016 年达到了 96.32%；全国吨钢综合能耗由 1988 年的 1647 千克标准煤下降到 2000 年的 920 千克标准煤，2016 年进一步降低到 585.56 千克标准煤。仅连铸、高炉喷吹煤粉、棒、线材连续轧制和流程工序结构调整的综合节能 4 项技术经济指标水平的提高，2000 年与 1990 年相比，相对降低成本支出约 480 亿元，占同期行业成本降低总额的 63%。由此，中国钢铁工业迈进了世界钢铁工业第一方阵。钢铁报国推进了一大步。

在不断思考、不断实践的基础上，他更加注重理论思考、深入认识规律，从而激发起理论上的升华。他默默追寻，十年思考，十年探索，奋笔疾书，几易其稿，2004 年出版了《冶金流程工程学》。继而，在 2006 年进一步提出了新一代可循环钢铁制造流程的概念与理论框架，引导着 21 世纪以来我国钢铁新基地的建设和发展。执着的他，又历经了近 6 年的研究和探索，出版了《冶金流程集成理论与方法》，两本姊妹篇著作在 21 世纪交相辉映，创新性地开拓了冶金流程工程学，形成了冶金学科新分支。这是他脑海中回响不绝的钢铁报国旋律的现实体现，也是他从钢铁冶金专家向冶金学家转变的过程，更是中国学者对国际冶金学领域的贡献。作为一个学者，在理论自信的道路上使钢铁报国之心又一次升华。

他毕生奋斗要为钢铁报国，他躬耕前行只知鞠躬尽瘁！

三 两次升华

一次升华：开拓冶金流程工程学

学术当随时代，
认知当开新境。
挣脱老观念，
萌发新思维。
新意蕴于“流”，
事物皆在“动”。
默默追寻探索，
奋笔疾书，几易其稿。
十年磨一剑，
《冶金流程工程学》问世。
回响着钢铁报国旋律，
新一代可循环钢铁制造流程旗帜登场，
在钢铁界飘扬。
新一代钢厂拥有了
新时代的功能。
在绿色化、智能化的赛季
再一次速跑起来。
执着的人 继而撰写出版
《冶金流程集成理论与方法》。
创新 廿年探索，

突破　传统思维。
动态运行　要精准，
是对工程科学的执着追求，
是冶金学集成理论的升华。
两本姊妹篇著作，
交相辉映　在21世纪，
创立了冶金流程工程学
——新学说。
开拓了冶金学学科新分支，
辛勤探索、开拓的道路上，
一个钢铁专家进而蜕变为冶金学家。

开拓冶金流程工程学新学说，实现了殷瑞钰人生中认识冶金学的一次升华。殷瑞钰热爱冶金，热爱钢铁事业，无论在多么艰苦的环境下，始终不忘初心，砥砺前行；不忘报效家国，勇于担当使命，要为国家出把力、争口气。他不断地在学问中感悟精髓，在国际冶金界开拓性地研究冶金流程工程学。将冶金学从原子/分子尺度的孤立系统研究和工序/场域尺度的封闭系统研究推进到制造流程尺度的开放动态集成研究，并以耗散结构与耗散过程给予解释，提出并推动了冶金制造流程层次上的工程科学理论，使之能直接与钢铁工业的绿色化、智能化两大目标对接。世纪交替间，他用了10年的时间撰写《冶金流程工程学》，随后又用了6年左右的时间撰写《冶金流程集成理论与方法》。毫不夸张地说，他的理论和著作是对21世纪中国钢铁工业发展的一个新的重大贡献，也是中国学者对世界冶金学科发展的重要贡献。

二次升华：探索工程哲学

二十一世纪曙光初现，
工程哲学在东、西方分别兴起。
工程需要哲学来武装，

哲学要面向工程新疆域。
在东方，工程师与哲学家拥抱，
工程界与哲学界组成联盟，
碰撞出新的思想火花。

不能只见树木不见森林，
工程工程，有“工”又有“程”，
“工”“程”融合，方为“工程”。
要善于将要素综合集成，
要能够将单元构建成结构，
要学会将系统协同运行，
才能转化为现实生产力。

工程就是可实践的直接生产力，
发展生产力，
既要会解析，
更要会集成，
重在“可实践”，
“要”在会抽象，
在动态运行、集成转化过程中，
哲学无处不在，
工程哲学就在身边。

干工程，研究工程哲学
眼中要有大气象，
胸中要有大格局。
持续十六年，
形成“五论”体系，

建立中国学派，
呈现中国特色，
斯人聚精会神深呼吸，
一步一步向前探行，
不倦地行进在古稀耄耋的征程上。

开创工程哲学理论新疆域是殷瑞钰人生中的第二次升华。该理论研究工程活动的本源、本质、内涵、特征与方法、知识，使工程活动与哲学认知直接对接，使工程活动的研究立场从科学衍生论转变为工程本体论。这是工程哲学中国学派的特色之一。自2004年以来，他在中国工程哲学研究的进程中组织、形成了牢固的工程界-哲学界联盟，促进并建立了中国工程师和哲学家相互学习、密切合作、共同探索工程哲学新方向的学术团体。他主持并持续参与了《工程哲学》（第一、二、三、四版）、《工程演化论》、《工程方法论》、《工程知识论》等专著的撰写、研讨和出版。形成了以科学-技术-工程“三元论”、工程演化论、工程本体论、工程方法论和工程知识论“五论”为理论框架的中国工程哲学理论体系和相应的案例研究，形成了具有中国特色的工程哲学学派。

殷瑞钰丰富多彩的职业生涯，成就了他绚丽多彩的人生。从炉前值班技术员到冶金部总工程师；从一炉一炉炼出钢到会同全国钢铁界千军万马夺取年产一亿吨钢；从钢铁冶金专家到冶金学家——产业与学术兼涉，实践与理论兼长；从工程师到工程哲学开拓者——实践与思辨共进。在一个又一个不同的工作过程中，殷瑞钰体悟到实践第一性，他认为：实践必须经过脚踏实地的实干，而不是蜻蜓点水的走过场式的“镀金”，要真正获得感性的场境感和时代感；实践应该在实干的基础上，学会“干中学”，不断地结合实干的实际，进行持续的学习和研究，促进理性思维的建立；进而还应重视“学中想”，就是要结合实际持续进行规律性、本质性、哲理性的归纳、思考；再反馈为“想中干”，反复追问实践过程，思考发展方向，摒弃错误，追求完美，追求真理与真相。

老骥伏枥，志在千里。甘作人梯，鞠躬尽瘁。殷瑞钰虽已年逾八旬，仍在为我国钢铁工业的创新发展努力奋斗，对国家科技事业和钢铁工业的可持续发展表现出强烈的责任心和敬业精神。

殷瑞钰毕生追求的钢铁梦在他的小诗《八旬述梦》❶ 中作了内心的诠释：

实践砥砺勤思索，
蓄志五旬梦渐熟。
志酬钢铁全连铸❷，
梦成冶金流程学❸。
古稀之年兴犹发，
工程哲学新梦筑。
求索耕耘开领域，
连绵“五论”❹ 立新说。

大自然有四季，每一个季节都有不同的风景，春花秋月、夏雨冬雪，各自芬芳着。每一个人也体味着不同的人生况味，但在殷瑞钰的笔下，他的人生却是充实而丰富的三季，他的《人生三季》写道：

人生有三季，曰童稚、青壮、迟暮也。
然其意趣韵味各异，偶有所感，述之。
童稚似儿歌：天真烂漫，活泼无邪，萌发正本。
青壮如诗词：激情浪漫，执着追求，立业酬志。
迟暮是哲学：淡定博大，反思感悟，潇洒平衡。

---

❶ 梦者：愿景、期望、志趣之喻也。

❷ 连铸：20 世纪钢铁工业重大颠覆性技术之一，全连铸标志着钢厂技术结构的升级。

❸ 冶金流程工程学：宏观动态冶金学，研究历时 10 年，现已在诸多冶金高校开课讲授，成为学科新分支。

❹ “五论”：指工程哲学中的科学-技术-工程“三元论”、“工程演化论”、“工程本体论”、“工程方法论”、“工程知识论”，此“五论”构建起中国工程哲学的理论体系，历时约 16 年。

殷瑞钰在83岁生日这一天，感慨之余，写下了《偶然体悟》：

想问题、做学问要超越习惯的形质（有限的、孤立的状态下）研究，进入无限的、形形色色的时-空境界（动态的、关联的、协同的、融合的）。要摆脱"孤立系统"概念的束缚，开拓开放、动态、有序、协同的思维方式。开放能使人拓展视野、开阔思路，动态、有序、协同能体现智能，启发智慧。

进入耄耋之年，殷瑞钰仍坚持每天上班，刻苦学习，深入思考，不断深入研究课题，研判发展动向；仍笔耕不辍，发表见解，与业界同行共享。他以一首小诗《书香幽淡》描绘出目前的心境：

老来闲适心恬淡，
超越烦杂风尘外，
无职无欲人逍遥，
亦隐亦现亦自在。
自在不是游手闲，
哲理思辨常牵怀，
连绵耕读籽化果，
耄耋之年沐书海。

附 录

附录一　殷瑞钰院士大事年表

1935 年 7 月 28 日，出生于江苏省苏州市。

1941 年 9 月，苏州齐门星桥巷齐贤小学学习。

1947 年 7 月，苏州齐溪国民中心小学毕业。

1947 年 9 月，进入苏州晏成中学（现市三中）初中部学习。

1950 年 8 月，苏州晏成中学初中毕业。

1950 年 9 月，进入苏州市市立中学（现市一中）高中部学习。

1953 年 7 月，毕业于苏州市市立第一中学高中部。

1953 年 7 月下旬，以第一志愿考入北京钢铁工业学院（现北京科技大学）冶金系。

1955 年 3 月，选择专业、分班，进入炼钢专业学习。

1955 年 9 月，进入氧气顶吹转炉科研小组参加科研。

1957 年 8 月，毕业于北京钢铁工业学院冶金系。

1957 年 9 月 27 日，分配到唐山钢厂工作，任实习技术员。

1958 年夏（6~7 月间），受命设计涡鼓型侧吹碱性转炉，完成了国内第一座 8t 涡鼓型侧吹碱性转炉设计图纸及附件，并于当年 9 月 30 日顺利投产。

1958~1960 年，任转炉炉前值班技术员。

1961 年春，担任唐山钢厂第二炼钢车间转炉炼钢工段总工段长。

1963 年，被评为唐山钢厂全厂五好青年（全厂共 2 人）。

1964 年，参与唐山钢厂第一炼钢车间侧吹转炉改造为氧气顶吹转炉工程，在国内第一次设计三孔氧枪，并投入生产使用；参与用侧吹碱性转炉从包钢的生铁中提取磷，生产磷肥试验。

1965~1966 年，参与用侧吹转炉冶炼碳素工具钢、合金弹簧钢（60SiMn），获得成功，批量交货；参与用侧吹转炉从包钢生铁提铌技术攻关，并制取锰铌合金。

1965 年，被评为唐山钢厂先进工作者；提升为唐山钢厂技术科副科长。

1966 年 8 月，被技术科造反派“勒令”停职反省，受冲击。

1967 年，下放到第二炼钢车间整锭工段“监督劳动”，接受“再教育”。

1967 年 12 月 21 日，与田乃媛登记结婚。

1968 年，被技术科造反派调到技术科物理实验室，做力学测试工作。

1969 年，作为中层干部“当权派”获得解放。

1971 年，落实干部政策，“官”复原职，任唐山钢厂技术科副科长。

1972 年，参与海军用锚链钢 M15 的研发并投入生产。

1973 年，唐山钢厂改制为唐山钢铁公司，任钢铁研究所副所长，负责全公司生产、科研任务；主持参与研制中空钎子钢的全过程研发，并获得成功，投入批量销售。

1974 年，在唐钢组织开展氧气底吹转炉的工艺性实验。

1975 年，组织并参与微合金半镇静钢（20MnNb(b)）的研发，获得成功，投入批量生产销售；指导并参加调质钢筋的研发，建立生产作业线，生产销售；指导并参与 25U、29U 型钢轧制研发，获得成功，投产销售。

1976 年 7 月 28 日，唐山大地震，参加抗震救灾活动；9 月在帮助工友盖房时摔伤，踝骨骨折，送天津治疗。

1977 年，被评为唐山市的先进青年。

1978 年，破格提升为工程师；作为唐钢代表出席全国的冶金群英会；在《金属学报》上发表《氧气侧吹转炉炼钢的粘渣操作》一文。

1979 年 11 月 19 日，批准入党，成为中共预备党员；担任唐山钢铁公司的副总工程师，协助生产副经理管生产，协助总工程师管技术，并根据上级党组织指示，可以列席唐钢党委会。

1980 年，担任唐钢钢铁研究所所长；参加国家经委、冶金工业部联合举办的青年干部培训班。

1982 年，任命为唐山钢铁公司副经理、总工程师。

1983 年 5 月，调到河北省冶金厅工作，任党组书记、厅长；抓干部学习，调整省属冶金企业领导班子。

1985 年，当选中共河北省委第三届省委委员；推动河北省冶金小矿山的统筹规划、合理布局、加快发展。

1986 年，参加中共中央党校培训部学习并结业；冶金厅深入开展产业发展规划的制订，推动国外先进技术装备引进，开展企业清理整顿活动。

1987 年，当选为中共十三大党代表，参加中国共产党第十三次全国代表大会；获评河北省首届“河北科技精英”。

1988 年，调任冶金工业部总工程师；获评教授级高级工程师职称；向冶金工业部戚元靖部长提出钢铁工业技术进步和企业结构调整要以连铸为中心，推进全连铸钢厂，获得冶金工业部党组支持，并于 11 月 29 日，在北京首钢主持召开第一次全国连铸工作会议，开始全面推动连铸技术。

1989 年，任命为冶金工业部副部长，增补为中共冶金工业部党组成员。

1991年，当选为中国金属学会第五届理事会副理事长（第六届、第七届连任）。

1994年，当选为中国工程院首批院士，参与组建化工、冶金与材料工程学部，任学部常委会主任（此后连任，共三届）。

1995年，国务院任命殷瑞钰兼任钢铁研究总院院长。

1996年，中国粗钢产量突破一亿吨，成为世界第一产钢大国。

1988~1998年在冶金工业部任职期间，对20世纪90年代中国钢铁工业技术进步的战略判断、选择、有序推动和实施，做了大量的工程技术和理论研究工作，推动了连续铸钢技术的突破、全连铸钢厂的结构性升级和全国性普及，推动不同容积高炉喷吹煤粉强化冶炼和棒、线材连轧等六项关键共性技术实现突破。1994年被国家科学技术委员会聘为国家攀登计划“熔融还原技术基础研究”项目首席科学家。

1995~2001年在钢铁研究总院任职期间，推动了“五所五中心”体制改革，钢铁研究总院转制为中央直属企业；发起设立安泰科技股份有限公司，任公司首任董事长，并在深圳证券交易所成功上市；2001年转任钢铁研究总院名誉院长。

1994~2004年，经过十年的努力，开拓了冶金学的学科新分支——冶金流程工程学，并于2004年出版专著《冶金流程工程学》。

21世纪以来，进一步研究了新一代可循环钢铁制造流程的理论与实践；指出新一代钢铁制造流程应具有三大功能：优质钢铁产品高效率低成本制造功能、能源高效转换和及时回收利用功能、社会大宗废弃物处理-消纳和再资源化功能，并在首钢搬迁曹妃甸的工程中得以成功应用；2009年，经过修订的《冶金流程工程学》（第2版）出版；2013年，姊妹篇《冶金流程集成理论与方法》出版；2023年，新著《冶金流程学》出版。

2001年，作为中国工程院跨学部院士，负责筹建工程管理学部，并被推选为第一届学部常委会主任（此后连任，共三届）。同年，当选中国自然辩证法研究会第五届理事会副理事长（第六届连任）；2004年中国自然辩证法研究会批准成立工程哲学专业委员会，负责牵头筹备工作并当选为工程哲学专业委员会理事长；2004~2007年，组织并参与研究工程哲学，2007年出版《工程哲学》（第一版）；2008~2022年，先后研究并出版了《工程演化论》、《工程哲学》（第二版）、《工程方法论》、《工程哲学》（第三版）、《工程知识论》、《工程哲学》（第四版）等系列著作，形成了中国工程哲学理论框架，体现了中国特色，推动了工程哲学中国学派的形成和发展壮大。

附录二　殷瑞钰院士主要专著

［1］殷瑞钰．钢的质量现代进展（上、下篇）［M］．北京：冶金工业出版社，1995.

［2］殷瑞钰，王晓齐，李世俊，等．中国钢铁工业的崛起与技术进步［M］．北京：冶金工业出版社，2004.

［3］殷瑞钰．冶金流程工程学［M］．北京：冶金工业出版社，2004.

［4］殷瑞钰，汪应洛，李伯聪，等．工程哲学［M］．北京：高等教育出版社，2007.

［5］殷瑞钰．冶金流程工程学［M］．2版．北京：冶金工业出版社，2009.

［6］Ruiyu Yin. Metallurgical Process Engineering［M］. Metallurgical

Industry Press, Beijing and Springer-Verlag Berlin Heidelberg, 2011.

[7] 殷瑞钰，李伯聪，汪应洛，等．工程演化论［M］. 北京：高等教育出版社，2011.

[8] 殷瑞钰．冶金プロセス工学［M］. 日本：黒崎播磨株式会社，2012.

[9] 殷瑞钰，汪应洛，李伯聪，等．工程哲学（第二版）［M］. 北京：高等教育出版社，2013.

[10] 殷瑞钰．冶金流程集成理论与方法［M］. 北京：冶金工业出版社，2013.

[11] 殷瑞钰．殷瑞钰文选（上、下册）［M］. 北京：冶金工业出版社，2014.

[12] Ruiyu Yin. Theory and Methods of Metallurgical Process Integration [M]. Academic Press, Elsevier Inc., San Diego, CA, USA and Metallurgical Industry Press, Beijing, China, 2016.

[13] 殷瑞钰，李伯聪，汪应洛，等．工程方法论［M］. 北京：高等教育出版社，2017.

[14] 殷瑞钰，汪应洛，李伯聪，等．工程哲学（第三版）［M］. 北京：高等教育出版社，2018.

[15] 殷瑞钰，李伯聪，栾思杰，等．工程知识论［M］. 北京：高等教育出版社，2020.

[16] 张寿荣，王一德，殷瑞钰．中美钢铁产业结构调整对比——思考与借鉴［M］. 北京：冶金工业出版社，2020.

[17] 殷瑞钰，李伯聪，汪应洛，等．工程哲学（第四版）［M］. 北京：高等教育出版社，2022.

[18] 殷瑞钰．冶金流程学［M］. 北京：冶金工业出版社，2023.

附录三　殷瑞钰院士获奖情况

1997年6月，殷瑞钰主编的《钢的质量现代进展》（上、下篇）获第八届全国优秀科技图书奖一等奖。

1998年12月，殷瑞钰主编的《钢的质量现代进展》（上、下篇）获冶金工业部科学技术进步奖一等奖。

1998年12月，殷瑞钰主持的“高效方坯连铸系统技术研究”获冶金工业部科学技术进步奖一等奖。

1999年，殷瑞钰主持的项目“高效方坯连铸系统技术研究”获国家科技进步奖二等奖。

2000年6月，殷瑞钰获第3届中国工程科技光华奖。

2001年，殷瑞钰主持的熔融还原技术基础研究项目获冶金科学技术奖一等奖。

2002年，殷瑞钰获日本铁钢协会名誉会员称号。

2002年，殷瑞钰获河北省院士特殊贡献奖二等奖。

2008年10月，殷瑞钰获何梁何利基金科学与技术进步奖。

2010年4月，殷瑞钰被评为“科学中国人（2009年）年度人物”。

2010年11月，殷瑞钰获东北大学特殊贡献奖。

2010年12月，殷瑞钰所著《冶金流程工程学》（第2版）荣获第三届中华优秀出版物奖图书奖。

2012年2月，殷瑞钰获中国科学技术协会“全国优秀科技工作者”荣誉称号。

2012 年 4 月，殷瑞钰获魏寿昆科技教育奖魏寿昆冶金奖。

2012 年，殷瑞钰获河北省院士特殊贡献奖。

2016 年 10 月，殷瑞钰获中国金属学会冶金科技终身成就奖。

2018 年 10 月，殷瑞钰获中国自然辩证法研究会“荣誉会员”称号。

2018 年，殷瑞钰所著《冶金流程集成理论与方法》荣获国家新闻出版广电总局第四届中国出版政府奖图书奖提名奖。

2022 年 12 月，殷瑞钰获第八届中国管理科学学会“管理科学奖”——特殊贡献崇敬奖。

附录四　殷瑞钰院士发表的论文

科技部分

［1］殷瑞钰，吴石麟，刘仁刚．氧气侧吹转炉炼钢的粘渣操作——关于炉渣和炉内气氛对炉衬保护作用的讨论［J］．金属学报，1978，14（1）：1-16.

［2］肖来潮，殷瑞钰，吴石麟．直立吹炼双排氧枪侧吹转炉炼钢的试验研究［J］．河北冶金，1979（1）：21-36.

［3］殷瑞钰，张耀辉．FeO_n对转炉型（低磷）终渣性质的影响［J］．金属学报，1981，17（4）：447-453，500-501.

［4］肖来潮，殷瑞钰，吴石麟．氧气侧吹转炉垂直复合吹炼工艺［J］．钢铁，1982（3）：26-29.

［5］殷瑞钰，徐国维，邓少妍，等．低合金半镇静钢［20MnNb(b)］钢锭气囊“轧合”的研究［J］．河北冶金，1984（1）：1-18.

［6］殷瑞钰，邓少妍，徐国伦，等．低合金半镇静钢20MnNb(b)、25MnNb(b)凝固过程及其钢锭结构［J］．钢铁，1981（5）：38，39-45.

［7］殷瑞钰．介绍荷兰的霍戈文钢铁厂［J］．河北冶金，1987（1）：35-36.

［8］殷瑞钰，等．钢铁工业节能理论与实践的进展（上）［J］．河北冶金，1987（6）：1-6.

［9］殷瑞钰，等．钢铁工业节能理论与实践的进展（下）［J］．河北冶金，1988（1）：1-5，20.

［10］殷瑞钰．必须认真抓好提高成材率的工作［J］．冶金管理，1989（5）：4-8.

［11］殷瑞钰．扩大高炉喷吹煤粉是当务之急和战略研究方向［J］．钢铁，1989（6）：1-3.

［12］殷瑞钰．积极推进炉外精炼技术，不断提高钢的质量水平——在全国炉外精炼会议上的发言［J］．钢铁，1989（11）：3-6.

［13］殷瑞钰．在冶金部炼钢、炉外精炼、连铸生产技术发展研讨会开幕式上的即席讲话［J］．炼钢，1990（6）：1-4.

［14］殷瑞钰．在冶金部炼钢、炉外精炼、连铸生产技术发展研讨会上的总结发言［J］．炼钢，1990（6）：4-9.

［15］殷瑞钰．关于轧钢技术发展战略的若干问题［J］．轧钢，1990（6）：1-3.

［16］殷瑞钰．关于钢铁工业的若干评论［J］．北京科技大学学报，1990，12（3）：191-200.

［17］殷瑞钰．关于连铸与轧钢的衔接和匹配问题［J］．轧钢，1991（2）：1-7.

［18］殷瑞钰．我国炼铁生产技术的“七五”进步和“八五”

设想［J］. 钢铁，1991（6）：1-4，15.

［19］殷瑞钰，张乃平，张志勋．美国、澳大利亚钢铁工业发展概况［J］. 钢铁，1992（2）：75-80.

［20］殷瑞钰．以质量、品种、效益为中心，强调科技进步积极发展铁水预处理和钢的二次冶金技术［J］. 炼钢，1992（1）：1-10.

［21］殷瑞钰．更新观念，研究战略，积极推进轧钢产品结构、工艺结构、装备结构的优化［J］. 钢铁，1992（7）：1-6.

［22］殷瑞钰．积极推进轧钢产品结构、工艺结构和装备结构的优化［J］. 轧钢，1992（3）：1-8.

［23］殷瑞钰．90年代的钢铁工业［J］. 钢铁，1992，27（10）：1-7，11.

［24］殷瑞钰．冶金工序功能的演进和钢厂结构的优化［J］. 金属学报，1993，29（7）：B289-B315.

［25］殷瑞钰．立足钢厂结构的优化搞好炼铁系统的科技进步［J］. 钢铁，1993，28（12）：1-6.

［26］殷瑞钰．发展连铸是钢铁工业结构优化战略的突破口［J］. 连铸，1994（1）：3-5.

［27］殷瑞钰．电炉流程冲击下高炉-转炉流程的对策［J］. 炼钢，1994，10（2）：3-7.

［28］殷瑞钰．关于钢铁工业和钢厂结构优化的工程评论［J］. 钢铁，1994，29（3）：1-21.

［29］殷瑞钰．当代电炉流程的工程进展评价［J］. 特殊钢，1994，15（6）：1-20.

［30］殷瑞钰．以精料为基础大力提高高炉喷煤量推进炼铁系统的技术进步［J］. 炼铁，1994（4）：1-5.

［31］殷瑞钰．钢厂模式的实质和工程逻辑——关于钢铁制造流程的工程科学问题［J］. 钢铁，1995，30（6）：1-4，9.

［32］殷瑞钰，等．薄板坯连铸-连轧的发展趋势和工程投资问

题［J］. 钢铁，1996，31（1）：1-9.
［33］殷瑞钰．特殊钢厂的制造流程和工厂结构［J］. 特殊钢，1996，17（2）：1-7.
［34］殷瑞钰．关于特殊钢厂的制造流程和工厂结构［J］. 钢铁，1996，31（3）：1-9.
［35］殷瑞钰．世纪之交的钢铁工业［J］. 中国软科学，1996（11）：10-17.
［36］殷瑞钰．关于钢铁制造流程的发展和重构问题［J］. 钢铁，1997，32（4）：1-9.
［37］殷瑞钰．薄板坯连铸的最新发展趋势及其对未来钢厂的影响［J］. 连铸，1997（5）：8，43-44.
［38］殷瑞钰．关于钢铁工业的节能问题——钢厂制造过程中的能源消耗和余能利用［J］. 冶金能源，1997，16（3）：3-17，22.
［39］殷瑞钰．钢铁制造过程的多维物流控制系统［J］. 金属学报，1997，33（1）：29-38.
［40］殷瑞钰．关于薄板坯连铸-连轧流程的工程分析［J］. 钢铁，1998，33（1）：1-9.
［41］殷瑞钰，等．中国加快发展连铸的途径［J］. 钢铁，1998，33（3）：72-76.
［42］殷瑞钰，等．我国高炉喷吹废塑料的可行性和前景［J］. 钢铁，1999，34（3）：9-12.
［43］殷瑞钰．关于钢铁工业的动向［J］. 中国冶金，1999（2）：17-22.
［44］殷瑞钰．关于钢铁工业的动向（续）［J］. 中国冶金，1999（3）：8-15，23.
［45］殷瑞钰，等．钢厂生产流程与大气排放［J］. 钢铁，1999，34（5）：61-65.
［46］殷瑞钰．绿色制造与钢铁工业［J］. 钢铁，2000，35

(6)：61-65.
[47] 殷瑞钰．钢铁制造流程结构解析及其若干工程效应问题[J]．钢铁，2000，35（10）：1-7.
[48] 殷瑞钰．钢铁制造流程的解析和集成［J]．金属学报，2000，36（10）：1077-1084.
[49] 殷瑞钰．21世纪钢铁企业结构与钢铁工业发展模式［J]．冶金管理，2000（7）：4-7.
[50] 殷瑞钰．21世纪钢铁企业结构与钢铁工业发展模式（续一）[J]．冶金管理，2000（8）：14-19.
[51] 殷瑞钰．21世纪钢铁企业结构与钢铁工业发展模式（续二）[J]．冶金管理，2000（9）：14-16.
[52] 殷瑞钰．关于21世纪发展连续铸钢的若干认识［J]．连铸，2001（1）：1-3.
[53] 殷瑞钰．关于钢铁企业的结构与钢铁工业的发展模式[J]．中国工程科学，2001，3（6）：24-32.
[54] 殷瑞钰．21世纪初炼钢技术进步中若干问题的认识［J]．炼钢，2001，17（1）：1-6.
[55] 殷瑞钰．展望21世纪的世界钢铁工业［J]．天津冶金，2001（1）：16.
[56] 殷瑞钰．钢铁工业技术进步的时代思考［J]．冶金丛刊，2001（1）：15-20.
[57] 殷瑞钰．节能、清洁生产、绿色制造与钢铁工业的可持续发展［J]．钢铁，2002，37（8）：1-8.
[58] 殷瑞钰．21世纪初中国钢铁业发展战略的初步评估［J]．炼钢，2002，18（1）：1-8.
[59] 殷瑞钰．钢铁工业与耐火材料［J]．冶金管理，2002（1）：4-6，9.
[60] 殷瑞钰．中国钢铁业发展与评估［J]．金属学报，2002，

38（6）：561-567.

［61］殷瑞钰．关于炼钢技术与工程的联想——纪念《炼钢》杂志出刊100期［J］. 炼钢，2002，18（6）：1-3.

［62］殷瑞钰．关于钢铁企业的模式与社会功能［J］. 中国冶金，2003（1）：1-7.

［63］殷瑞钰．关于钢铁企业的模式与社会功能（续）［J］. 中国冶金，2003（2）：1-5，31.

［64］殷瑞钰．关于中国薄板坯连铸连轧的工艺装备优化和投资问题［J］. 钢铁，2003，38（8）：1-9.

［65］殷瑞钰．绿色制造与钢铁工业——钢铁工业的绿色化问题［J］. 科技和产业，2003（9）：25-31.

［66］Yin Ruiyu. Steel Plant Modes and Industrial Ecological Chain—on Future Development Mode of Steel Industry［C］// "International Symposium on Global Environment and Steel Industry"(ISES'03), Beijing, China Society for Metal, Oct. 27-31, 2003：1-11.

［67］殷瑞钰．钢厂模式与工业生态链——钢铁工业的未来发展模式——在第二届地球环境与钢铁工业国际研讨会上的报告［J］. 中国冶金，2003（12）：23-30.

［68］殷瑞钰．整体优化流程　形成自主创新特色　发展炼钢-连铸技术［J］. 炼钢，2003，19（1）：1-9.

［69］殷瑞钰．中国钢铁工业的成就、命题和展望［J］. 冶金管理，2003（5）：4-11.

［70］殷瑞钰．关于钢铁制造流程优化和产品优化问题的讨论［J］. 钢铁，2004，39（8）：9-16.

［71］殷瑞钰．关于冶金流程工程问题［C］//中国金属学会能源与热工分会，2004全国能源与热工学术年会论文集．中国金属学会能源与热工分会，2004：5-11.

［72］殷瑞钰．关于薄板坯连铸连轧工艺、装备的发展问题

[J]. 钢铁, 2004, 39 (10): 1-5.

[73] 殷瑞钰. 中国需要什么样的钢铁 [J]. 科技和产业, 2004, 4 (6): 1-3.

[74] 殷瑞钰. 中国需要绿色化钢铁业 [J]. 科技和产业, 2004, 4 (7): 45-46.

[75] 殷瑞钰. 中国钢铁工业的回顾与展望 [J]. 鞍钢技术, 2004 (4): 1-6.

[76] 殷瑞钰, 等. 钢铁工业绿色化问题 [J]. 冶金环境保护, 2004 (2): 13-15.

[77] 殷瑞钰. 钢铁业应成为循环经济的一环 [J]. 环境经济, 2004 (4): 61.

[78] Yin Ruiyu. Review and Outlook of Chinese Steel Industry [C]// "The Tenth Japan-China Symposium on Science and Technology of Iron and Steel", Chiba, Japan, Nov. 18-19, 2004.

[79] 殷瑞钰, 张春霞. 钢铁企业实施循环经济为建立节约型社会做贡献 [J]. 冶金管理, 2005 (5): 4-9.

[80] 殷瑞钰, 王新华. 适用于转炉—薄板坯连铸钢厂的合理炉外精炼工艺的探讨 [J]. 钢铁, 2005 (10): 4-10.

[81] 殷瑞钰. 关于新世纪发展现代电炉流程工程的认识 [J]. 中国冶金, 2005, 15 (6): 1-7.

[82] 殷瑞钰, 等. 钢铁企业功能拓展是实现循环经济的有效途径 [J]. 钢铁, 2005, 40 (7): 1-8.

[83] 殷瑞钰. 中国薄板坯连铸连轧的进展与展望 [J]. 钢铁, 2006, 41 (7): 1-6.

[84] 殷瑞钰. 我国薄板坯连铸生产的发展与优化 [J]. 炼钢, 2006, 22 (4): 1-5, 11.

[85] 殷瑞钰. 炼钢技术进步与工程集成创新中的若干重要问题——2006 年全国炼钢、连铸生产技术会议文集 [C] //中国金属

学会，烟台，2006：1-6.

［86］殷瑞钰．关于新一代钢铁制造流程的命题［J］. 上海金属，2006，28（4）：1-5，13.

［87］殷瑞钰，等．中国薄板坯连铸连轧的发展特点和方向［J］. 钢铁，2007，42（1）：1-7.

［88］殷瑞钰，等．适用于冷轧薄板类钢种的合理炉外精炼工艺的探讨［J］. 钢铁，2007，42（5）：1-6.

［89］殷瑞钰．关于钢铁制造流程的研究［J］. 金属学报，2007，43（11）：1121-1128.

［90］Yin Ruiyu，Hong Jibi，Su Tiansen. Actuality and Development of Metallurgy Engineering in China［C］//2st Chinese-German Sminar on Fundamental of Iron and Steelmaking，Beijing，China，2007.

［91］殷瑞钰，等．适用于冷轧薄板类钢种的合理炉外精炼工艺的探讨［J］. 钢铁，2007，42（5）：1-6.

［92］殷瑞钰．钢铁工业是发展循环经济的优先切入点——钢铁工业发展循环经济的有效模式与途径［C］//全国冶金工业固体废弃物处理利用先进工艺与设备研讨会论文集，中国金属学会，2007：12-19.

［93］殷瑞钰．我国炼钢-连铸技术发展和2010年展望［J］. 炼钢，2008，24（6）：1-12.

［94］殷瑞钰．中国薄板坯连铸连轧的进展［J］. 钢铁，2008，43（3）：1-9.

［95］殷瑞钰．钢铁制造流程的本质、功能与钢厂未来发展模式［J］. 中国科学（E辑：技术科学），2008，38（9）：1365-1377.

［96］殷瑞钰．流程制造业与循环经济［J］. 中国科技财富，2009（9）：26-31.

［97］殷瑞钰．洁净钢平台集成技术——现代炼钢技术进步的重

要方向［J］. 钢铁，2009，44（7）：1-6.

［98］殷瑞钰．流程制造业与循环经济［J］. 再生资源与循环经济，2009，2（12）：3-6.

［99］殷瑞钰．从开放系统、耗散结构到钢厂的能量流网络化集成［J］. 中国冶金，2010，20（8）：1-14.

［100］殷瑞钰．论钢厂制造过程中能量流行为和能量流网络的构建［J］. 钢铁，2010，45（4）：1-9.

［101］殷瑞钰．合理选择二次精炼技术，推进高效率低成本“洁净钢平台”建设［J］. 炼钢，2010，26（1）：1-9.

［102］殷瑞钰．钢铁制造流程的能量流行为和能量流网络问题［J］. 工程研究——跨学科视野中的工程，2010，2（1）：1-4.

［103］殷瑞钰．关于高效率、低成本洁净钢平台的讨论——21世纪钢铁工业关键技术之一［J］. 中国冶金，2010（10）：1-10.

［104］殷瑞钰．废钢加工业要与钢铁工业同步发展［J］. 中国废钢铁，2010（6）：6-8.

［105］殷瑞钰，等．新形势下薄板坯连铸连轧技术的进步与发展方向［J］. 钢铁，2011，46（4）：1-9.

［106］殷瑞钰．关于高效率低成本洁净钢平台的讨论——21 世纪钢铁工业关键技术之一［J］. 炼钢，2011，27（1）：1-10.

［107］殷瑞钰．新世纪炼钢科技进步回顾与“十二五”展望［J］. 炼钢，2012，28（5）：1-7.

［108］殷瑞钰．高效率、低成本洁净钢“制造平台”集成技术及其动态运行［J］. 钢铁，2012，47（1）：1-8.

［109］Yin Ruiyu. Analysis and Dynamic Integration of Steelmaking Production Process［C］//5th International Congress on the Science and Technology of Steelmaking 2012. Dresden Germany，2012.

［110］殷瑞钰．钢铁制造跨入新流程时代［J］. 中国经济和信息化，2013（23）：18-19.

［111］殷瑞钰．过程工程与制造流程［J］. 钢铁，2014，49（7）：15-22.

［112］殷瑞钰．新世纪以来中国炼钢-连铸的进步及命题［J］. 中国冶金，2014，24（8）：1-9.

［113］殷瑞钰．关于智能化钢厂的讨论——从物理系统一侧出发讨论钢厂智能化［J］. 钢铁，2017，52（6）：1-12.

［114］殷瑞钰．“流”、流程网络与耗散结构——关于流程制造型制造流程物理系统的认识［J］. 中国科学：技术科学，2018，48：1-7.

［115］殷瑞钰．改革开放 40 年与中国钢铁工业技术进步［J］. 中国钢铁业，2019（1）：6-8.

［116］殷瑞钰．新中国钢铁工业 70 年技术进步的成就［J］. 中国钢铁业，2019（9）：6-8.

［117］袁晴棠，殷瑞钰，曹湘洪，等．面向 2035 的流程制造业智能化目标、特征和路径战略研究［J］. 中国工程科学，2020，22（3）：148-156.

工程哲学部分

［1］殷瑞钰．关于技术创新问题的若干认识［J］. 中国工程科学，2002，4（9）：38-41.

［2］殷瑞钰．关于工程与工程哲学的若干认识［J］. 工程研究——跨学科视野中的工程，2004，1：9-13.

［3］殷瑞钰．建立工程界和哲学界的联盟，共同推进工程哲学的发展［J］. 自然辩证法研究，2005，21（9）：56-58.

［4］殷瑞钰．构建和谐社会与工程创新——关于工程与工程创新的认识［J］. 科学中国人，2006（5）：22-25.

［5］殷瑞钰．关于工程创新与落实科学发展观的认识［J］. 工

程研究——跨学科视野中的工程，2005，2：1-10.

[6] 殷瑞钰．关于工程与工程创新的认识［J］．岩土工程界，2006（8）：21-24.

[7] 殷瑞钰．“知识就是力量”的新解读［J］．工程研究——跨学科视野中的工程，2008，4：1-5.

[8] 殷瑞钰．哲学视野中的工程［J］．西安交通大学学报（社会科学版），2008，28（1）：1-5.

[9] 殷瑞钰．哲学视野中的工程［J］．中国工程科学，2008，10（3）：4-8.

[10] 殷瑞钰，等．工程生态观的基本思想［J］．中国三峡建设，2008（7）：16-18.

[11] 殷瑞钰．工程演化论初议［J］．工程研究——跨学科视野中的工程，2009，1（1）：75-82.

[12] 殷瑞钰．科学发展观中的工程哲学［J］．中国科技奖励，2011（5）：6-7.

[13] 殷瑞钰．工程演化与产业结构优化［J］．中国工程科学，2012，14（3）：8-14.

[14] 殷瑞钰，等．关于工程本体论的认识［J］．自然辩证法研究，2013，29（7）：43-48.

[15] Yin Ruiyu，Li Bocong. Engineering and Philosophy of Engineering Frontiers of Engineering Management Engineering Transactions of CAE［J］. Volume 1，Number 2 June 2014：140-146.

[16] 殷瑞钰．关于工程方法论的研究构想［J］．自然辩证法研究，2014，30（10）：35-40.

[17] 殷瑞钰，傅志寰，李伯聪．工程哲学新进展——工程方法论研究［J］．工程研究——跨学科视野中的工程，2016，8（5）：455-471.

[18] 殷瑞钰，张寿荣，张福明，等．现代钢铁冶金工程设计方

法研究［J］. 工程研究——跨学科视野中的工程，2016，8（5）：502-510.

［19］殷瑞钰，傅志寰，李伯聪. 从“两类物质世界”出发看工程知识——工程知识论研究之一［J］. 自然辩证法研究，2018，34（9）：40-47.

［20］殷瑞钰，田宗伟，孙钰芳. 工程哲学对重大工程的作用和意义［J］. 中国三峡，2018（7）：86-91.

［21］殷瑞钰，傅志寰，李伯聪. 工程知识论：工程哲学研究的新边疆［J］. 自然辩证法研究，2019，35（8）：42-49.

［22］殷瑞钰，张福明，张寿荣，等. 钢铁冶金工程知识研究与展望［J］. 工程研究——跨学科视野中的工程，2019，11（5）：438-453.

［23］殷瑞钰. 工程科学与冶金学［J］. 工程研究——跨学科视野中的工程，2020，15（5）：435-443.

管理部分

［1］殷瑞钰. 搞好学会工作，推动科技发展，促进人才成长——纪念中国金属学会成立三十周年［J］. 河北冶金，1986（5）：1-2.

［2］殷瑞钰. 冶金质量工作的现状和任务［J］. 冶金管理，1989（2）：2-8.

［3］殷瑞钰. 不失时机加快发展河北有色金属工业［J］. 河北冶金，1988（3）：1-2.

［4］殷瑞钰. 在全国连铸工作会议上的总结［J］. 炼钢，1989（2）：1-6.

［5］殷瑞钰. 关于当前地方小铁厂工作的意见［J］. 炼铁，1990（1）：3-6.

［6］殷瑞钰．在特钢技术进步研讨会上的总结讲话［J］．特殊钢，1990（6）：1-7.

［7］殷瑞钰．冶金工业部殷瑞钰副部长在全国冶金安全工作会议上报告的摘要——1990年着重要抓好的几项工作［J］．工业安全与防尘，1990（9）：3-4.

［8］殷瑞钰．强化连铸工作　促进钢铁工业持续稳定协调发展——冶金部殷瑞钰副部长在第二次全国连铸工作会议上的讲话［J］．炼钢，1990（4）：1-7.

［9］殷瑞钰．“三角债”——市场—质量、品种——当前钢铁生产中一条值得注意的作用链［J］．经济工作通讯，1990（16）：4-6.

［10］殷瑞钰．强化连铸工作，促进钢铁工业发展［J］．冶金管理，1990（3）：11-17.

［11］殷瑞钰．强化连铸工作　促进钢铁工业持续稳定协调发展［J］．钢铁，1990（6）：1-5.

［12］殷瑞钰．在治理整顿深化改革中切实抓好成本管理［J］．冶金管理，1990（2）：26-29.

［13］殷瑞钰．以“连铸为中心”优化工艺和产品结构　尽快实现特钢连铸生产正常化——殷瑞钰同志在第三次全国特钢连铸工作会议上的讲话［J］．特殊钢，1991（6）：1-10.

［14］殷瑞钰．在冶金产品实物质量座谈会上的讲话［J］．轧钢，1991（4）：1-6.

［15］殷瑞钰．以质量、品种、效益为中心为实现连铸生产第二个高速增长年而奋斗（第三次全国连铸工作会议报告）［J］．炼钢，1991（4）：1-9，18.

［16］殷瑞钰．冶金工业“八五”期间机动工作基本设想［J］．中国设备管理，1991（6）：8-10.

［17］殷瑞钰．在全国炼铁工作暨高炉喷煤会议上的讲话［J］．

炼铁，1991（3）：1-8.

［18］殷瑞钰．从整体上推进钢铁工业的技术进步［J］．冶金管理，1991（5）：1-6.

［19］殷瑞钰．“八五”期间冶金产品质量升级目标和质量工作的基本思路［J］．冶金管理，1991（4）：5-7.

［20］殷瑞钰．强调“三个转变”扎实提高冶金产品的实物质量［J］．经济工作通讯，1991（6）：5-7.

［21］殷瑞钰．明确方向，转变观念，增强连铸意识，积极发展我国特殊钢连铸技术——在全国特殊钢连铸第二次工作会议上的讲话［J］．特殊钢，1991（1）：1-9，60.

［22］殷瑞钰．再接再厉全面提高连铸生产水平——冶金部副部长殷瑞钰同志在全国连铸生产汇报会上的讲话［J］．炼钢，1991（1）：1-11.

［23］殷瑞钰．以连铸为中心，发展优化组合技术，促进炼钢现代化——在全国炼钢、炉外处理和连铸工作会议上的讲话［J］．炼钢，1992（5）：3-13.

［24］殷瑞钰．优化结构，转换机制，提高特钢企业经济效益——殷瑞钰副部长在全国特钢企业转换经营机制推进技术进步研讨会上讲话摘要［J］．特殊钢，1992（3）：1-6.

［25］殷瑞钰．进一步做好质量工作，为搞好大中型企业服务［J］．冶金管理，1992（4）：2-6.

［26］殷瑞钰．练内功，挖潜力，优化企业结构　进一步提高钢铁工业经济效益［J］．冶金管理，1993（9）：4-8.

［27］殷瑞钰．优化钢铁企业结构新思路［J］．党校论坛，1993（8）：22-25.

［28］殷瑞钰．以全连铸为方面，发展炼钢—炉外处理—连铸组合优化技术为重点加速钢铁生产再上新台阶　1993 年全国炼钢—连铸工作会议上的讲话［J］．炼钢，1993（4）：3-11.

［29］殷瑞钰．解放思想　实事求是　努力登上新台阶［J］．冶金管理，1993（1）：4-5.

［30］殷瑞钰．废钢和钢铁工业的发展问题［J］．废钢铁，1993（2）.

［31］殷瑞钰．钢铁工业结构优化的战略思考［J］．数量经济技术经济研究，1993（10）：17-24.

［32］殷瑞钰．深化钢铁产品价格改革面临的几个问题［J］．价格理论与实践，1993（12）：3-5.

［33］殷瑞钰．再接再厉扎扎实实做好学会工作——在冶金价格学会第三届常务理事会上的讲话［J］．冶金财会，1994（12）：1-6.

［34］殷瑞钰．加强内部审计监督为冶金工业改革和发展服务［J］．冶金财会，1994（S4）：1-5.

［35］殷瑞钰．加速发展连铸　推动钢铁工业结构优化——第四次全国连铸工作会议报告［J］．连铸，1994（6）：3-8.

［36］殷瑞钰．在中国冶金财务会计学会二届五次会议上的讲话［J］．冶金财会，1994（11）：1-7.

［37］殷瑞钰．认清形势研究市场以资金管理为中心提高经济效益——1994 年 8 月 29 日在全国冶金企业财务工作会议上的报告［J］．冶金财会，1994（10）：9-17.

［38］殷瑞钰．积极应用电子技术　加速钢铁工业上现代化新台阶——第二次全国冶金电子技术应用工作会议报告［J］．包钢科技，1994（3）：1-9.

［39］殷瑞钰．加速小型轧机连续化进程　推进钢铁工业结构优化［J］．轧钢，1994（3）：2-6.

［40］殷瑞钰．在全国冶金系统清产核资工作会议上的讲话（摘要）［J］．冶金财会，1994（5）：1-5.

［41］殷瑞钰．优化结构是一个发展战略问题——综论钢铁工业结构优化［J］．经济管理，1994（4）：22-26.

［42］殷瑞钰．发展中国特殊钢工业的若干工程思路［J］．特殊钢，1995（2）：1-2.

［43］殷瑞钰．总结经验、巩固成绩、推进连铸生产建设全面优化——在第五次全国连铸工作会议上的报告（第一部分）［J］．连铸，1995（3）：3-7，17.

［44］殷瑞钰．总结经验、巩固成绩、推进连铸生产建设全面优化——在第五次全国连铸工作会议上的报告（第二部分）［J］．连铸，1995（4）：3-7.

［45］殷瑞钰．总结经验、巩固成绩、推进连铸生产建设全面优化——在第五次全国连铸工作会议上的报告［J］．炼钢，1995（3）：5-13.

［46］殷瑞钰．优化结构、引导投资、促进钢管生产的技术进步——在全国钢管工作会议上的讲话［J］．焊管，1995（4）：1-8，58.

［47］殷瑞钰．加强学会工作提高学会水平——在冶金财会学会三届一次会议上的讲话（摘要）［J］．冶金财会，1995（6）：1-5.

［48］殷瑞钰．优化结构　引导投资　促进钢管生产的技术进步——在全国钢管工作会议上的讲话［J］．钢管，1995（3）：1-9.

［49］殷瑞钰．深化改革　优化结构　加强管理　搞好国有大中型企业［J］．冶金管理，1995（6）：3-6.

［50］殷瑞钰．深化企业改革的突破口是政企分开［J］．中国党政干部论坛，1995（5）：3-4.

［51］殷瑞钰．加强财务管理全力盘活资金提高冶金行业经济运行的质量和效益——在 1995 年全国冶金财务工作会议上的讲话［J］．冶金财会，1995（4）：10-20.

［52］殷瑞钰．以提高高炉喷煤量为中心全面推动炼铁系统技术进步［J］．中国冶金，1995（2）：8-12.

［53］殷瑞钰．以提高高炉喷煤量为中心　全面推动炼铁系统技

术进步——在全国炼铁系统工作会议上的讲话［J］. 炼铁，1995（2）：1-8.

［54］殷瑞钰．认清冶金工业形势正确认识财会与经济工作的关系［J］. 财政研究，1995（3）：42-46，65.

［55］殷瑞钰．分析市场　优化结构　引导投资［J］. 轧钢，1995（1）：2-5.

［56］殷瑞钰．分析市场　优化结构　引导投资——在钢管专家座谈会上的讲话［J］. 中国冶金，1995（1）：6-10.

［57］殷瑞钰．积极应用电子技术　加速钢铁工业上现代化新台阶——在第2次全国冶金电子技术应用工作会议上的报告（摘要）［J］. 冶金自动化，1995（1）：3-7.

［58］殷瑞钰．冶金产品价格工作面临的新课题［J］. 价格理论与实践，1995（1）：21-22.

［59］殷瑞钰．加强行业协调　保持价格稳定促进冶金工业健康发展［J］. 冶金财会，1995（7）：1-7.

［60］殷瑞钰．促进科技与经济的有机结合　增强冶金科研院所的活力［J］. 冶金财会，1995（8）：1.

［61］殷瑞钰．学习邯钢经验实现扭亏增盈全面提高冶金企业经济效益——在冶金企业“学邯钢、降成本、促扭亏、增效益”工作会议上的讲话（摘要）［J］. 冶金财会，1995（12）：1-3.

［62］殷瑞钰．冶金企业如何学邯钢、降成本［J］. 财务与会计，1996（4）：5-6.

［63］殷瑞钰．冶金产品价格工作面临的新课题［J］. 价格理论与实践，1995（1）：21-22.

［64］殷瑞钰．对钢铁市场与价格问题的几点看法［J］. 价格理论与实践，1995（11）：17-20.

［65］殷瑞钰．国有企业改革的重点难点［J］. 中国党政干部论坛，1995（3）.

[66] 殷瑞钰. 积极推进高效连铸　进一步推动我国连铸的发展进程——在广州举行的高效连铸专家研讨会上的发言 [J]. 连铸, 1996 (2): 3-6.

[67] 殷瑞钰. 继续大力发展连铸　推动钢铁工业结构优化　促进两个根本转变——在第六次全国连铸工作会议上的报告 [J]. 炼钢, 1996 (3): 7-14.

[68] 殷瑞钰. 继续大力发展连铸　推动钢铁工业结构优化　促进两个根本转变——在第六次全国连铸工作会议上的报告（节录）[J]. 中国冶金, 1996 (3): 11-14.

[69] 殷瑞钰. 加速发展高炉喷煤技术　带动炼铁系统技术进步　促进集约化发展——在1996年全国高炉喷煤暨炼铁工作会议上的讲话（节录）[J]. 中国冶金, 1996 (3): 7-10.

[70] 殷瑞钰. 加速发展高炉喷煤技术　带动炼铁系统技术进步　促进集约化发展——在1996年全国高炉喷煤暨炼铁工作会议上的讲话 [J]. 炼铁, 1996 (3): 1-8.

[71] 殷瑞钰. 坚持以财务管理为中心　大力学习推广邯钢经验　促进经济增长方式转变——在1996年全国冶金财务工作会议上的讲话 [J]. 冶金财会, 1996 (4): 2-12.

[72] 殷瑞钰. 加强管理, 重视科技, 提高质量, 促进加快经济增长方式的转变——在冶金财会学会三届二次常务理事扩大会议上的讲话 [J]. 冶金财会, 1996 (6): 1-5.

[73] 殷瑞钰. 冶金企业如何学邯钢、降成本 [J]. 财务与会计, 1996 (4): 5-6.

[74] 殷瑞钰. 关于钢铁工业的投资问题 [J]. 钢铁厂设计, 1997 (4): 1-5.

[75] 殷瑞钰. 分析市场　调整结构　把握投资——在1997年全国轧钢工作会议上的讲话 [J]. 轧钢, 1997 (4): 1-6.

[76] 殷瑞钰. 着眼发展战略　提高竞争能力——在1997年全

国冶金财务工作会议上的讲话［J］. 冶金财会，1997（6）：14-18.

［77］殷瑞钰．加强国有资产管理　提高投资决策水平［J］. 冶金财会，1997（11）：2-5.

［78］殷瑞钰．关于钢铁工业的投资决策问题［J］. 冶金管理，1997（6）：3-6.

［79］殷瑞钰．结构调整　技术换代　产业升级——在冶金部1998年炼钢轧钢工作会议上的讲话［J］. 炼钢，1998（3）：10-12.

［80］殷瑞钰．结构调整　技术换代　产业升级——1998年全国炼钢轧钢工作会议上的讲话［J］. 连铸，1998（3）：8-10.

［81］殷瑞钰．关于钢厂成本问题［J］. 冶金经济与管理，1999（6）：3-11.

［82］殷瑞钰．中小钢厂的合理化发展问题［J］. 冶金信息导刊，1999（3）：3-6.

［83］殷瑞钰．关于21世纪发展钢铁工业的若干概念与评估［J］. 冶金信息导刊，1999（5）：3-4，7.

［84］殷瑞钰．关于钢厂成本问题［J］. 中国冶金，2000（2）：1-8，21.

［85］殷瑞钰．世界钢铁工业的时代命题［J］. 冶金经济与管理，2000（4）：4-5，19.

［86］殷瑞钰．致中国废钢铁应用协会三届四次会员大会暨三届五次理事会的信［J］. 中国废钢铁，2006（6）：1.

［87］殷瑞钰．在中国废钢铁应用协会理事会上的发言［J］. 中国废钢铁，2007（6）：1-3.

后　　记

《殷瑞钰传》收笔已是初春。历时5年，数易书稿，终于完成了这部记载院士学术生涯、钢铁人生的作品。殷瑞钰院士的经历，虽说不上波澜壮阔，却也是精彩非凡。从年少立志到投身钢铁冶金，从一线技术员到企业总工程师，从地方官员到国家部委领导，从冶金专家到冶金学家，从工程实践者到战略开拓者——殷瑞钰始终孜孜以求，促进中国钢铁工业的技术进步、技术创新，开创冶金流程工程学学科新分支，开拓工程哲学理论新疆域，体现在“三次选择，两次升华”之中。院士的职业生涯可谓丰富多彩，笔墨能书的只是有代表性的一部分。

殷瑞钰院士执念于钢铁报国。这宏志，源于他少年目睹国土沦丧的屈辱，源自他爱国爱家乡的赤诚之心。采访时突发的一幕给笔者留下了难忘的记忆：当他讲述到小时候看见外敌在自己的国土上横行，幼小的心灵深处充满激愤时，老院士哽咽着流下了热泪……平日里见到的院士，或和声细语、笑容可掬，或正襟安坐、不怒自威，这是笔者第一次见到院士落泪。正是这爱国情激发出来的强国志，促使他坚定地走上了钢铁报国的奋斗之路。

他的三次选择，都是源于祖国的需要，源于社会主义建设的亟需。钢铁工业是国民经济的基础产业。在新中国成立初期，缺铁少钢严重制约了我国经济发展，为此，他选择了学习钢铁冶金，在之后的工作、学习生涯中，特别是改革开放之后，一直都致力于钢铁事业，见证并亲身参与到中国钢铁工业由弱到强的伟大实践中，把自己的智慧、才华和一腔热血全部奉献给他所钟爱的钢铁事业，在奋斗与贡献中提高、升华。

殷瑞钰殚精竭虑地寻找钢铁强国的技术突破口。他的战略性思维和超前意识给笔者留下了深刻的印象。在炼钢以平炉为主的年代，氧气转炉炼钢刚刚起步，他就敏锐地意识到了氧气转炉炼钢将对钢铁工业产生革命性影响，毅然选择了当时非主流的氧气转炉炼钢为研究方向，并在毕业后选择去唐钢这个中国转炉的发源地继续他的转炉研究。今天，当时占主流的平炉早已被淘汰，转炉炼钢已成为主流工艺。

20 世纪 90 年代，作为冶金工业部副部长、总工程师，他在全国范围内积极推进全连铸生产。虽然现在全连铸已成为炼钢厂的必然选择，但在当时，怀疑、不解，甚至激烈反对声时起时伏。笔者曾亲眼目睹了几次在全国连铸会议上来自企业和一些专家的质疑甚至反对。然而，殷瑞钰深知连铸对钢铁生产流程优化的重要性，始终不遗余力地有序推进。如今，全连铸钢厂早已在全国普及，炼钢转炉产量成倍增长，整个钢铁生产过程发生了革命性变化。他在 90 年代提出了关键共性技术的概念，并推动了连铸技术等六项关键共性技术的研发和应用，为中国钢铁工业的技术进步做出了重要贡献。

殷瑞钰院士勤学善思、笃行创新，善于从全局大势上思考问题。他说，要运用战略思维推进产业转型升级。战略思维包括全局性和影响全面性的思维、前瞻性和方向调整性思维、路线性和路径性的思维，这需要有宽阔的战略眼光、提出问题的勇气和持续解决问题的毅力。[1] 正是这眼光、勇气和毅力，使他兼涉学术界和产业界，成为战略大家。他提出的循环经济工程实践方向，其理论框架和“三个功能”的新理念，在首钢搬迁曹妃甸的工程中得以成功应用，建成了新一代绿色钢铁工厂。

[1] 殷瑞钰．中国钢铁工业发展趋势及思考．2018 年 4 月 2 日，在“首届西南钒钛钢铁论坛”上的讲话．

在采访中，他多次强调“要实实在在做事”。正是这种朴实、严谨的工作作风，使他轻浮夸、重实践，即使成为冶金工业部副部长之后，他也经常亲身深入生产一线，在钢铁企业的生产现场调研、指导。在唐钢26年工作中积累的专业知识和丰富经验，为他之后的战略性技术开拓打下了实践和理论基础。也是在实践探索中，他开创了冶金流程工程学学科新分支，丰富了冶金学理论，探索工程哲学，并著书立说，完成了由工程实践到理论学说的跨越。

如今的殷瑞钰院士虽已高龄，却依旧情系钢铁、情系创新。2019年，在钢铁行业庆祝新中国成立70周年座谈会上，他提出：“现在中国已经成为全球的钢铁生产中心、钢铁消费中心，中国应该进一步成为全球钢铁-材料的教育中心和研发、设计中心。”❶这为钢铁行业发展提出了新的指引。在人们为中国钢铁工业70年来的辉煌成就而欢呼、自豪之时，他一如既往清醒地指出：“在新的历史时期的背景下，我们还存在一些发展不平衡、不充分的问题，期待中国钢铁工业在解决了‘有没有、够不够、好不好’的问题之后，能够引领世界钢铁工业发展。”❷

在本书的采写过程中，笔者常常为院士的学识、胸怀、事迹所感动，更为他严谨、求实的精神所折服。中国钢铁工业今日之辉煌，是在党的领导下，历经几代钢铁界仁人志士的不断努力和奋斗取得的，殷瑞钰院士是其中的代表之一。为了真实地展现院士的立体人生，笔者在北京、上海、唐山、石家庄、武汉等地，先后采访了各时期、各历史阶段的见证人三十余位，参加座谈会、编写会及审稿会二十余次。初稿完成后又广泛征求意见，不断修改、完善，力求真实、客观。

殷瑞钰不仅是学者、专家，还是中国钢铁工业崛起时代的亲历者、战略思考者和推动者。因此，本书在展现院士的学术生涯、钢铁人生、家国情怀、科学精神的同时，还力求反映出中国钢铁工业发展

❶❷ 殷瑞钰．在钢铁行业庆祝新中国成立70周年座谈会上的讲话，2020年2月27日．

的艰苦历程、奋斗足迹和技术进步的战略路径。中国钢铁工业创新发展的许多重要标志性事件也在书中得到了一定程度的体现。

为了记录院士们为国家繁荣和科学技术事业进步做出的突出贡献及其成长经历，弘扬科学家精神，彰显优良美德，营造尊重科学、尊重人才、尊重创新的社会风气，激励广大青年为实现中华民族伟大复兴的中国梦而发奋，中国工程院组织编撰出版了“中国工程院院士传记”系列丛书。作为系列丛书之一，《殷瑞钰传》得以出版问世。

感谢第十届全国政协副主席、中国工程院原院长徐匡迪院士在百忙中为本书作序。感谢中国工程院各级领导对本书的撰写给予的指导和支持，尤其是编审委员会葛能全先生充分肯定了本书的写作内容，并提出了宝贵的意见和建议，在此致以深深的敬意和谢意。本书在采写过程中，得到了殷瑞钰院士身边工作人员的大力支持和帮助，在此一并感谢！特别要感谢的是，殷瑞钰院士的夫人田乃媛教授，以她清新、细腻、优美的文笔，记录了院士的家世、学习和工作片段，为本书提供了宝贵的资料。

笔者水平有限，书中一定还存在着一些不足，敬请读者阅后批评指正。

崔美兰　任静波

2023年2月

作者简介

崔美兰，中国作家协会会员，鲁迅文学院第十七届中青年作家高研班学员，中国冶金作家协会副主席，包头市作家协会副主席。曾参加中国作家协会第九次、第十次全国代表大会。毕业于内蒙古科技大学，内蒙古行政学院经济管理研究生，高级政工师。供职于包钢集团公司工会，任《铁花》文艺杂志执行主编。著有散文集《烛光·小雨》《像树一样生活》《钢铁之上》，诗集《相思雨》《遥望》，长篇小说《无奈的人生》《神树湾》《钢铁大亨》，长篇纪实文学《鹿城纪事》等。共发表作品300余万字并多次获奖。

任静波，中国散文学会会员、中国金属学会高级会员，高级编辑。冶金工业出版社社长顾问、原总编辑，中国冶金职工思想政治研究会副会长，《金属世界》编委。曾任中国冶金报社总编辑、冶金文学艺术协会副主席、全国专业报新闻摄影学会副主席、中国编辑学会理事、中国冶金教育学会理事等。发表作品300余篇，曾荣获第十六届、第十七届、第十八届、第二十四届中国产业经济好新闻奖。主要著作有《中国钢铁大趋势》(主编)和《钢铁工业与两个根本性转变》(副主编)。